Johann Heinrich Jung-Stilling

Wirtschaftslehre und Landeswohlstand

Johann Heinrich Jung-Stilling

Wirtschaftslehre und Landeswohlstand

Sechs akademische Festreden

Herausgegeben, eingeleitet
und mit Anmerkungen versehen

von

Dr. Gerhard Merk
Universitätsprofessor in Siegen

Duncker & Humblot · Berlin

CIP-Titelaufnahme der Deutschen Bibliothek

Jung-Stilling, Johann Heinrich:
Wirtschaftslehre und Landeswohlstand: 6 akad. Festreden / Johann Heinrich Jung-Stilling. Hrsg., eingeleitet u. mit Anm. vers. von Gerhard Merk. – Berlin: Duncker u. Humblot, 1988
ISBN 3-428-06447-X

Satz: Werksatz Marschall, Berlin 45
Druck: Berliner Buchdruckerei Union GmbH, Berlin 61
Printed in Germany

ISBN 3-428-06447-X

Die nachstehenden, der Person und dem Werk von

Johann Heinrich Jung-Stilling

insonders verbundenen Persönlichkeiten, Firmen und Institutionen ermöglichten die Neuherausgabe dieser Reden:

Seine Königliche Hoheit Herzog Albrecht von Bayern,
Chef des Hauses Wittelsbach

Dr. med. Gerhard Berneaud-Kötz,
Arzt für Augenkrankheiten, Wuppertal

Bertrams Aktiengesellschaft, Siegen

Ulrich Hahnenstein, Geschäftsführer der
Will & Hahnenstein GmbH, Siegen

Dr. med. Erlend Hansen,
Arzt für Augenkrankheiten, Kaiserslautern

Karl August Kredt, Geschäftsführer der
August Kredt GmbH & Co. KG, Seidenweberei, Wuppertal

Dr. med Wolfgang Noell,
Arzt für Augenkrankheiten, Marburg

Elisabeth Gräfin von Oberndorff,
Edingen-Neckarhausen

C. P. Schmidt Verpackungs-Werk GmbH & Co. KG,
Kaiserslautern

Diplom-Kaufmann Ulrich Hench, Geschäftsführer der
Siegthalerfabrik GmbH, Siegen-Eiserfeld

Manfred Utsch, Geschäftsführer der
Erich Utsch KG, Siegen-Eiserfeld

Verein der Freunde und Förderer des Siegerland Museums
e. V. Siegen

Vorwort

Johann Heinrich Jung-Stilling (1740-1817), der Weltweisheit und Arzneikunde Doktor, ist der Nachwelt vor allem als volkstümlicher Schriftsteller sowie als berühmter Augenarzt bekannt. Seine „Lebensgeschichte“ (deren ersten Teil Goethe herausgab) blieb bis heute ein Bestseller. Das von ihm betriebene Verfahren zur Entfernung des grauen Stars prägte lange Zeit die Operationspraxis.

Fast vergessen ist Jung-Stilling jedoch als Volks- und Betriebswirt. Dabei war er die längste Zeit seines Lebens Professor für ökonomische Wissenschaften. Er wirkte zuerst in Kaiserslautern, später in Heidelberg und dann in Marburg.

Jung-Stilling entstammt einer armen, aber eindrucksvoll begabten Familie der „Stillen“ des Siegerlandes. Der Patenonkel war ein überragender, talentvoller Erfinder, der es bis zum fürstlich-nassauischen Oberbergmeister brachte. Als Köhlerjunge, Schneider, Knopfmacher, Schulmeister, Landarbeiter, Vermessungsgehilfe, Hauslehrer sowie als Sekretär eines bedeutenden Fabrikanten und Kaufherrn lernte Jung-Stilling das wirtschaftliche Geschehen aus vielen Warten eingehend kennen. Dabei halfen ihm eine außergewöhnliche Auffassungsgabe, ein schöpferisches Vorstellungsvermögen, eine erstaunliche Gedächtniskraft, eine angeborene Neigung zu veranschaulichendem Denken, ein besonderes Talent zum Erkennen des Wesentlichen sowie die Fähigkeit, in allem Einzelnen das größere Ganze zu sehen. Diese herausragende Veranlagung sowie die frühe Erziehung (der mutterlose Knabe wuchs ohne Verkehr mit Gleichaltrigen nach dem Erziehungsplan des Vaters auf) prägten Jung-Stilling zum findigen, geistesmächtigen Autodidakten.

Bereits 30 Jahre alt, bezog Jung-Stilling die Universität Straßburg. In bloß drei Semestern erwarb er sich den medizinischen Doktorgrad. Während dieser kurzen Zeit wirkte er aber auch noch als Universitätslektor für Chemie sowie als Repetitor für Philosophie. Mit Herder und Goethe stand er in freundschaftlichem Verkehr. Außerdem beschäftigte sich Jung-Stilling auch noch eingehend mit einem neuartigen, von ihm erfundenen Vermessungs-Gerät.

Knapp sieben Jahre lang wirkte Jung-Stilling nun als Arzt (ab 1775 auch als behördlich bestellter Brunnenarzt) in Wuppertal-Elberfeld. Freilich ging seine Praxis wirtschaftlich nicht gut; sie vermochte ihn und die inzwischen gegründete Familie kaum zu ernähren. Durch verschiedene technische und ökonomische Veröffentlichungen hatte sich Jung-Stilling mittlerweile aber in der Fachwelt bekannt gemacht. Dies trug ihm unerwartet einen Ruf als Professor für Landwirtschaft, Technologie, Handlungswissenschaft und Vieharzneikunst an die Kameral Hohe Schule nach Kaiserslautern ein. Schon 1784 wurde diese Wirtschafts- und Verwaltungshochschule der Universität Heidelberg eingegliedert. Jung-Stilling blieb bis 1787 in Heidelberg, um dann einem ehrenvollen Ruf an die Universität Marburg zu folgen. Dort blieb er bis 1803.

Der in jeder Beziehung eigen-artige, sich gängigen Zuordnungen bis heute hartnäckig entziehende Jung-Stilling leistete als Lehrer und ökonomischer Schriftsteller Bedeutendes. Er verfaßte 14 Lehrbücher. Seine genaue Kenntnis des wirtschaftlichen Geschehens in den Betrieben und im Haushalt kommt einer praxisnahen, erfahrungsbezogenen Darstellung zugute. Jung-Stilling hängt aber keinem der zu seiner Zeit gefeierten Lehrsysteme an. Auch verschreibt er sich keiner philosophischen Schule oder wissenschaftlogischen Methode.

Dennoch steht Jung-Stilling klar auf dem Standpunkt des Naturrechts. Danach gibt es eine von Gott verbindlich festgelegte Ordnung des menschlichen Zusammenlebens. Deren Dasein und Geltung ist unabhängig von der Anerkennung der

Menschen. Auch verpflichtet sie selbst dann, wenn ihr von der Autorität (dem Fürsten) erlassene Gesetze entgegenstehen. Jung-Stilling erweist sich zudem als fest im christlichen Glauben verwurzelt. In seinem letzten Lebensabschnitt wirkte er übrigens als geistlicher Berater des überragenden, gelehrten Großherzogs Carl Friedrich von Baden.

So anmutig Jung-Stilling auch im ersten Teil seiner Lebensgeschichte, in Romanen, Erzählungen und Gedichten schreibt: seine ökonomischen Lehrbücher sind sprachlich unschön. Lange Schachtelsätze, hölzerne Ausdrucksweise und ermüdende Wiederholungen schrecken den Leser ab. Zwar hat man mit Recht darauf verwiesen, daß die Lehrbücher seiner zeitgenössischen Kollegen sprachlich um keinen Deut besser seien. Aber insbesondere dieser Mangel verhindert, daß sie zu unseren Tagen noch beachtet werden.

Man hat daher den Schriften von Jung-Stilling bemerkenswerte, bezeichnende Zitate entnommen und diese alphabetisch zu einem *Jung-Stilling-Lexikon Wirtschaft* zusammengestellt.* Vieles Urwüchsige aus der Feder von Jung-Stilling konnte auf diesem Wege in unsere Zeit wieder eingebracht werden.

Große Sorgfalt hat Jung-Stilling allerdings auf seine Festreden verwendet. Sie finden sich gedanklich hervorragend gegliedert, kunstgerecht in Sprache gesetzt und stilistisch ausdrucksvoll verziert. Sie mögen auf den heutigen Leser an vielen Stellen schwülstig wirken. Aber in jenen Tagen wurden von einem Festredner blühendes Beiwerk, geschnörkelter Aufputz und barocker Besatz erwartet. Auch gilt es, Jung-Stilling mit anderen Rednern seiner Tage zu vergleichen. Dabei wird man erkennen, daß er sich hinsichtlich dieser Aufmachung durchaus im Mittelfeld bewegt.

Die hier im Neudruck vorliegenden sechs Reden beschäftigen sich im Kern alle mit der Stellung der Ökonomik im Kreis der

---

* Gerhard Merk (Hrsg.): Jung-Stilling-Lexikon Wirtschaft, Berlin (Duncker & Humblot) 1987.

Wissenschaften sowie mit der gesellschaftspolitischen Bedeutung der Wirtschaftslehre. Sie enthalten — bei allem Zeitbedingten — Gedanken und Vorschläge, die auch heutzutage beherzigenswert, zumindest aber diskussionswürdig erscheinen.

Jung-Stilling nennt oftmals Namen, die unserer Zeit fremd sind. Auch Begriffe und Redewendungen kommen vor, die mittlerweile einen Bedeutungswandel erfahren haben. Endlich entnimmt Jung-Stilling häufig seine Ausdrücke und Wortprägungen der Mythologie sowie der Bibel, die den damaligen Zuhörern noch sehr gut bekannt waren. Daher schien es angezeigt, dem Text erklärende Anmerkungen beizugeben. Sie sind jedoch möglichst knapp gehalten. Der interessierte Leser wird über diese dann leicht auch zu weiterführender Literatur vordringen können.

Der Text aller sechs Reden folgt in heutiger Orthographie dem jeweiligen, in alter Frakturschrift gedruckten Original. Offensichtliche Druckfehler sind berichtigt, allzu lange Sätze behutsam getrennt. Im Fußnotenteil wird in Kurztitel auf einige zur Erklärung wichtige Werke hingewiesen. Der volle Titel dieser Schriften ist am Schluß dieser Ausgabe wiedergegeben.

Nahezu alle Hervorhebungen finden sich im Original. Gleichwohl sind nicht alle in den Urdrucken herausgestellten Wörter und Sätze in dem folgenden Nachdruck berücksichtigt. Denn nach dem Geschmack der damaligen Zeit findet sich teilweise der Leitgedanke der Rede in Großschrift gesetzt. Dies gilt vor allem für die Jubelrede in Heidelberg und die Antrittsvorlesung in Marburg. Für heutige Leser wäre es sehr mühsam, zwischen der beabsichtigten Unterstreichung von Begriffen und Namen einerseits und der Betonung der gedanklichen Linie des Vortrages andrerseits zu unterscheiden. Die nach der Zeitsitte reichlich eingestreuten Pausenstriche und Ausrufungszeichen sind jedoch übernommen. Denn diese lassen den Redeschwung von Jung-Stilling im einzelnen erkennen.

Die Neuherausgabe dieser Festreden von Jung-Stilling wurde durch die Spenden der im Widmungsblatt genannten „Stillings-Freunde" ermöglicht. Diesen auch nochmals hier im Vorwort aufrichtig zu danken, ist mir ein herzliches Bedürfnis. Dank verdienen auch die Geschäftsleitung sowie die Mitarbeiter des Verlages Duncker & Humblot, die mit viel Verständnis und Hingabe die Drucklegung betreuten.

Siegen, den 1. Februar 1988

Der Herausgeber

Inhalt

Oeffentlicher Anschlag

bei dem

Antritte des Lehrstuhles

der

praktischen Kameralwissenschaften

auf der

Kameral Hohen Schule

zu Lautern.

Von

D. Johann Heinrich Jung,

öffentlichen ordentlichen Lehrer der Landwirthschaft, Technologie, Handlungswissenschaft und Vieharzeneikunst daselbst; Mitglied der Kurfürstl. ökonomischen Gesellschaft.

Lautern,

auf Kosten der Kameral Hohen Schule.

1778.

Die anbetenswürdige Vorsehung hat endlich meine Schicksale dahin geleitet, daß ich auf der *Kurpfälzischen Kameral Hohen Schule*[1] meine geringen Talente als öffentlicher ordentlicher Lehrer der Landwirtschaft, Technologie oder Kunst- und Handwerkswissenschaft, Handlungswissenschaft — das ist: *der praktischen Kameralwissenschaften* überhaupt — auf Wucher legen soll. Ich verehre hierin demütig die Wege des Allherrschers und flehe um Weisheit und Verstand, dieser neuen und wichtigen Stelle so vorzustehen[2], daß ich den höchsten und hohen Beifall sowohl des *Durchlauchtigsten Stifters*[3] dieses und so vieler weitausdauernder Institute,[4] als auch der *Durchlauchtigsten Kurfürstin, Unserer gnädigsten Protektorin*[5], des *Herrn Präsidenten Hochfürstl. Durchlaucht*[6] sowie aller übrigen erhabenen Patrioten und Vorsteher der Hohen Schule zu meiner wahren Freude einernten möge.

Ich will hier nicht durch Erniedrigung meiner Kräfte und Einsichten — vermittelst einer Mode-Demut — einen übel angebrachten Stolz äußern. Meine Geschichte[7] belehrt das Publikum, daß eigener Fleiß, Nachforschen, Erfahrungen und endlich auch die Universität zu *Straßburg*[8] die Mittel zu meiner Erkenntnis gewesen. Wie ich bis dahin meiner Pflicht Genüge geleistet habe, und wie ich derselben in meinen künftigen wichtigen Berufe entsprechen werde, davon müssen nicht Worte, sondern Handlungen zeugen. Durch Taten spricht die Gottheit zu den Menschen.[9] Hierin soll ihr, wie in allen nachahmlichen Tugenden, ein jeder rechtschaffener Mann ähnlich zu werden suchen.

Ich habe einen Grundtrieb in meiner Seele, der mich von je her geleitet hat, und wo ich ihm nicht genug tun konnte, da empfand ich Leiden. Dieser ist der große philosophische Heischesatz, der zugleich das Praktische der Religion ausmacht: *Suche mit Anstrengung aller deiner Leibes- und Seelenkräfte deine und deines Nebenmenschen Glückseligkeit nach allem Vermögen zu befördern.* Diese Regel soll mich auch in meinem künftigen schweren Berufe leiten. Möchte ich nur immer die besten Mittel zur Ausführung wählen können! —

Doch ich gehe ohne fernere Umschweife zu meinem Zwecke über. Durch ein Programm oder Anschlag haben von langen Zeiten her akademische Lehrer öffentlich bekannt gemacht, was die Jünglinge, die sich den Studien widmeten, zunächst von ihnen zu gewarten haben. Sie entwickelten beiher eine nützliche Wahrheit, um zugleich dadurch den Vortrag gleichsam feierlich anzufangen. Diesem löblichen Beispiele folge ich in diesen Blättern. Dieser Anschlag soll deswegen den vornehmsten Zweck meines künftigen Berufes entfalten. Ich will hier beweisen: *daß die praktische Kameralwissenschaften, indem sie alle Glieder des Staates glücklich machen, dadurch vorzüglich den Fürsten beseligen und sein Interesse vermehren können.*

Der Raum eines Programms ist zu eng, um diese Materie vollständig abzuhandeln. Ich will sie nur im Rötelrisse[10] vorlegen. Mein künftiges Leben soll ganz dazu verwendet werden, um das Gemälde so weit zu vervollkommnen, als es einem Manne, der aus den friedsamen Wäldern der Kohlbrenner hervorkeimte, nach dem Verhältnisse seines Saftes und seiner Kraft möglich ist.

Unter dem Gewerbe verstehe ich die Beschäftigung eines jeden Menschenstandes, wodurch man suchet die Mittel sich eigentümlich zu machen, welche unsere wesentlichen, zufälligen, oder auch ausschweifenden und üppigen Bedürfnisse befriedigen. Da nun die Wissenschaft eine ordentliche vernunftmäßige Zusammenkettung wahrer Begriffe ist, die zugleich ihre Beweise bei sich führen, so muß die Gewerbewissenschaft oder die ausübenden Kameralwissenschaften alle die Wahrheiten in gefügter Ordnung nebst ihren Beweisen zusammenketten: wodurch ein jeder Menschenstand belehret wird, sein Gewerbe der einzelnen und allgemeinen Glückseligkeit am gemessensten einzurichten.

Die Erhaltung und die Erhöhung des Wesens des Menschen wird durch Mittel gefördert. Diese Mittel sind (so weit das irdische Leben reichet) nichts anders als Erderzeugungen.[11] Die Erhaltung des Daseins wird durch Grundtriebe in der menschlichen Natur oder durch körperliche Begierden gefördert. Daher entstehen wesentliche Bedürfnisse, die mit dem Ringen nach Befriedigung derselben verbunden sind. Die Erhöhung des menschlichen Wesens aber — sie sei nun falsch oder echt — entspringt aus seelischen Quellen, aus der Einbildungskraft.

Diese fordern auch seelische Begierden, die endlich durch die Gewohnheit ins feinste Gewebe des Körpers wirken und also zufällige und üppige Bedürfnisse hervorbringen, deren Sättigung fast mit eben dem Hunger gesucht wird, wie die Mittel für die wesentlichen Bedürfnisse.

Hier entstehen also die einzelnen und allgemeinen Triebe der Menschheit nach Befriedigung ihrer Bedürfnisse; das ist: nach Erderzeugungen, die wegen ihres Wertes, den sie dadurch erhalten, zu Gütern werden, und deren ein jeder Mensch ein gewisses Maß nach dem Rechte der Natur besitzen soll — nur mit der Einschränkung, daß er sie durch den ordentlichen Weg erwerbe.

Die Bedürfnisse sind vielfältig. Aber die Mittel, sie zu befriedigen, sind tausendmal mannigfaltiger. Das sei der unendlichen Güte Gottes gedankt! Viele Erderzeugungen sind schon roh bequem genug, um gebraucht zu werden; die mehrsten aber nicht. Diese erfordern also eine nähere Zubereitung, um den Bedürfnissen der Menschen zu entsprechen. Endlich, da sich die Bedürfnisse so vervielfältigt haben, daß eine Erdgegend dieselben nicht alle aufbringen, hingegen aber andere in Überfluß darreichen, so muß eine Austeilung der Güter durch Tausch und Wechsel getroffen werden, um jedem Menschen das, was ihm mangelt, darreichen zu können.

Daher entstehen also drei Hauptstände unter den Menschen. Die erste und ehrwürdige Gattung derselben bestrebt sich, die Erde so zu bestimmen und ihre Eigenschaften so zu nutzen, daß sie ihre Erzeugungen zum Gebrauche der Menschen reichlich darreichen möge. Dieser Stand begreift die Bauern oder den Landwirt in sich. Diese Adamskinder sitzen also der Mutter Natur im Schoße, saugen an ihren Honigbrüsten in kindlicher Einfalt. Sie drückt sie an ihr Herz mit sanftem Lächeln, und der Vater der Natur sitzt auf seinem Wolkenthrone und winkt ihnen Wohlgefallen zu.[12] Wehe dem, der dieser Kleinen einen ärgert![13]

Die zweite Klasse der Menschen beschäftigt sich damit, die rohen Erderzeugungen so zu zubereiten, daß sie auf die beste Weise den Bedürfnissen der Menschen entsprechen mögen. Dieser Stand enthält Künstler und Handwerksleute.

Der dritte Hauptstand begreift solche Leute, welche es sich zum Geschäfte machen, überflüssige Güter an solche Orte zu bringen, wo sie mangeln, hingegen die mangelnden aus fremdem Überflusse zu ersetzen. Dieses geschieht durch Kauf, Tausch und Wechsel.[14] Wer sich damit abgibt, ist ein Kauf- oder Handelsmann.

Alle diese drei Stände treiben also ihre Gewerbe aus dem Zwecke, um sich selbst die wohlgefälligen[15] Güter zu besorgen. Die Pflicht des Fürsten, des Staates oder der Staatsverfassung ist es aber, die Gewerbe aller Glieder der Gesellschaft so zu lenken, daß ein jedes auch des andern und zugleich aller Glückseligkeit — so viel als möglich — befördern möge. Dazu braucht nun der Fürst die gehörigen Mittel: Schutz, Einrichtungen, Gesetze, Strafen u.s.w. Alle diese Dinge sind Staatsbedürfnisse, die wiederum Güter erfordern, wodurch sie befriedigt werden. Der Vorrat dieser Güter macht den Schatz des Fürsten oder des Staates aus.

Allein, auch der Fürst ist Mensch. Er für seine Person und Familie hat Bedürfnisse, und zwar größere als andere. Sein Amt und Stand erfordert viele Menschen, die ihn unterstützen müssen, die er aber auch dafür besolden muß. Daher ist eine eigene Quelle nötig, aus der die Güter entspringen, welche diese Bedürfnisse befriedigen. Diese sind teils Kammergüter, teils Auflagen[16] u.s.w.

Diese vorausgesetzten Erläuterungen machen mir nun den Entwurf, den ich auszuführen habe, leichter. Gelehrte und vernünftige Männer haben von jeher mit Beihilfe der Naturgeschichte, der Naturlehre, der Scheidekunst[17] u.d.gl. in den dreierlei Hauptbeschäftigungen der Menschen[18] Wahrheiten erforscht, wodurch man mit leichterer Mühe mehrere Güter für sich und andere erwerben könne. Daher sind nun drei ordentliche Wissenschaften entstanden, als:

Erstlich, die Landwirtschaftswissenschaft, welche lehrt: *wie man durch die leichtesten und bequemsten Mittel die Erde behandeln müsse, damit sie die besten und mehrsten Erzeugungen liefern möge.*

Zweitens, die Handwerkswissenschaft oder Technologie, die lehrt, *wie man die erhaltenen Erderzeugungen auf die leichteste, bequemste und geschwindeste Weise so zurichten müsse, damit sie den erforderlichen Bedürfnissen gehörig Genüge leisten können.* Hierzu gehört noch die Kunstwissenschaft, welche die Erzeugungen der Erde — nach den Gesetzen der Künste — den Bedürfnissen bequem macht.[19] Doch werde ich künftighin allemal das Wort Technologie durch *Kunstwissenschaft* übersetzen. Denn Keile machen ist eben so wohl eine Kunst, als eine Sackuhr machen — ob sie dem Grade nach unendlich verschieden sind. Die Handwerkswissenschaft, die Bewegungswissenschaft[20] und die freie Kunstwissenschaft sind nur die drei Zweige derselben.

Endlich, drittens, die Handlungswissenschaft, welche lehrt: *die überflüssigen Güter gegen mangelnde auf die leichteste, bequemste und geschwindeste Weise so einzutauschen, daß der größte einzelne und allgemeine Nutzen daraus entspringe, der durch den Tausch möglich ist.* Diese Erklärung ist nicht vollständig. Sie ist bloß ein allgemeiner Umriß und also hier hinlänglich.

Diese drei Hauptgewerbe mit allen ihren unzählbaren Abweichungen und Schattierungen sind — gleich einer Maschine — mit tausenderlei Rädern und Triebfedern so in einander verwebt und verbunden, daß keines ohne das andere bestehen kann. Diesen Gewerbekörper so einzurichten sowie in Gang und Schwung zu bringen, daß jedem einzelnen Gliede (so, wie dem Ganzen) vermittelst seines Gewerbes seine Glückseligkeit auf den höchsten Grad und dauerhaft gegründet werde, das ist Staatswissenschaft, welche wiederum ihre verschiedenen Teile hat, wodurch sie genauer bestimmt wird. Ich richte aber hier mein Augenmerk vorwiegend auf den Vorteil des Fürsten, oder die eigentliche Kameralwissenschaft, welche einen Teil der Staatswissenschaft ausmacht und besonders das eigentliche Gewerbe des Fürsten zum Zwecke hat. Der Inbegriff aller dieser Wissenschaften macht nun mit einem Worte das aus, was wir die ausübenden Kameralwissenschaften nennen, oder was ich die Gewerbewissenschaft genannt habe.

Die Einkünfte des Fürsten entspringen entweder aus liegenden Gründen,[21] welches die Kammergüter sind; oder aus Abgaben von liegenden Gründen, die entweder in Früchten, als Zehnten u.s.w.; oder in Geld, als Steuern und Schatzungen;[22] oder in Auflagen[23] auf Handwerks-, Kunst- und Handlungserzeugungen, als da sind Freiheitsgelder,[24] Gewerbgelder, Wassergefälle,[25] Akzise,[26] Zölle, Weggelder, u. d. gl. bestehen.

Ich könnte mit Recht auch die Fabriken hierher zählen, welche dem Fürsten selbst gehören. Allein, den Nutzen oder Schaden derselben zu bestimmen, will ich mir auf eine andere Gelegenheit versparen.

Die Gewerbewissenschaft bestrebt sich, die Landwirtschaft zu verbessern. Sie weist die besten Mittel an, fruchtbare Gründe auf die vorteilhafteste Art zu benutzen, unfruchtbare zu verbessern und öde urbar zu machen. Sie lehrt, die besten und mehrsten Erzeugungen an Tieren, Gewächsen und Mineralien zu erzielen. Folglich lehrt sie, wie der Landmann reich und wohlhabend werden könne. Daß der Flor[27] der Landwirtschaft das wichtigste Mittel der Glückseligkeit eines Staates und der Bevölkerung desselben sei, lehrt das Beispiel der alten Israeliten. Sie waren Bauern und Landleute.[28] Und wie viele hunderttausend streitbare Männer hatten ihre Könige zur Zeit ihres Wohlstandes in einem so kleinen Lande? Der heutige Zustand von China lehrt es, nebst noch vielen andern Ländern.

Folglich bevölkert die Landwirtschaft ein Land, wenn sie blüht und sie macht den Landmann wohlhabend. Dieses sind die Folgen der Gewerbwissenschaft, wenn ihre Lehren befolgt werden.

Werden nun die Kammergüter von dem Fürsten selbst nach den besten Regeln der Landwirtschaftswissenschaft betrieben, so werden die fruchtbaren Stücke auf das vorteilhafteste benutzt, die unfruchtbaren werden verbessert und die öden werden urbar, mithin fruchtbar gemacht. Folglich werden die Erzeugungen verbessert und vermehrt. Dieser Nutzen kommt unmittelbar der Kammer zum Besten. Der Fürst hat ihn bloß der bessern Bauart — mithin der Landwirtschaftswissenschaft — zu danken. Werden aber die Kameralgüter verpachtet, und der Pächter befolgt die Lehren der Gewerbewissenschaft, so wird er obigen Nutzen unmittelbar genießen, folglich dem Fürsten viel mehr Pacht geben können. Davon haben wir an den schweizerischen Mennoniten[29] ein treffliches Beispiel. Diese Leute sind in der *Schweiz* — besonders in den Gebirgen — von jeher dazu abgerichtet worden, auch die allerödesten Gegenden zu benutzen und sich auf einem kleinen dürren Flecke zu nähren. Deswegen können sie, weil sie die Landwirtswissenschaft aus dem Grunde verstehen, herrschaftliche Höfe ungefähr um ein Drittel teuerer pachten als ein deutscher Bauer. Dieser große Nutzen also entspringt wiederum zum Besten der Kammer[30] bloß aus der Landwirtschaftswissenschaft.

Es ist bekannt — auch recht und billig — daß Hausplätze, Gärten, Felder und Wiesen mehr Schatzung und Steuer tragen als öde, unfruchtbare Heiden, Gebüsche und Sümpfe. Nun bringt aber landwirtschaftliche Pflege nach wissenschaftlichen Grundsätzen Bevölkerung, mithin mehr Hausplätze und Gärten; Verbesserung unfruchtbarer Gründe, folglich mehr Äcker und Wiesen. Mehr als einleuchtend ist es also, daß hier die Gewerbewissenschaft den Vorteil des Fürsten überschwenglich[31] vermehre. Werden aber die Abgaben in Früchten selbst eingeliefert, so bedenke man nur, was bei Veredlung, Verbesserung und Vermehrung des Ackerbaues nach landwirtschaftlichen Grundsätzen die Kammer gewinnen müsse.

Die verbesserte Landwirtschaft legt den Grund zur besten Stadtwirtschaft. Wird diese nun nach gewerbe- und kunstwissenschaftlichen Grundsätzen wiederum eingerichtet und verbessert, so entstehen mehrere Handwerks- und Kunstmeister. Diese alle müssen Häuser, Gärten u.s.w. haben. Die Grundsteuern werden vermehrt, Häuser angebaut, fremde Gesellen und Handwerksleute herbeigezogen, die sich vielfältig im Lande niederlassen. Folglich entsteht wieder Bevölkerung, mit allen ihren nutzbaren Zweigen. Gewinn- und Gewerbgelder[32] nehmen — der Kammer zum Besten — merklich zu, und die Kunstwissenschaft gibt die Lehren zu Verfertigung der besten Kunstwerke. Folglich gewinnt der Fürst und der Staat unglaublich dabei. Lebendige und herrliche Beispiele davon geben *Elberfeld* und *Barmen* im Kleinen.[33] Denn diese Gegend hat gewiß seit zwanzig Jahren etliche hundert Haushaltungen — folglich Häuser, Gärten, Äcker, Feld und Wiesen —mehr, und dieses bloß durch kunstwissenschaftliche Übung, Fleiß und Witz.[34] Weltkundig ist es, was *England* und mit demselben der Staat und der König bloß durch die Ausübung kunstwissenschaftlicher Grundsätze in Ansehung seiner herrlichen Fabriken gewonnen haben. Vernunft- und Erfahrungsbeispiele genug, welchen Nutzen in diesem Fache die ausübenden Kameralwissenschaften dem Fürsten bringen müssen!

Die Handlungswissenschaft endlich erhebt die Glückseligkeit des Staates und die Einkünfte des Fürsten auf den höchsten Gipfel. Wenn die Landwirtschaftswissenschaft und die Kunstwissenschaft vorgearbeitet haben, so sind die herrlichsten Natur- und Kunsterzeugungen in Menge da. Die Arbeiter können wohlfeil unterhalten werden. Die Waren sind der Vollkommenheit nahe und bringen also das Geld in Menge ins Land, wo es alsdann durch das Gewerbe — gleich dem fruchtbaren Nile[35] — das ganze Land segnet. Der Fürst von der Höhe seines Thrones schaut umher und sieht eitel[36] fröhliche, muntere, arbeitsame Leute. Die Gärten blühen mit den schönsten aus- und inländischen Gewächsen; ihre Menge macht Städte und Dörfer zu Paradiesen. Die Äcker wallen in den reichlichsten Saaten. Auen, Weiden und Wiesen triefen von Fettigkeit, und fette Masttiere weiden ruhig in Menge darinnen. Der Landesvater, wenn er ein *Karl Theodor* ist, lächelt voller Wonne Gnade umher und seine Schätze fließen über.

Nur auf *Holland* will ich das Augenmerk meiner Leser richten. Welche Schätze haben sich da in den Kisten der einzelnen Leute gehäuft, und welche ungeheuere Menge Fässer voller Dukaten liegen in der Schazkammer des Staates? Und das alles sind bloß Früchte der Handlungswissenschaft! Welchen Nutzen dieselben nun wiederum der Land- und Stadtwirtschaft leisten, welchen herrlichen Segen die Handlung auf den übrigen Teil der Menschen ausströme: das werde ich vielleicht zu einer andern Zeit breiter ausführen können.[37]

Listige Schatzbedienten erfinden freilich auch in schlecht gebauten Ländern Mittel, die Einkünfte zu vermehren und die Kammer zu bereichern. Ich kenne Gegenden, wo der arme Bauer nichts zum Munde bringt, das nicht schon drei- bis viermal durch Schatzgeld, Steuergeld, Dienstgeld, Zehntgelt, Hühnergeld, Vogelköpfegeld, Herrnhafergeld, Kopfsteuergeld, u.s.w. gebrandschatzt[38] worden. Aber solche Ungeheuer von Menschen sind im Staatskörper ein schleichendes Gift; er fällt vor und nach in eine Auszehrung. Diese Peitschen[39] wirft Gott endlich ins Feuer,[40] und sein Fluch verzehrt die Geschlechter der Fürsten, daß ihre Schlösser wüste werden. Auf diese Weise schwimmen zwar die Höfe eine Zeitlang im Überflusse. Aber da die Quellen versiegen müssen, so ist keine Hoffnung da zur langen Dauer.

Solche böse Staatsmänner behaupten: der härtere Druck des Landmannes vermehre den Fleiß und die Geschicklichkeit. Allein, da lehrt die Erfahrung das Gegenteil! Ein solcher hart gedrückter Bauer plagt sich, so lang er kann. Allein, seine Kinder ermahnt er, außer Land zu gehen. Mit Tränen und Seufzen gibt er dem Sohne am frühen dunklen Morgen im leinenen zerlappten Kittel seinen Vatersegen und zerplagt sich fort, bis seine abgemergelten Knochen endlich im Grabe Ruhe finden. So entvölkern sich solche Länder unvermerkt. Wie viele blühende Gemeinden hat nicht das Bergische Land,[41] die aus lauter solchen Fremdlingen entstanden sind, und welche die sanfte Regierung Vater *Karl Theodors* dahin gelockt hat?

Deswegen mache ich nun den mathematisch gewissen Schluß: *Ein Fürst, der reich werden will, suche nach den Lehren der ausübenden Kameralwissenschaften in seinem Land die Landwirtschaft, Stadtwirtschaft und die Kaufmannschaft auf den höchsten Flor zu bringen, so wird er eine unversiegende Quelle von Reichtümern haben.* Segen und Wohlergehen wird, wie eine Ebbe und Flut, vom Throne auf das Volk und vom Volke wieder zum Throne strömen. Der allerhöchste Beherrscher der Menschen wird Segen und Wohlgefallen auf einen solchen Staat regnen lassen und die Urenkel werden noch kein Ende dieser Glückseligkeit sehen. Folglich:

Die Gewerbwissenschaft ist das einzige Mittel, wodurch der Nutzen des Fürsten und des ganzen Staates dauerhaft gegründet und bis aufs höchste vermehrt werden kann.

So wichtig also und so wesentlich nötig diese Wissenschaften im menschlichen Leben sind, und so viel sie zur allgemeinen Glückseligkeit beitragen, ja gar einzig und allein die Grundfeste derselben sind: so wenig Aufmerksamkeit hat man doch bis daher noch darauf verwendet. Einzelne große und würdige Männer haben freilich in ihrem Teile schon vieles geleistet und vorgearbeitet. Allein, die erste große und öffentliche Anstalt zu einer Hohen Schule derselben, sie zu einer würdigen Fakultät zu erheben, Lehrer dazu zu berufen, um Staaten den Weg zur höchsten irdischen Glückseligkeit zu öffnen, Jünglinge zu Landesvätern zu bilden, die überall Quellen von Milch und Honig entdecken und in den Schoß des Fürsten und des Volkes leiten sollen, war unserm Durchlauchtigsten Stifter vorbehalten. Glück mir, daß ich bin würdig geachtet worden, einer mit von den ersten Lehrern dieser herrlichen Schule zu werden.[42]

Die edlen Jünglinge also, welche schon den Grund auf unserer Kameral Hohen Schule in diesen vortrefflichen Wissenschaften gelegt haben, nebst andern, die noch dahin zu ziehen Willens sind, lade ich durch diese Schrift feierlich zu meinen Lesestunden ein. So bald ich mich nur einmal fest gesetzt und mir die Gesetze und Einrichtungen des Institutes recht werde bekannt gemacht haben, so werde ich sie mit väterlicher und brüderlicher Freundschaftshand in die Werkstätten der Natur, der Kunst und der Wissenschaft leiten, um daselbst nebst ihnen mit Forscherblicken die geheiligten Geheimnisse aufzusuchen, welche die wahren Qellen der menschlichen Glückseligkeit werden können, sobald sie nur ihren rechten Standpunkt im Staate erreichen und gleich einem Ferment denselben in eine heilsame Gärung setzen. Der über alles Erhabene segne zu diesem Zwecke Anfang, Mittel und Ende!

Anmerkungen

(1) Hier handelt es sich um die Antritts-Vorlesung von Jung-Stilling als Professor in Kaiserslautern. Er dürfte sie Anfang bis Mitte November 1778 zunächst mündlich vorgetragen, aber von Elberfeld aus bereits zur Vorbereitung ihrer Veröffentlichung eingeschickt haben.

(2) Neben der als Broschüre herausgegebenen Form erschien noch eine zweite Fassung im Druck. Diese findet sich in Jahrg. 2 (1779), Heft 1, S. 49 ff. der Zeitschrift *Rheinische Beiträge zur Gelehrsamkeit* (Mannheim) sowie in Jahrg. 2 (1779), 2. Theil, S. 372 ff. der *Litteratur- und Theater-Zeitung* (Berlin). Dieser Text beginnt mit dem fünften Abschnitt des hier wiedergegebenen Originals.

(a) Kleinere Abweichungen beziehen sich auf für Jung-Stilling bezeichnende Worte. So liest man dort „Pfacht“ anstatt „Pacht“; auch in späteren Veröffentlichungen benutzt Jung-Stilling die eigentlich hochdeutsche Lesart „Pfacht" und „pfachten". Ferner steht statt „Maschine" (bereits um 1700 aus dem Französischen in die deutsche Sprache eingedrungen) das Wort „Rüstzeug" (rüsten = bereiten, herrichten; Zeug = Gerät).

(b) Der Titel des Nachdrucks in der Zeitschrift *Rheinische Beiträge zur Gelehrsamkeit* lautet: „Von / den Vorteilen, / die den Fürsten durch die ausübenden / Kameralwissenschaften zufliesen. / Eine Einladungsschrift / bei dem Antritte des Lehrstuhles der ausüben- / den Kameralwissenschaften auf der hohen Kameral- / schule zu Lautern, von J. Heinrich Jung neube- / rufenen Lehrer der Landwirthschaft, der Kunst-Hand-/ lungswissenschaft und Vieharzneikunst daselbst."

[1] Kameral Hohe Schule = die am 30. Oktober 1774 in Kaiserslautern eröffnete Hochschule für Wirtschaft und Verwaltung dieses Namens. Bereits am 30. August 1770 war der Trägerverein, die *Physikalisch-Oeconomische und Bienengesellschaft* zu Kaiserslautern landesherrlich bestätigt worden. Siehe Stieda, Nationalökonomie 109 sowie ausführlich die 1927 erschienene Abhandlung von *Heinrich Webler:* Die Kameral-Hohe-Schule; vollständiger Titel in GV 89, 373 bzw. GV 141,442.

[2] Neue und wichtige Stelle = Jung Stilling bekam den Ruf nach Kaiserslautern 1778 und reiste im Oktober von Elberfeld aus dorthin. Er wurde von den Kollegen herzlich und warm empfangen; siehe Lebensgeschichte 370 f.

(1) Das (Ober)Amt hieß 1778 lateinisch PRAEFECTURA LAUTERENSIS, die Stadt teils Lautern, teils aber auch schon Keyserslauter(n) und zählte etwa 2 200 Bewohner. *Kaisers*lautern deshalb, weil Kaiser *Friedrich Barbarossa* (reg. 1152-1190) dort öfters residierte. Lauter = rechter Nebenfluß des Glan; sie fließt durch Kaiserslautern und mündet nach 30 km bei Lauterecken. Der Glan fließt in die Nahe und diese bei Bingen in den Rhein.

(2) Die selbständige, damals bereits reich industrialisierte Amtsstadt Elberfeld an der Wupper im Herzogtum Berg hatte 1778 etwa 7 500 Einwohner. Jung-Stilling wirkte hier seit Frühjahr 1772 als praktischer Arzt. Statt Elberfeld findet man in jener Zeit auch noch die Schreibweise Elverfeld = Feld der Elfen. Elfen = Elben = Gesamtbezeichnung für vielerlei Natur-Geister der Volkssage, wie Zwerge, Nixen und Kobolde. — Elberfeld ging 1929 in die Stadt Wuppertal ein.

(3) Sowohl Elberfeld als auch Kaiserslautern lagen im Herrschaftsbereich des Kurfürsten *Karl Theodor;* siehe Anm. 3. Jung-Stilling wechselte also mit der Übersiedlung nach Kaiserslautern nicht die Landesherrschaft. Dieser Umstand sowie vor allem die Tatsache, daß Jung-Stilling seit November 1776 bereits auswärtiges Mitglied der *Kurpfälzischen physikalisch-ökonomischen Gesellschaft* (siehe Anm. 1) war, dürfte die Berufung wesentlich erleichtert haben. Auch standen keine konfessionellen Schranken im Wege. Zwar war der Kurfürst katholisch,

aber seine Lande bekenntnismäßig gemischt. Kaiserslautern hatte zur Zeit der Berufung von Jung-Stilling grob ein Drittel Katholiken, Lutheraner und Reformierte.

[3] Stifter = *Karl* (zeitgenössisch oft auch: *Carl) Theodor,* Kurfürst von der Pfalz (1724-1799; siehe ADB 15, 250, kürzer und übersichtlicher NDB 11, 252) aus der katholischen Linie Pfalz-Neuburg-Sulzbach war 25 Jahre lang, von 1762 bis 1787, der Landesherr von Jung-Stilling.

(1) Unter seiner Herrschaft standen außer der Kurpfalz auch das Herzogtum Berg (mit der Hauptstadt Düsseldorf; siehe Anm. 41) und das Herzogtum Jülich (das 1614 an Pfalz-Neuburg kam; siehe Anm. 72); 1777 fiel ihm durch Erbschaft auch das Herzogtum Bayern zu; siehe Anm. 55. *Karl Theodor* hatte daneben noch kleinere Besitzungen, so die Markgrafschaft Bergen-op-Zoom in Brabant (die als Erbteil vom Großvater auf ihn kam: seine Mutter *Marie Anne Henriette* war die Tochter des letzten Markgrafen; siehe Anm. 55,2), die Grafschaft Ravenstein (in Brabant an der Maas) sowie Neuburg (in Schwaben an der Donau, unterhalb der Lechmündung) und Sulzbach (in der bayrischen Oberpfalz, ziemlich weit östlich von Nürnberg). Der Kurfürst residierte bis 1777 in Mannheim, ab da in München.

(2) Kurfürst *Karl Theodor* genoß zur Zeit der Rede (1778) in seinen Landen — und in der Pfalz zumal — eine außerordentliche Beliebtheit. Er war sprachkundig (fließend französisch und niederländisch), hochgebildet (Studium in Löwen und Leyden), kunstsinnig, konfessionell (nach den Maßstäben seiner Zeit) duldsam und von freundlicher Wesensart. Allem Militärischen abgeneigt, lag ihm die Förderung der Kultur sehr am Herzen.

(3) Stilling überreichte im März 1772 persönlich dem Kurfürsten in Mannheim seine lateinisch geschriebene Doktorarbeit über die Geschichte des Siegerländer Eisengewerbes; siehe Lebensgeschichte 287. Auf dem Titelblatt bezeichnet sich Jung-Stilling als Bürger von Ronsdorf im Herzogtum Berg, weist sich also als Untertan von *Karl Theodor* aus.

(a) Die Dissertation trägt eine schwungvolle, gut durchdachte und im lateinischen Sprechton wohlklingende Widmung. Der Text ist nach der Zeitsitte kunstvoll verschachtelt. Man werde *Karl Theodor* in aller Nachwelt (AD OMNEM POSTERITATEM) als einen Vielgeliebten (AMANTISSIMUM) im Munde behalten. Denn er habe mit Gefühl und Liebe (SENSU ET AMORE) an Zahl und Bedeutung höchst ansehnliche, unsterbliche Werke (UTI TOT ET TANTA ACCOMMODATISSIMA IMMORTALIA OPERA) geschaffen, die den Verstand und Erfindungsgeist der Bürger (AD MENTEM INGENIUMQUE CIVIUM) sowie des wahren Schönen und Guten beflügeln, zugleich auch alle Wissenschaften und Künste zur Menschlichkeit (AD HUMANITATEM) hinführen. Kurfürst *Karl Theodor* hatte zuvor Jung-Stilling die Erlaubnis erteilt, ihm seine Dissertation widmen zu dürfen; siehe Lebensgeschichte 286.

(b) Der Widmung an *Karl Theodor* schließt sich eine zweite in deutscher Sprache an. Sie preist (im Stile nüchtern und im Ausdruck gemäßigt) die Schwiegereltern und die junge Ehefrau in (Wuppertal-)Ronsdorf. Hatten diese doch durch einen Wechsel, „der hinlänglich war" (Lebensgeschichte 286), die Promotionskosten bezahlt.

(4) Mannheim war seit April 1720 die Hauptstadt der Kurpfalz (auch „Pfalz bei Rhein" genannt: das Gebiet auf beiden Seiten des unteren Neckars, sowie auf dem linken Ufer des Rheines ungefähr die Fläche von der Lauter bis zur unteren Mosel). Der Vorgänger von Kurfürst *Karl Theodor*, sein Vetter *Karl Philipp* (1681-1742; siehe ADB 15, 331, NDB 11, 250) aus der Wittelsbacher Linie Pfalz-Neuburg, verlegte zunächst nach Regierungsantritt 1716 die Residenz von Düsseldorf nach Heidelberg. Wegen Streits mit der reformierten Bürgerschaft zog *Karl Philipp* von Heidelberg weg und ließ in Mannheim das Schloß (das größte Barock-Schloß in Deutschland; im wesentlichen das Werk der Baumeister *Johann Clemens Froimon* und dessen Nachfolger *Guillaume de Hauberat;* siehe DBA 484, 105) und die Jesuitenkirche („Große Hofkirche": die einzige Barock-Kirche am Oberrhein; den Bau plante und leitete der kurfürstliche Oberbaudirektor *Alessandro Galli da Bibiena* (1687-1768; siehe DBA 98, 304), nach diesem ist die *Bibienastraße* in Mannheim benannt) bauen, die Kurfürst *Karl Theodor* vollendete.

(5) Stammsitz aller Pfälzer Linien ist die 1142 errichtete, nordöstlich von Augsburg gelegene Burg Wittelsbach. Daher nennt man das Fürstenhaus auch „Wittelsbacher".

[4] Weitausschauende Institute = Kurfürst *Karl Theodor* gab so gut wie gar nichts für das Heer aus. Seine pfälzischen Lande waren daher dem Einmarsch der Franzosen nach der Revolution von 1789 schutzlos preisgegeben. Die Landeseinkünfte wurden fast ausschließlich für Bildung, Wissenschaft und Kunst verwendet. Seine einflußreichen Berater aus dem Jesuiten-Orden (sie blieben auch nach der Aufhebung der *Gesellschaft Jesu* durch den Papst 1773 am Hofe) bestärkten ihn in dieser Politik. Eine von Frankreich ausgehende Gefahr glaubte man damals am Hofe von *Karl Theodor* überhaupt nicht zu erkennen.

(2) Kurfürst *Karl Theodor* gründete unter anderem 1763 die *Kurpfälzische Akademie der Wissenschaften* (das Verzeichnis ihrer Mitglieder bei Fuchs, Palatinatus 566 ff. verdient Beachtung), 1775 die *Deutsche Gesellschaft* (zur Förderung und Pflege der deutschen Sprache und Bildung); diese zählte seit 1784 auch Jung-Stilling zu ihren Mitgliedern; siehe Lebensgeschichte 428, 1757 die *Akademie der bildenden Künste,* 1758 ein Kupferstich- und Handzeichnungskabinett, 1767 eine Antikensammlung, ferner ein Münzkabinett, eine Gemäldegalerie, ein Naturalienkabinett (das berühmte *Kabinett der natürlichen Historie,* dessen Direktor der kurfürstliche Geheime Sekretär *Alessandro Cosimo Collini* (1727-1806) wurde), ein physikalisches Kabinett, und der Kurfürst ließ für den bedeutenden Astronomen *Christian Mayer* (1719-1783; siehe

ADB 21, 89) eine Sternwarte erbauen. Der achteckige Turm mit vier größeren und vier kleineren Seiten (von *Franz Raballiati* erbaut) gehört noch heute zu den Sehenswürdigkeiten der Baumeisterei am Oberrhein.

(3) Auch die Musik („Mannheimer Schule", die den Stilumschwung zur Wiener Klassik einleitete) und das Theater (Uraufführung der „Räuber" von *Friedrich Schiller;* dieser war auch Mitglied der *Deutschen Gesellschaft)* blühten am Hofe von *Karl Theodor.* Man rühmte Mannheim als ein „pfälzisches Athen" und „rheinisches Florenz". *Friedrich Schiller* lobte das „griechische Klima" der Pfalz, die er ein „Paradies der Musen" nannte. Wenn Apoll und die Musen sich in Deutschland niederlassen wollten, so würden sie zuerst Mannheim wählen, schrieb *Christian Friedrich Schubart.* „Es wäre lächerlich, wollte man alle anerkennenden und lobenden Zeugnisse von In- und Ausländern auf eitel Servilismus zurückführen" (*Karl Theodor von Heigel* in ADB 15, 252).

(4) Die Lobpreisung von Jung-Stilling hier und später ist also keineswegs überstiegen, und der Vorwurf ungerecht, Jung-Stilling habe eine eigentümliche Neigung zur Liebdienerei der Fürsten gehabt. — Siehe zur kulturellen Tätigkeit am Hofe von *Karl Theodor* auch Fuchs, Palatinatus ab S. 147 sowie Lipowsky, Karl Theodor 87.

[5] Protektorin = die Cousine und Gattin des Kurfürsten, *(Maria) Elisabeth Auguste* (1721-1794); siehe Anm. 75.

[6] Präsident Hochfürstl. Durchlaucht = Kurfürst *Karl Theodor* hatte keine ehelichen Kinder.

(1) Thronfolger war daher sein Neffe, *Karl II. August Christian* (1746-1795; siehe ADB 15, 336), Pfalzgraf bei Rhein, seit 1775 Herzog von Zweibrücken-Birkenfeld, kurfürstlicher Generalleutnant, seit 1770 Ehrenmitglied der *Kurpfälzischen Akademie der Wissenschaften.* Er vermählte sich 1774 mit *Maria Amalia,* Tochter des sächsischen Kurfürsten. Der 1776 geborene Stammhalter *Karl* starb bereits 1784; weitere Kinder gingen aus der Ehe nicht hervor. Siehe auch Fuchs, Palatinatus 550, Note 876.

(2) Nach dem frühen und unerwarteten Tod von *Karl II. August Christian* noch zu Lebzeiten seines Onkels fiel das Erbe des Wittelsbacher Stammes an seinen um zehn Jahren jüngeren Bruder, Pfalzgraf *Maximilian IV. Joseph* (1756-1825; siehe ADB 21, 31), kurfürstlicher Oberst und seit 1775 Ehrenmitglied der *Kurpfälzischen Akademie der Wissenschaften* in Mannheim. Der im Schloß zu Mannheim geborene Pfalzgraf war seit 1785 mit *Wilhelmine Auguste,* Tochter des Landgrafen von Hessen-Darmstadt vermählt. *Maximilian IV. Joseph* trat das Erbe von *Karl Theodor* an und wurde 1799 Kurfürst von Pfalzbayern, 1806 dann als *Maximilian I.* erster König von Bayern. Seine unmittelbaren Nachkommen saßen bis 1918 auf dem bayrischen Thron. Siehe auch Lipowsky, Karl Theodor 170.

[7] Der Werdegang von Jung-Stilling war den Zuhörern aus dem im Frühjahr 1777 erschienenen ersten (von *Johann Wolfgang Goethe* zum

Druck besorgten) Teil seiner Lebensgeschichte bekannt. Diese wurde im ganzen deutschen Sprachraum günstig aufgenommen.

(1) Die Zeitschrift *Rheinische Beiträge zur Gelehrsamkeit* hatte auch angekündigt (im ersten Jahrgang 1778, zweiter Teil, S. 94), daß der Verfasser Doktor Jung, Arzt in Elberfeld sei, der demnächst als Professor nach (Kaisers)Lautern komme.

(2) Man hatte Stilling vor seiner Berufung allerdings eindringlich ermahnt, sich in der gemischt-konfessionellen Pfalz auf keinen Fall als „Pietist" zu gehaben und auch „nicht zu viel von der Religion zu reden" (Lebensgeschichte 370). Die Antrittsrede trägt dem Rechnung.

[8] Jung-Stilling hielt sich vom September 1770 bis März 1772 an der Universität Straßburg auf. Dort schloß er mit *Johann Wolfgang Goethe* und mit *Johann Gottfried Herder* Freundschaft.

(1) Während der kurzen Zeit in Straßburg verheiratete sich Stilling und fuhr dieserhalb für zwei Monate nach (Wuppertal-)Ronsdorf; siehe Lebensgeschichte 273 ff. Dazu hielt er in Straßburg ein Repetitorium in Philosophie (siehe Lebensgeschichte 270) und übernahm für den zuständigen Professor *Spielmann* (siehe Anm. 83) die Grundvorlesung in Chemie; siehe Lebensgeschichte 674. Auch mit der Vermessungskunde befaßte er sich in Straßburg eingehend; siehe Anm. 83.

(2) Stillings heilkundliche Vorkenntnisse waren so umfassend, daß er gleich zur Klinik zugelassen wurde; siehe Lebensgeschichte 270. Schon im Winter 1771 schrieb er seine Dissertation über das Siegerländer Eisengewerbe; siehe Anm. 3,3. Mit Auszeichnung promovierte er zum Doktor der Medizin, um sich dann als praktischer Arzt in (Wuppertal-) Elberfeld niederzulassen.

[9] Durch Taten = siehe 1. Mose 1, 1; Psalm 19, 2 (Vulgata: 18, 2); Apostelgeschichte 17, 24.

[10] Im Rötelrisse = umrißhaft, in groben Zügen. Rötel = (roter) Farbstift, mit dem Strichbilder angefertigt werden, ähnlich wie Zeichnungen mit Kohle oder Kreide.

[11] Erderzeugungen = Naturgaben. Erde ist hier nicht als (landwirtschaftlich genutzter) Boden, sondern als die Schöpfung gesamthaft zu verstehen.

[12] Anklänge an die *Georgica* des römischen Dichters *Vergil* (70-19 v. Chr.), einer beseelten Schilderung des Landlebens und seiner Arbeit. „Schon als Kind hatten mich der Homer und der Virgil bezaubert", bekennt Stilling (Lebensgeschichte 673; siehe dort auch 93). Im Jahre 1787 erschien von ihm in Mannheim eine deutsche Übersetzung der *Georgica* in sechsfüßigen Versen. — Indes ist Stilling (wohl nicht zuletzt aufgrund seiner eigenen leidvollen Erfahrungen; siehe Lebensgeschichte 114) in sämtlichen Veröffentlichungen völlig frei von verträumter Schönheitelei in bezug auf die Landwirtschaft.

[13] Siehe Matthäus 18, 6; Lukas 17, 1 f.

[14] Wechsel hier im Sinne von dinghaftem Umtausch, Überführung (Zuleitung, Transport) gemeint. In dieser Bedeutung noch in manchen Wortverbindungen wie Wechselgesang, Wildwechsel.

[15] Das Umstandswort „wohl" geht auf „Wahl, wählen" zurück und bedeutet hier „nach Wunsch", „nach Belieben"; also wohlgefällig = von ihnen nach Neigung gewählt. In dieser Bedeutung heute sehr selten.

[16] Auflagen hier im weiteren Sinne von „Abgaben" gebraucht = zur Bestreitung des Bedarfs des Fürsten und seiner Verwaltung zwangsweise in Anspruch genommene Leistungen, entweder real (wie teilweise etwa beim Bau und Ausbau des Schlosses der kurpfälzischen Fürsten in Mannheim) oder geldlich.

[17] Scheidekunst = Chemie; damals meistens noch Chymie geschrieben.

[18] Die drei Hauptbeschäftigungen sind (wie zuvor ausgeführt) Urerzeugung, Verarbeitung und Handel.

[19] Bequem = zukommend, passend, tauglich. In der Zeit von Jung-Stilling nicht bloß in der Bedeutung „Anstrengungen vermeidend" (wie heute fast nur noch) gebraucht.

[20] Bewegungswissenschaft = Mechanik als Lehre von der Bewegung der Körper unter dem Einfluß von Kräften als Teildisziplin der Physik.

[21] Liegender Grund = Grundstück, Liegenschaft.

[22] Schatzung = Abgabe, die bestimmte einzelne Personen aufgrund einer amtlichen Schätzung des Einkommens oder Vermögens traf. Schatz = etwas Wertvoller, Vermögen; schatzen = wertmäßig festsetzen, (steuerlich) veranschlagen.

[23] Auflagen hier im engeren Sinne gebraucht = Warensteuer; bei den Zeitgenossen von Jung-Stilling oft noch „Imposten" genannt.

[24] Freiheitsgelder = Abgaben zur Ablösung hoheitsrechtlicher Ansprüche (Regale), vor allem im Bergbau und in der Forstwirtschaft, aber auch im Bereich des Gewerbes (etwa: Mühlenbetrieb, Schankerlaubnis) sowie des Handels (etwa: Salz, Tabak, Branntwein, insoweit für diese Güter ein staatliches Handelsmonopol bestand).

Zu unterscheiden ist das *Freiheits*geld vom *Frei*geld = Abgabe, welche von dem ins fremde Gebiet übergehenden Vermögen erhoben wurde (auch Abschoß, Abschied, Weglassung genannt), und zwar entweder als Erbschaftsgeld im Falle von Erbschaften und Schenkungen, oder als Nachsteuer (Abzugsgeld) im Falle des Auswanderns. Siehe Lexikon Wirtschaft 39.

[25] Wassergefälle = Abgaben aufgrund der Nutzung eines öffentlichen Gewässers. — Gefälle nannte man öffentliche Einkünfte, die von Liegenschaften bezogen wurden, auf denen sie als Reallast hafteten. — Gefälle von „fallen" = das an den Eigentümer Fallende.

[26] Akzise = Abgabe, die in Deutschland vornehmlich von Städten und Distrikten erhoben wurde. Sie hatte die Form einer Verbrauchs-

steuer (meistens am Erzeugungsort, wie etwa die Fabrik-Akzise) oder einer Verkehrssteuer (wie etwa die Tor-Akzise der Städte; diese nannte man auch „Ungeld“ = lästige, widrige Abgabe). — Im weiteren Sinne bezeichnet Akzise auch jederart indirekte Steuer.

[27] Flor = Blüte, Wohlstand, guter Wirtschaftserfolg: ein bei den älteren ökonomischen Schriftstellern ständig benutzter Ausdruck. Heute durch „Konjunktur“ ersetzt; lediglich das Zeitwort „florieren“ wird noch (freilich auch immer seltener) gebraucht.

[28] Jung-Stilling will hier sagen: „in erster Linie“, „schwergewichtig“. Denn gerade das alte Israel hatte auch einen mannigfachen und ziemlich leistungsfähigen Handwerkerstand; zudem trieb es weiträumig Handel.

[29] Mennoniten = Wiedertäufer-Gemeinde aus der Reformationszeit, genannt nach dem Friesen *Menno Simonis* (1492-1559). Man trat für strenge Kirchenzucht ein, verwarf wesentliche Bestandteile der bürgerlichen Ordnung und verweigerte den Kriegsdienst. Mehrere Obrigkeiten gestatteten den „Taufgesinnten“ die Ansiedlung in Wüsteneien, wo sie äußerst fruchtbar und ertragreich wirtschafteten. In der Schweiz wurden Mennoniten besonders im bernischen Jura sowie im oberen Emmental ansässig.

[30] Kammer = Schatzkammer, landesfürstliche Kasse; häufig auch Tresor (vom lateinischen THESAURUS = Schatz) genannt.

[31] Zur Zeit von Jung-Stilling hatte der Ausdruck „überschwenglich“ noch die Bedeutung von „in Fülle“, „außerordentlich“. Der Sinn „schwulstig“, „überspannt“ wird dem Wort erst ab etwa 1830 zugelegt.

[32] Gewerbegeld = Abgabe aus dem Ertrage des Gewerbes; in früheren Zeiten teilweise auch reine Betriebsstätten-Steuer.

[33] Elberfeld und Barmen = heute Teile der Stadt Wuppertal im Bundesland Nordrhein-Westfalen der Bundesrepublik Deutschland.

(1) Jung-Stilling weilte sieben Jahre (von 1763 bis 1770) als (leitender) kaufmännisch-technischer Angestellter in Kräwinklerbrücke bei Radevormwald (heute der Stadt Remscheid eingemeindet) und weitere fast sieben Jahre (vom Frühjahr 1772 bis Herbst 1778) als praktischer Arzt, öffentlich bestellter Brunnenarzt (seit 1775; siehe Lebensgeschichte 342) und Geburtshelfer in Wuppertal-Elberfeld. Er kannte aus eigener Anschauung daher das frühindustrielle Gebiet an der Wupper.

(2) In den *Bemerkungen der Kuhrpfälzischen physikalisch-ökonomischen Gesellschaft* (sie erschienen bis 1785 in vierzehn Jahrbüchern) hatte Jung-Stilling bei Antritt seiner Professur schon mehrere Beiträge über die Gewerbeentwicklung in diesem Wirtschaftsraum sowie im Siegerland geschrieben; siehe Lebensgeschichte 346, 676 f. Diese Veröffentlichungen verschafften ihm letztlich den Ruf nach (Kaisers)Lautern.

[34] Witz hier in der Bedeutung von „erfindungsgewandter Verstand“, „im Finden von Neuem sich zeigende Geisteskraft“; von „wissen“ = sehen, erkennen.

[35] Der Nil-Strom bedingt durch sein regelmäßiges Steigen und Fallen sowie durch die Ablagerung von nützlichem Schlamm die Fruchtbarkeit weiter Gegenden im Sudan und in Ägypten.

[36] Eitel = nichts weiter als; lauter. In dieser Bedeutung heute lediglich noch in Redewendungen wie „eitel Freude", „eitel Glück".

[37] Diese Zeit kam sieben Jahre später. Jung-Stilling gab 1785 ein *Gemeinnütziges Lehrbuch der Handlungswissenschaft* heraus, das 1799 eine Zweitauflage erlebte; siehe Lexikon Wirtschaft 183.

[38] Gebrandschatzt = beraubt, ausgeplündert; ursprünglich: Geld-Abgaben bestimmten Vermögenswerten auferlegen mit der Drohung, bei Nichtzahlung diese Werte zu plündern und niederzubrennen. Die Brandschatzung war bis in die Neuzeit bei siegreichen Armeen ein gebräuchlicher Vorgang.

[39] Peitschen = Nattern; Peitschen-Schlangen, die im tropischen Asien auf Bäumen leben und diese auszehren.

[40] Siehe Matthäus 25, 41; Psalm 21, 10 (Vulgata: 20, 10).

[41] Bergische Land = das Herzogtum Berg (rechts des Rheines mit der Hauptstadt Düsseldorf) fiel im Vertrag zu Xanten 1614 an das Wittelsbacher Haus Pfalz-Neuburg.

(1) Im Zuge der Aufhebung des Ediktes von Nantes 1685 (siehe Anm. 233) strömten viele „gewerbefleißige" Hugenotten aus Frankreich auch in das Bergische Land. Freilich trat *Karl Theodor* hier erst 1742 die Regierung an.

(2) Zudem siedelten sich dort (vor allem wegen innerer Religionsstreitigkeiten ausgewanderte) niederländische Reformierte an. Manche Fabrik entlang der Wupper war von Einwanderern gegründet. Dies erkennt man unter anderem auch an der Vielzahl französischer und niederländischer Familiennamen in diesem Gebiet. Dabei gilt es zu berücksichtigen, daß sich manche Zuwanderer im Namen dem Deutschen anglichen (etwa: Le Plat zu „Leppla", Chariot zu „Schallio").

(3) Die kurpfälzische Landesherrschaft war im Herzogtum Berg äußerst beliebt. Denn erstens gab es dort so gut wie gar keine Belastungen durch Militär. Zweitens setzte man der gewerblichen Entfaltung keinerlei Schranken entgegen. Damit hob sich das Herzogtum Berg vorteilhaft von den umliegenden preußischen Gebieten ab.

(4) Statthalter in den Herzogtümern Berg und Jülich war bis 1768 *Johann Friedrich Graf von Schaesberg*. Ihm folgte *Johann Ludwig Franz Goltstein* (1719-1776; siehe ADB 9, 348, NDB 6, 626). Er legte Verkehrswege an, förderte die Wirtschaft und stiftete die erste öffentliche Bibliothek des Rheinlandes sowie die Kunstakademie Düsseldorf.

(a) Auch führte *Goltstein* die Oberaufsicht bei der Ausführung des Baues von Schloß Benrath. Kurfürst *Karl Theodor* ließ dieses vielbewunderte Meisterwerk von 1756 bis 1769 bauen. Das vor allem durch feinste Grundrißgestaltung überraschende Schloß ist das Werk des geistvollen kurfürstlichen Oberbaudirektors *Nicola Pigage* (1723-1793), Lothringer von Geburt, Franzose nach Bildung und Denkart. Dieser schuf auch das Karlstor in Heidelberg und brachte den Bau der kurpfälzischen Schlösser in Mannheim und Schwetzingen unter mancherlei Schwierigkeiten zu Ende. Die *Pigage-Allee* in Düsseldorf-Benrath ist nach diesem schöpferischen Baumeister benannt.

(b) Die kurfürstlichen Herzogtümer Jülich und Berg galten unter der Regentschaft von *Goltstein* als die bestverwaltetsten Provinzen im deutschen Westen. Der Statthalter wurde 1774 auch Finanzminister des Kurfürstentums und 1773 Mitglied der Akademie in Mannheim; siehe Fuchs, Palatinatus 571. Die *Goltsteinstraße* in Düsseldorf ist nach ihm benannt.

[42] Herrliche Schule = die Kameral Hohe Schule in Kaiserslautern.

(1) Erster Professor wurde zu Ostern 1774 der tüchtige und gelehrte *Georg Adolph Succow* (auch *Georg Adolf Suckow* geschrieben, 1751-1813; siehe ADB 37, 105) aus Jena. Er vertrat die Fächer Mathematik, Naturgeschichte, Chemie und Agrikultur.

(a) Jung-Stilling nennt *Succow* (Lebensgeschichte 371) „Stillenfeld“ = ein eingezogener, ruhiger und friedsamer Mensch. Seine Schriften in GV 142, 196 sind zahlreich.

(b) Professor *Succow* führte den Titel „Pfalzzweibrückischer Hofrath“, war „beständiger Sekretair der physikalisch-ökonomischen Gesellschaft“ sowie seit 1783 auch außerordentliches Mitglied der *Kurpfälzischen Akademie der Wissenschaften* in Mannheim; siehe Fuchs, Palatinatus 575. — Die *Suckowstraße* in Kaiserslautern sowie in Mannheim-Oststadt ist nach ihm benannt.

(2) Im folgenden Jahr 1775 trat der Schwabe *Ludwig Benjamin Martin Schmid* (1737-1793) seinen Dienst an. Er hatte in Tübingen Theologie studiert, amtete drei Jahre bei seinem Vater als Vikar und war dann Hofmeister, Hauslehrer sowie Reisebegleiter zweier Holsteinischer Prinzen. *Schmid* ging mit der Verlegung der Kameral Hohen Schule nach Heidelberg. Dann folgte er einem Rufe als Professor für Kameralwissenschaften und Universitäts-Prediger an die Hohe Karls Schule in Stuttgart (siehe Anm. 264). Dieser Wechsel fand sehr wahrscheinlich im Frühjahr 1786 statt, nicht erst 1787 (so Lebensgeschichte 733). Denn beim Jubiläum im November 1786 ist bereits sein Nachfolger *Johann Ludwig Erb* (1742-1824, siehe DBA 287, 182 ff.) im Amt, während *Schmid* nicht mehr erwähnt ist; siehe Jubelschrift 554. In Kaiserslautern las *Schmid* Philosophie, Stadtwirtschaft, Handlungswissenschaft, Polizei sowie Finanz- und Staatswirtschaft.

(a) Jung-Stilling kennzeichnet *Schmid* mit den Worten: „ein sehr feiner, edler und rechtschaffener Mann, voller System, Ordnung und mathematischer Genauigkeit“ dabei aber „voller Wärme für die Religion und alles Gute, und zugleich menschenliebend bis zur Schwärmerey“ (Lebensgeschichte 371); er nennt ihn „Siegfried“.

(b) Professor Schmid führte den Titel „Holstein Gottorpischer Hofrath“. Seine Schriften sind auch heute noch beachtenswert, zumal er viele Gedanken aus frühklassischen Werken in die Nationalökonomie einbrachte; siehe Stieda, Nationalökonomie 111. Ein Verzeichnis der Veröffentlichungen in GV 127, 370.

(3) Die dritte Professorenstelle für angewandte Kameralwissenschaften (Landwirtschaft, Kunst- und Handlungswissenschaft sowie Vieharzneikunst) erhielt im Herbst 1778 Jung-Stilling; siehe Anm. 2 und Lebensgeschichte 370 ff.

(4) Alle drei Ökonomie-Professoren waren überdies Nicht-Katholiken, was über die religiöse Duldsamkeit an dem von (Ex)Jesuiten (der Jesuitenorden war im Jahre 1773 vom Papst aufgelöst worden) beeinflußten barocken Hof zu Mannheim bzw. ab 1778 zu München (siehe Anm. 55) viel aussagt; siehe auch Lebensgeschichte 375. Von 1770 bis 1797 war dazu noch *August Philipp Graf Limburg-Styrum* (1721-1797; siehe DBA 766, 119) katholischer Bischof zu Speyer. Er war durch zahlreiche Toleranz-Aufrufe an seine Geistlichen und Diözesanen in der Pfalz hervorgetreten. Siehe dessen Schriften teilweise in ADB 18, 658; das GV kennt keine.

(5) Als außerordentliche Professoren an der Kameral Hohen Schule wirkten bei Ankunft von Jung-Stilling noch zwei Herren. Diese erhielten kein Grundgehalt, sondern lediglich Kolleggelder (Anteile aus den Gebühren für Vorlesungen, welche die Studenten zu entrichten hatten).

(a) Inspektor (= Superintendent, Kreispfarrer, Dekan) *Friedrich Peter Wund* (auch *Wundt* geschrieben, 1742-1808; siehe ADB 55, 128) lehrte Geschichte und war daneben Erster Pfarrer in Lautern. Er zog mit der Schule nach Heidelberg und wurde außerordentlicher Professor an der Staatswirtschafts Hohen Schule (*innert* der Philosophischen Fakultät, aber nicht *an* dieser, wie irrtümlich zu lesen ist) sowie Pfarrer in Heidelberg-Wieblingen. Ab 1803 ist *Wund* Inspektor in Ladenburg. Siehe zu seinen Schriften auch DBA 1398, 35 ff. sowie Fuchs, Palatinatus 518 f.

(b) Der lutherische Pfarrer in Kaiserslautern *Franz Heinrich Schneider* (1753-1822) vertrat das — auch von Jung-Stilling als sehr wichtig erachtete — Fach Rhetorik. Er übersiedelte gleichfalls nach Heidelberg, wo er Zweiter lutherischer Pfarrer (und zum Konsistorialrat ernannt) wurde. Zu seiner Schrift über die Beredsamkeit siehe Stieda, Nationalökonomie 112 und diese selbst in GV 128, 165. Vergl. auch Lexikon Wirtschaft 127 f.

(c) Weltweisheit und Schöne Wissenschaften waren das Lehrgebiet des Theologen *(Johann) Georg Friedrich Melsheimer* (1749-1818). Er stammte aus Mosbach (Baden), wo sein Vater Pfarrer war. *Melsheimer* scheint aber schon 1777 Kaiserslautern verlassen zu haben, und mit ihm wurde die dritte außerordentliche Professur eingezogen. Er nahm eine Pfarrstelle in Bad König (heute Teil von Erbach im Odenwald) an.

Melsheimer starb als Großherzoglich Hessischer Inspektor und Konsistorialrat. Er ist Verfasser von Predigten und Gedichten; siehe Heinrich Webler: Die Kameral-Hohe-Schule, S. 84 (in Anm. 1 Hinweis auf den vollen Titel dieser wichtigen Quellenschrift mit Lebensläufen auch der anderen Lehrenden). Stilling scheint *Melsheimer* nicht mehr gekannt zu haben.

(6) Weitere Lehrende an der Kameral Hohen Schule waren für bestimmte Fachgebiete gegen Stundenhonorar in Vertrag. Bei Stillings Ankunft waren dies offenbar nur drei Herren; erst später wurden weitere Lehraufträge erteilt.

(a) Der kurpfälzische Ingenieur-Leutnant *Karl Steinmig* (auch *Steimig* und *Steimmig* geschrieben) kam aus Mannheim. Dort war er nicht ohne Erfolg als Baumeister tätig. In Kaiserslautern unterrichtete er angewandte Mathematik, insbes. technisches Zeichnen, Feldmessen und Kartierung. Für die Kameral Hohe Schule errichtete er verschiedene Pläne für Um- und Neubauten. *Steinmig* kam jeweils für vier bis sechs Wochen pro Semester von Mannheim; er wohnte nicht ständig in Kaiserslautern.

(b) Bildhauer *Mathias Weiser* aus Kaiserslautern war als Zeichenlehrer seit Februar 1776 an der Kameral Hohen Schule im Vertrag.

(c) Rechenunterricht erteilte der in Kaiserslautern ansässige *Johann Philipp* (?) *Krafft,* der daneben noch andere Verrichtungen für die Physikalisch-Oeconomische Gesellschaft versah.

(d) Seit 1779 — also erst *nach* Jung-Stillings Dienstantritt — hielt sich als Lehrer für englische Sprache *Heinrich L. Ibbeken* (1740-1808; DBA 586, 11 ff.) auf; er ging 1784 nach Duisburg. *Ibbeken* nannte sich selbst „königlich preußischer Admiralitätsrat, Professor der Kameral- und Kommerzwissenschaften, auch Lehrer der englischen Sprache“; siehe seine Schriften in GV 68, 147. Jung-Stilling hatte argen Verdruß mit ihm; siehe Lebensgeschichte 378 ff.

(7) Die Schreibweise fast aller Namen findet sich unterschiedlich vor. Auffallend ist dies besonders bei *Succow* und *Wund,* die einem in den damaligen amtlichen Schriften schon abweichend gedruckt entgegentreten. In einem Falle ist auch der Vorname von Jung-Stilling mit „Johan“ angegeben, nämlich auf dem Titelblatt der folgenden Namenstagsrede.

Leider ist Jung-Stilling selbst bei Familiennamen durchwegs ungenau. Sein *Versuch einer Grundlehre sämmtlicher Kameralwissenschaften* (genauer Titel in Lexikon Wirtschaft 184) widmet er dem Statthalter der Pfalz, *Franz Albert Leopold Freiherr von Oberndorff* (siehe Anm. 193). Jung-Stilling schreibt jedoch *Oberndorf* (also mit nur einem Eff am Ende), wiewohl sich dieses Adelsgeschlecht stets und ausnahmslos mit Doppeleff schrieb.

(8) Triebfeder der vorbildlichen Wirtschafts- und Verwaltungshochschule war der Universalgelehrte *Friedrich Casimir Medicus* (1736-1808;

siehe DBA 818, 257 ff.) in Mannheim. Dieser schlug dem Kurfürsten Jung-Stilling als Professor vor; siehe Lebensgeschichte 353.

(a) *Medicus* war herzoglich-pfalzzweibrückenscher Hofrat und Leibarzt, Garnisonsphysikus, 1765 Direktor des Mannheimer Botanischen Gartens, 1770 Direktor der Physikalisch-Oeconomischen Gesellschaft und seit Gründung 1774 auch der Kameral Hohen Schule in (Kaisers) Lautern; siehe Fuchs, Palatinatus 567. Seit 1764 zählte *Medicus* auch als ordentliches Mitglied zur Mannheimer Akademie.

(b) Jung-Stilling stellt *Medicus* vor als den „gewaltig würkende(n) Geist, der Herr Rath Eisenhart“ = ein Mann standhaft wie Eisen. Er nennt Kaiserslautern an dieser Stelle (Lebensgeschichte 353) „Rittersburg“; Ritter vielleicht in Anspielung auf Kaiser *Barbarossa*; siehe Anm. 2,1. Kaiserslautern liegt bei Jung-Stilling in „Austrasien“. Mit diesem Begriff ist die ganze linksrheinische Pfalz bezeichnet, nämlich das Gebiet zwischen Rhein, Schelde und Maas.

(c) Jung-Stilling erinnert damit wohl nicht bloß an das Austrasien der Merowinger mit dem Hauptsitz Metz. Sicher ist der Name auch ein Anklang an die zu jener Zeit gehegten Träume eines Großreiches unter Kurfürst *Karl Theodor*. Dieses sollte die Pfalz, Berg, Jülich sowie (das seit 1714 unter österreichischer Herrschaft stehende) Belgien umschließen. Ein derartiges Austrasien entsprach im höchsten Maße auch den Wünschen der Fabrikanten und Handelsleute an der Wupper, deren besten Kunden die Werften in Flandern waren. Siehe zu den entsprechenden Vorstellungen der Gelehrten am kurfürstlichen Hofe zu Mannheim auch Fuchs, Palatinatus 280.

(9) Bei Dienstantritt von Jung-Stilling im Jahre 1778 hatte die Kameral Hohe Schule nur etwa 50 Studenten; siehe Stieda, Natioanlökonomie, S. 109 ff. Über das kollegiale Verhältnis siehe Lebensgeschichte 680 f.

Rede
auf den
Namenstag
der
Durchlauchtigsten Kurfürstin
Maria Elisabeth Augusta.

Vorgelesen
bei der
öffentlichen Versammlung
der Kurpfälzischen Physisch-Oekonomischen Gesellschaft
zu Lautern
den 28. November 1778
von

Dr. Johan Heinrich Jung,
öffentlichen ordentlichen Lehrer der praktischen Kameralwissenschaften, und Mitglied der Kurpfälzischen physisch-Oekonomischen Gesellschaft daselbst.

Mannheim und Lautern,
im Verlage der Kameral Hohenschule 1779

Meine Herren!

Beobachter von einer höhern Gattung als gewöhnlich haben oft bei Überschauung der Geschichte der Menschheit stille und einsame Stunden dem Nachdenken über den Gang der menschlichen Schicksale und Handlungen gewidmet. Sie sahen einzelne Geister[43] in ihren Wirkungskreisen mit rastloser Tätigkeit sich umwälzen. Ein großer Teil derselben reißt mit Ungestüm glänzenden Staub, Spreu, lauter Dinge ohne Gewicht an sich und stößt sie wieder fort. Gleich einer elektrischen Kugel erfüllen sie den Dunstkreis um sich her mit einem ängstlichen Zittern; reißen an sich und stoßen fort, bis endlich das Glas zerspringt und sie mit ihren Projekten[44] wie Scherben durch die Fußtritte des Wanderers zu unbemerktem Staube und ein Spiel des unbeständigen Windes werden.

Ein anderer (und vielleicht größerer Teil) menschlicher Geister schwärmt gleich vielfarbigen Schmetterlingen auf tausend Blumen umher. Sie überkleiden sich mit nichts bedeutendem Staube. Sie saugen Gift und Honig, leben ein Sommerleben, und endlich reißt sie ein rauher Tag der scheidenden Natur hinweg. Man bemerkt ihre Spuren nicht mehr. Ihre Erzeugungen sind vielfüßige Würmer, die das grüne Kraut auf Erden verzehren und Hunger über die Menschheit daherführen![45]

Einzelne Seelen wallen im geheiligten Dunkel[46] auf Acker und Aue umher. Sie säen hier und dort fette ölige Körner, pflanzen hier ein Sprösgen, dort einen Keim. Leichtsinnige springen darüber weg und spotten ihrer Bemühungen. Aber sie gehen indessen unter ihrer Last gekrümmt. Sie gehen hin und weinen und tragen edlen Samen. Aber am Ende bringen sie ihre fruchttragende Garben in die Scheuren des großen Menschenvaters. Sie bringen sie mit Freuden im Triumphe des Sieges. Und wer wird die Zahl ihrer Wonne bestimmen können?

So taumelt die Menschheit im ewigen Wirwarr, im Zirkel der Natur, der Vernunft und der Meinungen. Der stille Forscher bemerkt noch wohl hier und da einzelne Getriebe. Aber die große Verkettung, wie ein so unzählbares Menschenheer in einander wirkt, wie kleine unmerkbare Handlungen einzelner Menschen Ursachen mächtiger Umwälzungen und weltausdaurender Tatsachen werden (gleich dem Fußtritte eines irrenden Vogels auf den steilen Höhen der Alpen: ein Körngen Schnee rollt, rollt fort und wächst zur Größe einer Schneewelt,[47] die mit brausendem Donner dahin stürzt und Dorf und Landschaften den jüngsten Tag wie einen Dieb in der Nacht[48] daher führt) und endlich, wie der allmächtige Herrscher das alles lenkt: das sind Kolossen von Ideen,[49] in denen sich ein eingeschränkter Geist wie ein Tautropfen der Morgenröte im Ozeane verliert. Selbst der große Mann schwindelt.

Ein gewissenloser Hofmann sitzt oft in später Nacht, wenn alle Welt im Schlummer ruht. Eitle Ruhmsucht, Rache, Neid oder Geiz schwärmen im Schatten um ihn her, hauchen Pest und Gift in seine Seele. Er empfängt ein Phantom, eine Drachengeburt.[50] Der schnöde Genius der Heuchelei nährt es, bringt es zur Welt und hüllt es in einen Engelsschleier. Es gefällt dem Fürsten; denn welcher unter den Göttern der Erde ist ein Herzenskündiger?[51] Das Bild wird verehrt und Verheerung folgt den Fußstapfen des wütigen[52] Hofmannes! So erschüttert die Menschheit: zertrümmert durch ihre eigene widerwärtige Natur in ein Chaos. Genies[53] treten auf und bilden aus den Trümmern wieder neue Welten. Nur allein vor den Augen des Allvaters ist es Licht, und sein unendlich hoher Plan liegt mit sieben Siegeln in seinem Archive.[54] Wer ist würdig, die Rolle zu entwickeln und die Siegel zu brechen? —

Der Durchlauchtigste *Maximilian Joseph,* Kurfürst und Herzog in Bayern,[55] ging durch das Tor des gewöhnlichen Schicksals in das Reich der Ewigkeit und nach der gegründeten Hoffnung wahrer Christen ins Königreich des Himmels über. Ein kläglicher Fall, der aber nichts ungewöhnliches hat! Jeder edle Deutsche fühlte Mitleid mit den verwaisten Bayern. Aber auch jedem klopfte das Herz vor Erwartung und Freude bei dem Gedanken: wie plötzlich sich die Stirne des deutschen Bruders in jenem Lande aufheitern würde, wenn einmal die Wonne der Pfälzer, Vater *Karl Theodor,* mit seinem sanften Schleier die Tränen abtrocknen würde.[56] Jeder rechtschaffene Pfälzer freute sich über das Glück so vieler Tausenden, die nun mit ihnen *einen* Fürsten verehren, mit ihnen unter dem Schirme eines der edelsten deutschen Herrscher aus dem Wohllustbecher[57] trinken würden. Selbst die Niederländer,[58] die so glücklich unter *Karl Theodors* Strahlen — obgleich in der Ferne — leben, durch ihn erwärmt und belebt werden, begegneten uns auf den Straßen und grüßten uns mit lächelnden Gesichtern, mit dem Segen unsers Durchlauchtigsten Kurfürsten auf küssenden Lippen: alles Folgen und natürliche Folgen des Todes eines erhabenen kinderlosen Fürsten.[59]

Aber das furchtbare Ringen der größten Monarchen der Deutschen, deren welterschütterndes Kämpfen und bluttriefende Fußstapfen jedes Gesicht blaß vor Schrecken und Wehmut machen, ist auch eine Folge dieses Todes.[60] Solche grausame Schicksale vieler tausend Menschen entstanden aus dem vergifteten blatterhaften Dunstkreise.[61] Tief in Nacht gehüllt, schwang der Engel des Todes seinen Pfeil. Der Fürst bebte, wurde krank und starb. Der Priester des Äskulaps[62] härmt sich zwischen seinen vier Wänden und fühlt seine schwache Seele.

So weint ganz Deutschland und zittert vor den Folgen dieses Todes. Ich sah zärtliche Ehegatten, um sich her eine Herde zarter Kinder. Liebkosend mit umschlungenen Armen fühlten sie die Freuden ihrer Brauttage. Und siehe! Gefühllose Werber[63] fielen in ihre friedsame Hütte, rissen den Brotgewinner der Familie, den Mann einer zärtlich liebenden Gattin, den Vater rotwangigter Knaben und Mädgen mit sich fort. Die Verlassenen hingen ihm an Arm und Füßen, wehklagten zum Himmel. Aber er mußte fort; fort nach Böhmen,[64] wo sein Blut raucht.

So lauscht an einem geschwülen[65] Sommerabende im Dunkel des Waldes der grimmige Tiger. Der Goldglanz der scheidenden Sonne fleucht[66] den Berg hinauf und schauert weg von dem Lauern[67] des Menschenfressers. Ein einsamer Fremder wandert ruhig seinen Pfad fort, hinter ihm her ein Knabe mit Zuversicht auf den Schutz seines Vaters. Aber ein wütiger Sprung des reißenden Tieres, so ist der Vater hin, und der Knabe starrt wie der gipserne *Laocoon*[68] in *Verschaffelts* Werkstatt.[69] Der Gott der Christen wägt alles ab. Sein Tun ist immer recht, ob es uns gleich grausam scheint, weil wir hinter die Gardine der Ewigkeit nicht schauen können. Aber grausamer wie Werber, ja grausamer wie Tiger sind die Unmenschen, die uns diesen herrlichen Gott wegphilosophieren wollen.

Ja, Deutschland zittert nun ob dem Tode *Maximilian Josephs.* Hier und dort haben einzelne Glieder der Menschheit besondere Ursachen zu trauern. Aber daß ein ebenfalls hartes Schicksal über die Pfalz verhängt war, das lag noch immer in der labyrinthischen[70] Zukunft verhüllt.

Nur wenige Menschen dürfen in das geheiligte Dunkel des Kabinetts[71] eindringen. Und weh dem, welcher über Handlungen der Fürsten urteilt, ehe er die Quellen derselben — und zwar die gewissen Quellen! — entdeckt hat! So war es im Rate der Vorsehung beschlossen: unser Durchlauchtigster *Karl Theodor* sollte nun auch seine Bayern beseeligen. Laßt uns ihnen dieses unschätzbare Glück gönnen! Haben nicht die Herzogtümer Gülich[72] und Berg auch ein Recht zur Residenz? Ist es Düsseldorf weniger wert als Mannheim und München? Unseres Durchlauchtigsten Landesvaters wirksame Gnade und huldreiche Regierung macht diese Länder eben so glücklich als die Pfalz. Und werden Se. Durchl. von Baiern aus weniger wirksam auf hiesige Länder sein, als sie es vorhin waren? Das läßt sich nicht denken![73]

Gleichwie im ersten ehrwürdigen Weltalter, als den Erzvätern etwa am dämmernden Morgen ein Engel erschien und ihnen ein ehrfurchtvolles Schauern durch Mark und Bein drang,[74] so fühle ich nach der Reihe vorhergegangener Ideen mit ähnlichem Schauer unsre Durchlauchtigste Beschüzerin und Kurfürstin[75] vor meiner Seele vorübergehen. Wir und alle Dero getreue Untertanen feiern Ihres hohen Namens Gedächtnis![76] Jeder schickt seinen Weihrauchdampf himmelan zum heiligen Berge, allwo die Gottheit thront[77] und betet für Höchstdero kostbares Leben und Wohlsein. Wir, meine Herren, sind hierzu vorzüglich verbunden, da uns eine noch höhere Beziehung dazu berechtigt! Sie ist die huldvolle Beschützerin dieser erhabenen Gesellschaft[78] und der Kameral Hohenschule. Doppelt soll also unser Eifer sein, heute unsere heiligsten Pflichten zu erfüllen.

Ich will die Ermahnungen zum Gebete und anderen frommen Übungen jenen ehrwürdigen Männern überlassen, die die Vorsehung dazu bestimmt hat.[79] Mir soll genug sein, uns selbst an den großen Beruf zu erinnern, wodurch wir nächst jenen gottseligen Pflichten durch ein gesellschaftliches Band am nächsten verbunden sind. Es ist mit einem Worte: *Die Nachahmung unsrer glorwürdigen Mutter Elisabeth in der Vaterlandsliebe.* Werden wir Ihr dadurch ähnlich zu werden suchen, werden wir Ihren Garten bauen, den Sie uns hinterlassen hat, werden wir Ihr edle Jünglinge ziehen, Untertanen erziehen, die Segen und Wohlfahrt um sich her verbreiten, so wird der Einfluß unserer Durchlauchtigsten Beschüzerin durch uns — über die Welt und Nachwelt — gleich einem fruchtbringenden Strome hinfließen und Höchstdero Namensgedächtnis wird im Segen bleiben bis ans Ende der Tage. So und nicht anders müssen wir Ihr Namensfest feiern, wenn es Gott, unserer Durchlauchtigsten Landesherrschaft und uns selbst geziemend sein soll.

Vaterlandsliebe ist unter allen glänzenden Eigenschaften unserer zärtlich verehrten Mutter *Elisabeth* die besonders hervorblitzende Tugend. Höre es die Nachwelt! Ja hört es besonders ihr Pfälzer, und sagt es euren Enkeln und Urenkeln, daß eure zärtlich liebende Kurfürstin, die Durchlauchtigste *Maria Elisabeth Augusta,* am trüben Tage Ihres Hinscheidens nach Bayern mütterliche Tränen weinte, Ihre Hände rang und Ihre getreuen Pfälzer beklagte! Sie weinte nicht um eigenen Verlust. Nein, sondern Sie empfand tief in Ihrer Fürsten-Seele den großen persönlichen Verlust an der Stelle Ihrer hiesigen getreuen Untertanen ihres ewig geliebten *Karl Theodors!* Aber es waren unvermeidliche Ursachen tief im Dunkel der Ratschlüsse verborgen, welche die Entfernung des teuersten Kurfürsten unwidertreiblich machten.

Mutter *Elisabeth* weinte. Aber Vater *Theut*[80] schaute herab von seinem Wolkenthrone, und um ihn her sitzen in seiner luftigen Halle Kaiser-, Königs- und Fürsten-Söhne, alle Teutonen. *Theut* schaut herab auf seinen Schild gelehnt, als wenn zwei Planeten über der oberen Rundung des Vollmondes heräugen, schaut auf seine Kinder, das Durchlauchtigste Kurpfälzische Fürstenpaar. Ernst und umwölkt fühlt er das Hinscheiden des Vaters der Pfälzer statt ihrer. Aber er nickt zwischen seinen Locken, die sich einem Nebel vergleichen, welcher an einem schönen Maimorgen den Hügel herab gleitet, ein unvermeidliches: *„Es muß sein!"*

hervor. Mit väterlichem Wohlgefallen lächelt er auf eine seiner würdigsten Töchter, auf *Mutter Elisabeth* herab. Und nun lispeln die Harfen von tausend Barden.[81] Ihr harmonischer Klang gleicht der Luft, die durch ein Saitenspiel streicht und kaum hörbare Töne über ein Blumenfeld wegsäuselt. Er folgt den Fußtritten der Kurfürstin und wo er herfächelt, da keimen Veilchen und Narßissen hervor. Engel begleiten und bewahren unseren *Karl Theodor.* Und Deutschlandes bester Genius[82] bekommt Befehl, unsere teuerste Landesmutter zu begleiten, um Sie zu sein, Sie zu bewachen und Sie Sorgen und Kummer nie aufwecken zu lassen, bis es Ihr selbst gefällt.

Unser Durchlauchtigster Stifter, der Stifter so vieler herrlicher Institute,[83] hat uns, meine Herren, eine von *Theuts* hoffnungsvollsten Hallen gebaut. Mutter *Elisabeth* hat sie uns anvertraut und Ihren Flügel über uns her gespreitet.[84] Der *Durchlauchtigste Herzog Karl* von Zweibrücken,[85] ein großer Fürst von *Karl Theodors* und *Elisabethens* Blut und Stamm, sitzt oben an in unserer Halle. Mit schweigendem Blicke des Beifalles lenkt er unsere Tritte und Schritte, gleich dem dämmernden Schimmer der Morgenröte im schönsten Mai, wenn er Nacht und Schatten den grünenden Hügel herab treibt, und Nachtigallen und andere singende Vögel in der vergoldeten Spitze des Hügels zwitschern. Blumen, Veilchen und andere schlanke saftige Erstlinge des Lenzes neigen sich vor dem Säuseln des Zephyres[86] her und feiern dem allmächtigen Schöpfer eine stille Morgenstunde.

In dieser hoffnungsvollen Lage müssen wir mit deutschem Mute, deutscher Erfindungskraft und Vaterlandsliebe die Erde bauen, die durch die kostbare Abschiedstränen einer entfernten Landesmutter fruchtbar gemacht worden. Wir müssen unsere Halle nicht mit Schwert, Schild und Helm der Helden oder mit Siegeszeichen gelehrter Polemiker — giftigen parteiischen Rezensionen edler oder guter Männer,[87] die uns entweder frei die Wahrheit gesagt, oder die man beneiden könnte — behangen. Nein, nach dem Rate unseres Herrn *von Gemmingen,*[88] wollen wir die edelsten Werke von *Theuts* würdigsten Söhnen hier aufstellen! Erfindungen patriotischer Männer, die Land und Leute durch Erleuchtung des ökonomischen Verstandes oder sonst wesentlich dem Staate und seiner Wirtschaft genutzt haben: die wollen wir auswählen, gleich einem jungen Bienenschwarm weit umher von Blume zu Blume sumsen, Honig sammeln, in unseren Zellen den Honig läutern, junge emsige Bienen erzielen, zum Nutzen unseres Hausvaters *Karl Theodors,* zum Nutzen unserer Hausmutter *Elisabeth,* zum Nutzen ihrer ganzen Haushaltung und zum Nutzen aller frommen Kinder *Theuts;* damit — trotz Schwur und Bann[89] — sie von unserem Honig kosten und aller Augen wacker werden mögen.

Dann werden uns *Karl Theodor* und *Elisabeth* anlächeln und uns lieben. So begehen wir das Namensfest unserer Durchlauchtigsten Beschützerin durch Nachahmung Ihres erhabenen Beispieles der Vaterlandsliebe auf die würdigste und edlen Deutschen recht geziemende Weise. Und wann wir so endlich im Dienste unsers Priestertums in *Elisabethhalle*[90] im Dienste unseres Vaterlandes zugleich dem ewigen Alleinherrscher treu gedient haben, so werden wir unsere grauen Häupter ruhig hinlegen. Wir werden dann als getreue Knechte über viel gesetzt werden und zu unseres Herrn Freude eingehen.[91]

Wie viele rührende Beispiele edlen Großmuts könnten wir von unserer Durchlauchtigsten Kurfürstin aufzählen — der Gemahlin des Stolzes der Pfälzer, *Karl Theodors,* würdig — wenn es der Raum einer kurzen und eingeschränkten Rede erlaubte! So selten die getreuen Niederländer[92] das Glück haben, ihre Landesherrschaft bei sich zu sehen, so groß war ihre Wonne, als ihnen vor acht Jahren Mutter *Elisabeth* erschien. Die nördlichen Erdbewohner reihen sich hin an die Sommerseite ihrer Felsengebirge, wann sich im März die wonnevolle Sonne wieder über ihren Horizont erhebt. Sie jauchzen der kommenden Königin[93] entgegen, deren alles belebenden Einfluß sie so lange vermißt hatten. So reihten sich Greise und Kinder, Jünglinge und Mädchen längs des Weges, den ihre Hochverehrte Kurfürstin nahm, und streuten ihren Weg mit Rosen und Lilien. Die Luft ertönte vom Jubel eines freudetrunkenen Volkes.

Ewig gedenkt das blühende Elberfeld dieses herrlichen Tages, den eine Menge großmütiger Handlungen einer ewig zu verehrenden Landesmutter denkwürdig gemacht hat.[94] Unter allen Zügen, die das Herz treuer Untertanen stehlen, war einer besonders denkwürdig. Ein wohlgezogenes, neun-bis zehnjähriges, schönes, rotwangiges Mädchen (die Tochter eines rechtschaffenen Kaufmannes) drängte sich aus dem Haufen hervor. Was wars? Instinkt der Natur? Oder war es ein Kinderengel, der sie leitete? Ihro Durchlaucht empfanden die mütterliche Sympathie, vergaßen Ihre Höhe und liebkosten das Kind in mütterlichen Armen. Gnade floß aus Ihrer großen Seele über das Mädchen her. Der Segen der großmütigen Kurfürstin krönt noch immerfort das Haus dieser Tochter des Vaterlandes. Noch blüht sie wie eine Rose und tränkt eine junge Grazie an ihren Brüsten, die bald „Mutter *Elisabeth*" lallen wird. Schön und bedeutend ist, daß beide Mütter so heißen!

Großmut ist es, wenn ein Mensch edlen großen Taten nachstrebt, dabei kleinere Hindernisse mit dem Fuße aus dem Wege stößt; oder wenn er im Dunkeln unbemerkt wirkt, Lohn und Krone aber in der Ewigkeit erwartet. Der Mann ist großmütig, der seine Pflichten erfüllt, auch wenn sie verkannt werden; der unersteigliche Hindernisse ersteigt und das Ziel erreicht, das er sich bestimmt hatte. *Elisabeth*, die Großmütige, steht da, erhaben auf einem glänzenden Throne; um sie her Lichtschimmer. Laßt uns, durch Ihr Beispiel angefeuert, auch in unserem Sphären Großmut üben; unserer Durchlauchtigsten Mutter nachahmen, so weit es unser eingeschränkter Stand erlaubt!

Nun meine Herren! Lasset uns unserer Durchlauchtigsten Landesmutter Weihrauch streuen, heute an diesem festlichen Tage! Lasset uns Ihr Glück wünschen, damit wir auch glücklich sein mögen.

Lange lebe *Maria Elisabeth Augusta,* die großmütige, die zärtlich liebende Mutter Ihrer getreuen Pfälzer! Noch oft erheitere uns Ihr Morgenglanz, wenn sie uns aus dem Osten besuchen wird, der uns ein trauriger Westen war.[95] Noch lange throne Sie an der Seite Ihres und unseres unvergleichlichen und ewiggeliebten *Karl Theodors.* Ihre Gnade befruchte nach Reihen von Jahren Fluren und Auen Ihrer Länder, damit sie wie Lustgarten Gottes blühen, grünen und edle Früchten tragen mögen.

Lange lebe Mutter *Elisabeth,* die Vielgeliebte, und Sie lebe glücklich! Noch glücklicher als *August,*[96] dessen Name sie trägt; glücklicher als alle gekrönte *Elisabethen,* die Albien und Rußland nie vergessen werden.[97] Ja, sie sei die Glücklichste der Großen auf Erden.

Späthin sei noch die Zeit, wo Ihr verweslicher Teil die Unverweslichkeit — gleich einem Lichtschleier — anziehen, und wo sie Ihren Kurhut und Fürstenkrone mit einer unvergänglichen Krone vertauschen wird.[98] Aber sollte uns dieser Herzstoß, das Schicksal aller Sterblichen, einmal treffen, so führe der allerheiligste Herzog des Lebens seine gekrönte Braut in seine Sonnenpaläste zur ewigen Hochzeitsfeier ein. Ein Triumph, wogegen Augusts, Titus, Aurelians[99] und anderer Cäsaren Einzüge in die berühmte Weltherrscherin Rom, lauter eitle Schattenspiele waren.

Ja, Durchlauchtigste Mutter *Elisabeth!* Wir flehen aus dunkler Ferne: entzieh uns nie deine Liebe! Wir wollen alles tun, um derselben würdig zu werden. Beglücke uns getreue Pfälzer noch oft mit zärtlichen Mutterblicken. Und ist es möglich, so bringe uns zuweilen Vater *Karl Theodor* mit, an dem unser Herz hängt.

Besonders aber, Durchlauchtigste Beschützerin unseres Institutes, das du uns so huldreich anbefohlen: Laß deine erwärmende Strahlen auf deinen Garten und uns deine Gärtner strahlen, uns erwärmen und uns beleben, damit wir Freude und Wonne haben und Segen über unser Vaterland und die ganze deutsche Welt von deinem Throne herabtauen möge. Welche Wonne wird es für uns und für Deutschland sein, wenn wir hier und dort rechtschaffene Männer durch ganz Deutschland — gleich so vielen anzündenden Funken — hingepflanzt haben, die rund um sich her Licht und Feuer verbreiten und Land und Leute glückselig machen werden! Und alle diese Männer wären unter dem Schutze *Elisabethens* in *Karl Theodors* Halle gebildet worden. Gott fahre fort, uns zu segnen, damit wir dieses glänzende Ziel erreichen mögen!

Nun lebe wohl, Durchlauchtigste Kurfürstin! Lebe wohl, wo dein Fuß wandelt in deinen neuen Staaten.[100] Und vergiß nicht unserer Tränen, die häufig herabflossen und dein Land befeuchteten, als Dich uns das strenge Schicksal entriß. Friede, Friede, ewiger Friede schwebe um dein Fürstliches Haupt bis ans Ende deines Lebens, und bis in alle Äonen.[101] —

Doch ich kehre nun von der Höhe zurück, zu welcher ich mich durch meine ehrfurchtvolle Liebe hinaufgeschwungen hatte. Vermag doch ein niedriger Vogel den Adlersflug nicht zu erreichen: er kehrt ohnmächtig und matt zurück. So sinkt mein Geist zu sich selbst hin. Ich schaue hinterwärts in meine verlebte Zeiten und auf den gegenwärtigen Zeitpunkt, in welchem ich mich bei dieser verehrungswürdigen Gesellschaft befinde, und einer der besten Fürstinnen Deutschlands eine feierliche Rede halte, zugleich gewürdiget, Lehrer an der Kameral Hohenschule zu sein.[102]

Dieses ist der glückseligste Tag, den ich noch bis dahin erlebt habe, welchen ich aufs neue den Musen huldigen und auf dem Parnasse[103] meiner Hütte schmücken will! Ein Tag, an welchem ich zum erstenmale das Glück habe, als bisheriges auswärtiges Mitglied persönlich zu reden;[104] und endlich ein Tag, an welchem ich kraft dieses feierlich und öffentlich angelobe, nicht nur als *Karl Theodors* und *Elisabethens* Untertan, sondern als ein von Höchstdenenselben bestellter öffentlicher ordentlicher Lehrer an diesem Orte allen Pflichten meines Berufes so getreu zu sein, als es nur die Schranken meiner Einsichten und Kräfte zugeben werden. Und mit eben dem Eifer und der Wärme werde ich hinführo als Mitglied der verehrungswürdigsten Kurfürstlich-Pfälzischen physisch-ökonomischen Gesellschaft alles tun, was mir möglich ist, um dem edeln und patriotischen Zwecke zu entsprechen, den sich dieselbe bei ihrer Stiftung ausgezeichnet hat.

Bisher habe ich denn nun auch meinen wärmsten Dank verschoben, und diesen opfere ich Ihnen allen mit heißem deutschen Mute und Blute. Wäre unser Durchlauchtigster Präsident[105] anwesend: ich würde mich vor Höchstdero Throne beugen und die Hand ehrerbietig und feurig küssen, die mein Patent als Mitglied der Hochlöblichen Gesellschaft unterschrieb. Ihnen aber, erlauchter Herr Vizepräsident,[106] Ihnen mein Herr Direktor,[107] und sämlichen würdigen Mitgliedern unserer Gesellschaft, schenke ich mein Herz und alle meine Kräfte zum Dienste Gottes und des Nächsten. Disponieren sie über mich zum Besten des Vaterlandes und unserer edlen Jünglinge, die wir zu fruchtbaren Patrioten ausbilden sollen. Seien Sie allerseits versichert, daß ich bis an den letzten Hauch meines Lebens meinen heutigen Gelübden treu bleiben werde!

Und nun sind auch deine Orakelsprüche*, verklärter Greis, erfüllt! Könntest du mich aus deiner seligen Lichtregion erblicken, so würdest du nun in der Wahrheit mit Wonne sehen,

Wie nach schwerer Prüfungszeit,
Glänzt die unbewölkte Sonne,
Die versöhnte Königin
Auf des Lieblings Scheitel hin.[109]

Auch ein Wort zu den edlen jungen Sprossen *Theuts,* die in unserer Halle zur höchsten irdischen Glückseligkeit geleitet, gleich jungen hoffnungsvollen Fruchtbäumen gewartet, begossen und genährt werden sollen. Ja: ein Wort zu ihnen, teuerste Fremdlinge, anjetzt würdige akademische Bürger hieselbst, Lieblinge meines Herzens! Schreiben sie das mit Stahl und Diamant tief in unverweslichen Marmor ein, was ich Ihnen jetzt an diesem höchst merkwürdigen Tage öffentlich sage; was ich, Ihr neuberufener Lehrer, Ihnen in Gegenwart dieser erlauchten Gesellschaft feierlich ans Herz lege.

Fürs erste Ihnen vortreffliche Jünglinge, welche bald diese Hoheschule verlassen, nunmehro in vaterländische Erde verpflanzt, daselbst grünen, blühen und Früchte tragen sollen! Ihnen sage ich tief ins Herz: Seid edle, ächte deutsche Männer, deren Charakter es ist, keine Glückseligkeit schmecken zu können, wenn sie der Bruder nicht auch genießt. Laßt nichts in euer Herz kommen, was nicht *wahr, gut* und *schön* ist. Alles aber, was so ist, das säet, pflanzt und begießt so viel als möglich ist, damit Deutschland ein Lustgarten Gottes werden möge. Und setzt euch die Vorsehung ans Staatsruder, so bedenkt, daß weder der Fürst noch der Staat vollkommen glücklich sein können, bis alle — auch die geringsten Untertanen — glücklich sind, so weit sie es verdienen.

Die andern Herren aber, welche erst neulich hier angekommen sind, um sich mit nützlichen Kenntnissen zu bereichern, die ermahne ich mit vollen Atemzügen, Wahrheiten einzutrinken

* Vater Stilling.[108]

und alle ihre Kräften dahin zu verwenden, daß sie auch dermaleinst würdige Söhne *Theuts,* rechtschaffene Bürger und Staatsmänner werden mögen. Mein Herz und alle meine Kräfte sind ihnen gewidmet. Es soll mir Balsam auf meinem Haupte sein, sie alle zusammen als rechtschaffen, als Verehrer der Religion und der guten Sitten, als fleißig, und als so, wie es edlen deutschen Jünglingen gebührt, unter uns wandeln zu sehen. Und dann will ich sie mehr mit dem Herzen eines Bruders und Vaters als eines Lehrers an der Hand leiten, und sie können volle Rechnung auf meine Liebe machen!

Sie aber, brüderliche geliebte Freunde, Lehrer unseres Institutes! Glückselig bin ich, ihrem Zirkel zugezählt zu werden! Sanfte Harmonie, Eintracht und echte Brüderliebe hat uns schon in ein Herz zusammen geschmolzen. Übereinstimmung der Gesinnungen, des Patriotismus für unsere Hochschule und Enthusiasmus für das *wahre Gute* und *Schöne* sichert uns diese Glückseligkeit auf ewig. Wohl uns bei dieser teuren Verbindung!

Sanft wehe aus dem ewigen Morgen — aus dem Heiligtume der Gottheit — ein sanftes Säuseln des Geistes der Weisheit auf uns her, damit unser Verstand erleuchtet und eine echte Feuertaufe über unsere Seelen ausgegossen werden möge, damit wir mit Licht- und Feuerkräften unser Werk treiben, und also *Karl Theodors* und *Elisabethens* Halle, die schönste unter allen Hallen *Theuts* werden, und so die Namen des *Durchlauchtigsten* Kurpfälzischen Kurfürstenpaares auch durch uns im Segen blühen möge, bis in die spätesten Zeiten.

Vater der Menschen! Lang lebe *Karl Theodor!* Lang lebe *Maria Elisabeth Augusta!* Ihr höchstes Glück sei der Wunsch meines lezten Odemzuges, und auch den wollest du erhören. Amen! Es geschehe!

Anmerkungen

(1) Jung-Stilling war seit Herbst 1776 auswärtiges Mitglied der *Kurpfälzischen physikalisch-ökonomischen Gesellschaft* in Kaiserslautern. Für deren Schriften hatte er während seiner Zeit als Arzt in (Wuppertal-)

Elberfeld mehrere Fachbeiträge geliefert. Auch mühte er sich um Bezieher für diese Veröffentlichungen im Bergischen; siehe Lebensgeschichte 346, 353 und 677.

(2) Im Herbst 1778 trat Jung-Stilling die ihm angetragene Professur für praktische Kameralwissenschaften an der Kameral Hohen Schule in Kaiserslautern an; siehe Anm. 2. Dem Lehrkörper und den Studenten hatte er sich bereits in seiner Antrittsvorlesung „Oeffentlicher Anschlag beim Antritte des Lehrstuhles ...“ vorgestellt. Diese Rede ist hier als erste in der Reihenfolge neu gedruckt und kommentiert.

(3) Es lag nahe, daß sich Jung-Stilling nun auch den Mitgliedern der *Physikalisch-Oeconomischen Gesellschaft* persönlich bekannt machte. Diese Einführung geschah durch die folgende Rede.

(4) Protektorin (Schirmherrin) der Gesellschaft war die Cousine und Ehefrau des Kurfürsten *Karl Theodor.* Daher fand jeweils zum Namenstag von *(Maria) Elisabetha Auguste* eine Festversammlung statt. Die Festrede des Jahres 1778 hielt am 28. November Jung-Stilling; siehe Anm. 76,2.

(5) Der Kurfürst feierte seinen Namenstag übrigens am 4. November, dem Tag des Heiligen *Karl Borromäus.* Auch zu diesem Anlaß fand jeweils eine Festversammlung der *Physikalisch-Oeconomischen Gesellschaft* statt. Die feierliche Rede im Jahre 1778 hielt *Friedrich Peter Wund;* siehe Anm. 42,5. Zum Vergleich mit Jung-Stilling sei die Aufschrift der Namenstags-Rede von *Wund* wiedergegeben. Sie entkräftet nämlich auch den Vorwurf, Stilling zeige sich in Themenwahl und Stil als auffallender Liebdiener des kurfürstlichen Hauses. „Von Otto V, dem großen, Pfalzgrafen von Wittelsbach, als dem gemeinschaftlichen Stammvatter des Bairischen und Pfälzischen Hauses, und von seinen Erlauchten Vorfahren in dem Hause Baiern. Bei dem Namensfeste Sr. Kurfürstlichen Durchlaucht in der Kurpfälzischen Oekonomischen Versammlung zu Lautern den 10. November 1778 abgelesen von Friedrich Peter Wund, Ref. Inspektor und erstem Pfarrer zu Lautern; Lehrer der allgemeinen Geschichte auf der Kammeral Hohen Schule und Mitglied der Gesellschaft etc. Mannheim und Lautern, im Verlag der Kameral Hohen Schule 1779.“

[43] Geister = hier in der Bedeutung: Menschen, Personen.

[44] Projekt = bei Jung-Stilling immer in mißfälliger Bedeutung; also: Hirngespinst, Luftschloß, auf Unkenntnis und Torheit gegründetes Vorhaben; siehe auch Anm. 183.

[45] Aus den vom Schmetterlings-Weibchen abgelegten Eiern schlüpfen wurmartig gestreckte Larven, die man Raupen nennt. Heute sind mehr als 100 000 (!) Arten der Schmetterlinge beschrieben; der Formenreichtum wird in 89 Familien geordnet. Sämtliche Raupen sind Pflanzenfresser. Sie können (bei gehäuftem Auftreten) die Ernten ganzer Landstriche vernichten.

[46] Im geheiligten Dunkel = hier: in Bescheidenheit, in Verborgenheit; siehe auch Anm. 71.

[47] Schneewelt = Lawine, Schneewalze.

[48] Siehe Matthäus 24, 42-44; 1. Tessalonicherbrief 5, 2; Offenbarung 3, 3.

[49] Koloß = Riesenbildsäule aus Metall auf der Insel Rhodos, dem Sonnengott geweiht und dermalen eines der sieben Weltwunder. — Kolossen von Ideen = riesenmäßige Gedankenschöpfungen.

[50] Phantom = Trugbild, Hirngespinst. — Drachengeburt = etwas Böses, Schädliches kommt zur Welt (heute nur noch „Drachensaat" in ähnlicher Bedeutung).

[51] Siehe Jeremia 11, 20 und 20, 12; Römerbrief 8, 27. — Kündiger = Erforscher, Prüfer. — Götter dieser Erde = Regierende, Fürsten.

[52] Wütig = besessen, unsinnig rasend (dazu: Wotan = der Sturmgott).

[53] Genie = bei Jung-Stilling: findiger Geist im guten Sinne. Er schrieb 1776 auch eine Abhandlung über Handlungs-Genies = schöpferische Unternehmer, Pionierunternehmer. Siehe auch Lexikon Wirtschaft 50 über Begriff und Arten des Genies bei Jung-Stilling.

[54] Siehe Offenbarung 5, 1. Die Kernaussage ist: kein Mensch vermag die göttliche Vor=Sehung zu begreifen. — Archiv = Urkundenbehälter.

[55] Kurfürst *Maximilian III. Joseph,* Herzog von Bayern, starb am 30. Dezember 1777 kinderlos.

(1) Sein Land fiel an Kurfürst *Karl Theodor* von Pfalz-Neuburg-Sulzbach (siehe Anm. 3). Dieser mußte nunmehr gemäß Erbvertrag (Haus-Unionstraktat) aus dem Jahre 1724 seinen Aufenthalt von Mannheim nach München verlegen.

(2) Das pfälzische Kurfürstenpaar zog schon am 2. Januar 1778 in das damals noch ziemlich krähwinklige München ein. Freilich kehrte die sehr stark in ihrer Pfälzer Heimat verwurzelte Kurfürstin am Jahresende wieder nach Mannheim zurück. Sie blieb fortan still und zurückgezogen mit nur kleinem Hofhalt im Schloß wohnen. Jung-Stilling geht etwas später in dieser Rede auf den schmerzhaften Tag des Weggangs nach München ein.

(a) *Karl Theodor* ging höchst ungern nach Bayern. „Statt der aufgeweckten, leichtblütigen Pfälzer sollte er umgeben sein von derben, verschlossenen, mißtrauischen Baiern, die auf den feingebildeten Fürsten den Eindruck von Halbbarbaren machen mochten" *(Karl Theodor von Heigel* in ADB 15, 253).

(b) Andrerseits nahm man dem Kurfürsten in Bayern übel, daß er Minister und hohe Verwaltungsbeamte aus der Pfalz an seinen Münchner Hof mitbrachte. In Kreisen von „Patrioten" galt er überdem als „Un=Deutscher", dessen Herz in Brabant (der Heimat seiner Mutter) schlage. Er sei ein „Reichs-Feind"; ihm schwebe sein westliches, „fränkisches" Großreich vor.

(c) Kurfürst *Karl Theodor* wurde in Droogenbosch (Brabant, nahe Brüssel) geboren. Seine Mutter *Marie Anne Henriette de la Tour* (1707-1728) war die Tochter des Prinzen von Auvergne und Markgrafen von Bergen-op-Zoom. Nach dem frühen Tod der Eltern kam *Karl Theodor* bis 1734 zu seiner Urgroßmutter nach Brüssel. Er wurde dann zur weiteren Erziehung zu seinem um 43 Jahre älteren Vetter, Kurfürst *Karl Philipp*, an den Hof in Mannheim geschickt. *Karl Theodor* studierte später an den Universitäten Löwen und Leyden. Siehe zu den Vorwürfen gegen *Karl Theodor* auch Fuchs, Palatinatus 280.

[56] Siehe Offenbarung, 7, 17.

[57] Wohllust = Wohlbehagen, Zufriedenheit, Daseinsfreude. Lust = Freude, Frohmut, Glück; nicht: (geschlechtliche) Begierde, wie in späteren Wortverbindungen (Lusthaus, Lüstling).

Ab 1778 (nach dem Erbantritt in München) standen nun die Kurpfalz (Hauptstadt Mannheim), das Herzogtum Bayern (Hauptstadt München), das Herzogtum Jülich (Hauptstadt Jülich), das Herzogtum Berg (Hauptstadt Düsseldorf), die Markgrafschaft Bergen-op-Zoom, die Grafschaft Ravenstein in Brabant sowie einige kleinere Besitzungen unter *einem* Fürsten, nämlich *Karl Theodor* von Pfalzbayern (wie er sich ab jetzt nannte).

[58] Niederländer = die Bewohner der Herzogtümer Jülich (siehe Anm. 72) und Berg sowie der Markgrafschaft Bergen-op-Zoom und der Grafschaft Ravenstein. — *Karl Theodor* galt mit diesem Besitz als einer der maßgebenden, wiewohl militärisch schwächsten Fürsten seiner Tage; siehe auch Anm. 83.

[59] Erhabener kinderloser Fürst = Herzog *Maximilian II. Joseph;* siehe Anm. 55.

[60] Österreich erhob Ansprüche auf Teile von Bayern, die auch *Karl Theodor* zuvor als rechtmäßig anerkannt hatte.

(1) Kaiser *Joseph II.* ließ daher sogleich nach dem Tode von Herzog *Maximilian II. Joseph* Niederbayern besetzen. Darauf rückte der preußische König *Friedrich II.* im Juli 1778 in (das zu Österreich gehörende) Böhmen ein. Der Bayrische Erbfolgekrieg („Kartoffelkrieg") wurden im Frieden von Teschen (Schlesien, am rechten Ufer der Olsa; heute Cieszyn) am 13. Mai 1779 beendet. *Karl Theodor* erhielt Bayern; Österreich das Innviertel mit Braunau (der Geburtsstadt von *Adolf Hitler*, 1889-1945) und Preußen das Zugeständnis der Erbfolge in den Markgrafschaften Ansbach und Bayreuth.

(2) *Karl Theodor* war nicht abgeneigt, ganz Bayern gegen die österreichischen Niederlande einzutauschen (in etwa das Gebiet des heutigen Belgiens, einschließlich der Provinzen Limburg und Luxemburg, die Belgien 1839 zur Hälfte entrissen wurden).

(3) Gegen solche „undeutschen" Pläne von Kurfürst *Karl Theodor* und Kaiser *Joseph II.* kam im Juli 1785 bereits der *Deutsche Fürstenbund* zustande. Unter *Friedrich II.* von Preußen schlossen sich Hannover, Kursachsen und andere zur „Verteidigung der Reichsverfassung" zusammen. Der ins Auge gefaßte Tausch war angesichts dieser Drohung hinfällig geworden. Es zerann damit auch der Traum von *Karl Theodor*, „König von Burgund" zu werden.

[61] Blattern = Pocken: fiebrige, ansteckende Infektionskrankheit bei Tieren und Menschen. Blatterhafter Dunstkreis = lebenszerstörende Umgebung, tödliches Wirkfeld, giftige Atmosphäre.

[62] Äskulap = Asklepios = Gott der Heilkunde, Sohn des Apollo; als Symbol dient der von Schlangen umwundene Stab. — Priester des Äskulaps = Ärzte.

Jung-Stilling war vor seiner Berufung als Professor für praktische Kameralwissenschaften fast sieben Jahre als praktischer Arzt, Geburtshelfer und amtlich bestellter Brunnenarzt im heutigen Wuppertal tätig. Zeitlebens wirkte er auch als Augenarzt; gut 2000 Menschen befreite er durch Operation von Blindheit; siehe auch Lexikon Wirtschaft VII.

[63] Die am „Kartoffelkrieg" (siehe Anm. 60,1) beteiligten Heere warben überall in Deutschland Söldner (= gegen Bezahlung für einige Zeit tätige Kriegshandwerker) an. Die Methoden der Werber waren trickreich und kamen oft der Nötigung nahe. — Die allgemeine Wehrpflicht der Neuzeit ist eine der „Errungenschaften" der Französischen Revolution von 1789. Sie wurde in Frankreich 1798, in Preußen 1813 eingeführt.

[64] Die Gefechte spielten sich an der sächsischen und schlesischen Grenze zu Böhmen ab. Sie waren im gesamten aber bloß Plänkeleien mit dem Ziel, Lebensmittel zu erbeuten (daher: „Kartoffelkrieg").

[65] Geschwül = schwül: drückend heiß, beengend (von schwelen = langsam und ohne Flammen brennen).

[66] Fleucht = flieht: alte Gegenwartsform.

[67] Lauren = Lauern: im Hinterhalt heimlich aufpassen.

[68] Laocoon = Priester des Apollo. Er wurde mit seinen beiden Söhnen von zwei großen Schlangen umschnürt und erdrückt, weil er das von den Trojanern der Pallas geweihte hölzerne Pferd entehrt (mit einem Speer durchbohrt) hatte.

[69] *Pierre Antoine Verschaffelt* (1710-1793; siehe ADB 39, 632) stammt aus Gent. Er studierte in Paris Bildhauerei und Baumeisterei; ab 1737 wirkte er in Rom. Dort schuf er u. a. in Bronze den Erzengel Michael auf der Engelsburg. Der Papst erhob ihn in den Ritterstand.

(1) Als Direktor der von *Karl Theodor* gestifteten *Akademie der bildenden Künste* (siehe Anm. 4,2) leitete *Verschaffelt* bedeutende Bauwerke, so das Zeughaus im innerstädtischen Quadrat C 5 (heute: Reiß-

Museum) in Mannheim. Auch schmückte *Verschaffelt* den Schloßpark zu Schwetzingen mit zahlreichen Statuen.

(2) Die hier von Jung-Stilling erwähnte Statue befindet sich heute in der Kunstsammlung des Vatikans. Die *Verschaffeltstraße* in Mannheim-Neckarstadt und Düsseldorf-Benrath ist nach ihm benannt.

[70] Labyrinth = Irrgarten, Irrgeschlängel; labyrinthisch = verworren, nicht zu überschauen, geheimnisvoll.

[71] Geheiligtes Dunkel = die Dunkelheit galt in der griechischen und ägyptischen Mythologie in mehrfacher Hinsicht als Gott geweiht. Auch bei den Juden stand die Finsternis mit dem Wirken Gottes in Zusammenhang; siehe etwa 2. Moses 10, 22 ff. — Begnadet, geheiligt ist die Finsternis endlich und vor allem durch die Tat Gottes, wodurch diese durchgreifend, wesentlich geändert wurde: nämlich in die Fähigkeit umgewandelt, Licht zu gebären. — Kabinett = Ort, wo sich der Fürst mit seinen Ratgebern bespricht; dann auch der dort versammelte Personenkreis = Ministerrat.

[72] Gülich = Jülich; lat. JULIACUM, daneben später auch GULICHI; franz. Juliers. — Das Herzogtum mit 25 Ämtern und der Hauptstadt Jülich an der Rur (Roer) gehörte dem Hause Pfalz-Neuburg-Sulzbach. Kur-Brandenburg hatte sich 1741 seiner Ansprüche auf dieses Gebiet zu Gunsten von *Karl Theodor* begeben. Von 1794 bis 1814 stand Jülich unter französischer Besatzung. Im Wiener Kongreß kam es zusammen mit dem Herzogtum Berg an Preußen und wurde dessen Rheinprovinz einverleibt.

[73] Es trat sogar ein! Die Verlegung des Hofes von Mannheim nach München im Januar 1778 brachte der gesamten Kurpfalz eine kulturelle Verarmung. Dies geschah schon deshalb, weil nach und nach fast alle Künstler mit *Karl Theodor* nach München zogen. Die schönsten Stücke der Innenausstattung des Schlosses, Kunstschätze und Sammlungen brachten die Packwagen gen München. Auch die Kostbarkeiten der berühmten *Bibliotheca Electoralis Palatina* verschwanden nach Bayern; siehe Fuchs, Palatinatus 387 f.

In Mannheim zurück blieben lediglich die pfälzischen Oberbehörden. Minister *Franz Albert von Oberndorff* (siehe Anm. 193) wurde Statthalter. Auch er verlegte 1788 seinen Sitz nach München; siehe Lipowsky, Karl Theodor 189.

[74] Jakob sah im Traum eine Leiter in den Himmel, auf der Engel hinan- und hinabstiegen, 1. Mose 28, 12 ff. Gideon erschien ein Engel und berief ihn, Richter 6, 11 ff. Elias wurde von einem Engel mit Speise versorgt, 1. Könige 19, 5 ff. Den Propheten Habakuk packte ein Engel am Schopfe und brachte ihn zu Daniel in die Löwen-Grube, Daniel 14, 33. — Engel erschienen freilich auch abends, vergl. etwa 1. Mose 19, 1 ff.

[75] Kurfürst *Karl Theodor* vermählte sich 1742 mit der ältesten Tochter seines Onkels, des verstorbenen Erbprinzen *Joseph Emanuel* von

Pfalz-Sulzbach, *(Maria) Elisabeth Auguste* (1721-1794). Die Hochzeit fand am Hofe zu Mannheim statt, weil Kurfürst *Karl Philipp* nicht nur Vetter von *Karl Theodor*, sondern auch Großvater der Braut war; siehe hierzu genauer NDB 11, 250.

(1) Nach 18 Ehejahren gebar *Elisabeth Auguste* 1761 unter sehr schwierigen Umständen und langen, der Niederkunft folgenden Beschwerden einen Sohn, der gleich nach der Geburt starb. Die vierzigjährige Kurfüstin galt nach dieser Entbindung als nicht mehr ehefähig.

(2) Gemäß der Sitte an den Fürstenhöfen zu damaliger Zeit berechtigte dies *Karl Theodor*, eine Maitresse zu nehmen.

(a) Seine Wahl fiel zunächst auf eine Tänzerin. Sie starb bei der Geburt einer gemeinsamen Tochter *Karoline.* Der Vater erhob diese zur *Gräfin Bergstein.* Sie heiratete den Fürsten *Friedrich Wilhelm von Isenburg;* siehe Lipowsky, Karl Theodor 85. Jung-Stilling stand mit der Familie *von Isenburg* später in Verbindung; siehe Lebensgeschichte 525.

(b) Kurfürst *Karl Theodor* wandte sich sodann der Hofschauspielerin *Josefa Seiffert* (1747-1771) zu und machte sie 1769 zur *Gräfin Heideck.* Aus dieser Verbindung entsproßten drei Töchter und ein Sohn, die — allesamt vom Vater sehr gut ausgestattet — standesgemäße Ehen eingingen. Die Mutter starb 1771 nach der Geburt von Zwillingen. Der Kurfürst hatte 1774 die drei Töchter in den Reichsgrafenstand *von Heideck* erheben lassen.

(c) Dem Sohn *Karl August* (1769-1823) kaufte Kurfürst *Karl Theodor* aus seinem Privatvermögen die unmittelbare Reichsherrschaft Bretzenheim (an der Nahe, bei Bad Kreuznach), der damit *Reichsgraf von Bretzenheim* wurde; 1790 erhob ihn der Kaiser in den Reichsfürstenstand. *Karl Theodor* erwarb ihm noch mehrere Güter hinzu (so die Herrschaft Zwingenberg an der Bergstraße) und ließ gegenüber dem Schloß in Mannheim für seinen Sohn *Karl August* ein Palais erbauen. Dieses ist heute noch eine bauliche Sehenswürdigkeit der Stadt Mannheim im innerstädtischen Quadrat A 2 und ein Glanzstück der Baukunst von *Verschaffelt* (siehe Anm. 69).

(3) Als Kurfürstin *Elisabeth Auguste* im August 1794 starb, heiratete *Karl Theodor* im Februar 1795 die 19jährige Tochter des Erzherzogs *Ferdinand Karl* von Österreich-Este, *Maria Leopoldine* (1776-1848). Diese Ehe blieb kinderlos.

(4) Kurfürstin *Elisabeth Auguste* war Protektorin der *Kurpfälzischen physikalisch-ökonomischen Gesellschaft,* siehe Anm. 1. Die von Gestalt untersetzte, vollschlanke Kurfürstin war in der Pfalz geboren und aufgewachsen. Sie genoß ob ihrer leutseligen, herzlichen Art volkstümliche Beliebtheit und hohes Ansehen.

(5) Jung-Stilling drückt gewiß die Gefühle der großen Mehrheit der Bevölkerung aus, wenn er an dieser Stelle seiner Rede und später die geschätzte Kurfürstin als „Landes-Mutter" würdigt und rühmt.

[76] Ihres hohen Namens Gedächtnis = Namenstag.

(1) In katholischen Familien feierte man weniger den Geburtstag, als vielmehr Namenstag. Dies ist der Erinnerungstag an die Taufe, bei der das Kind den Vornamen eines Heiligen erhielt.

(2) Namenstag der Kurfürstin war der Tag der Heiligen *Elisabeth von Thüringen* (1207-1231), deren Fest am 19. November begangen wurde. Jung-Stilling hielt seine Rede aber nicht am Montag, den 19. November 1778 (Elisabeth-Tag), sondern erst am Mittwoch der folgenden Woche, den 28. November, gelegentlich der ordentlichen öffentlichen Versammlung der *Physikalisch-Oeconomischen Gesellschaft.* Es war gleichsam die Antrittsrede von Jung-Stilling in dieser Gesellschaft, deren auswärtiges Mitglied er seit Herbst 1776 war; siehe auch Anm. 104.

[77] Gottheit thront = die Wohnstatt Jehovas unter den Israeliten wurde auf dem Berg Zion gedacht; siehe Jesaja 8, 18 und im übertragenen Sinne auch Hebräerbrief 12, 22 sowie Offenbarung 14, 1.

[78] Erhabene Gesellschaft = die *Kurpfälzische physikalisch-ökonomische Gesellschaft.*

(1) Die Schreibung des Namens dieser Gesellschaft ist nicht einheitlich. Die Jahrbücher (ab 1775 erschienen) nennen sich *Bemerkungen der Kuhrpfälzischen physikalisch-ökonomischen Gesellschaft.* Daneben gibt es die *Vorlesungen der kurpfälzischen physikalisch-ökonomischen Gesellschaft;* im Titel heißt es ab 1787 *Churpfälzischen* (mit Zeha und in Großschreibung). Manchmal steht auch *Kurpfälzisch Physikalisch-Oeconomisch;* bei Großschreibung wird immer Oe geschrieben (in Deutschland bis 1902, in der Schweiz heute noch).

(2) Statt *kurpfälzisch* findet sich hin und wieder auch *kurfürstlich*; siehe Fuchs, Palatinatus 570. Jung-Stilling schreibt statt *physikalisch* mehrmals und wiederholt *physisch.* Auch wird das Wort *Gesellschaft* öfters durch *Versammlung* ersetzt; vergl. etwa die zu Beginn der Anmerkungen zu dieser Rede unter Pkt. 5 genannte Schrift.

[79] Ehrwürdige, von der Vorsehung bestimmte Männer = Priester, Geistliche.

[80] Theut (Tuisco, Tuisto, Theot) = nach den Berichten des *Tacitus* der erdgeborene Gott und Stammvater der alten Deutschen, siehe dessen *Germania,* Kap. 2. — Im Namen des Gottes liegt der Begriff des Zweifachen, Doppelgeschlechtlichen. Er erscheint in der Mythologie als zwitterhaftes Wesen, das aus sich selbst den Mannus, den ersten Menschen zeugt.

(1) Man hatte Jung-Stilling ernstlich vermahnt, in der Pfalz nicht so viel von der Religion zu sprechen (Lebensgeschichte 370). Er nimmt daher seine Bilder reichlich aus der Fabellehre.

(2) Überdies traute Jung-Stilling den Pfälzern auch blutwenig an Gläubigkeit und Gottesfurcht zu. Er kenne „kein frivoleres, gegen alle Religion leichtsinnigeres Volk“ als die Pfälzer, schreibt er 1814 noch in einem Brief. Dem bedachtsamen, tiefsinnigen Siegerländer blieb das fröhliche Gottvertrauen des Pfälzer Menschen jeder Konfession inner-

lich wohl immer fremd. Für Jung-Stilling ist Glaube eine *Ver-Pflichtung* zu dauerndem, anstrengendem Ergründen all seiner Dimensionen. Der Pfälzer nimmt den Glauben als *Geschenk Gottes* in hoffnungsreicher Freude an.

[81] Barden = Sänger und Dichter der alten Gallier; nach einem herrschenden Irrtum auch der Germanen.

[82] Genius = Schutzgeist. Deutschlands bester Genius = der Gott Theut; siehe Anm. 80.

[83] Herrliche Institute = die Gründungen von *Karl Theodor*; siehe Anm. 4.

(1) Wie Jung-Stilling übrigens schreibt (Lebensgeschichte 287), wurde er bei Gelegenheit der Übergabe seiner Doktorarbeit in Mannheim 1772 „Correspondent der Churpfälzischen Gesellschaft der Wissenschaften". Tatsächlich aber findet sich der Name Jung-Stilling nicht in den Mitgliederverzeichnissen der ACADEMIA THEODORO-PALATINA (so der lateinische Name; siehe Anm. 4,2). Er war auch nicht etwa Ehrenmitglied; siehe Fuchs, Palatinatus 566 ff. Überdies nimmt Stilling später nie Bezug auf eine allfällige Mitgliedschaft, beispielsweise auf den Titelblättern seiner Bücher. Kollegen, so etwa *Succow,* taten dies. Auch fällt auf, daß Stilling den Namen der Institution falsch schreibt.

(2) Wahrscheinlich wurde Jung-Stilling die Aufnahme in die Akademie von derem Sekretär auf Lebenszeit, Hofrat *Andreas Lamey* (siehe zu ihm Anm. 154,2) damals mündlich zugesagt. Es dürfte aber in der Folge *Lamey* nicht gelungen sein, die zur Aufnahme notwendige Zustimmung der Mitglieder sowie die Bestätigung des Kurfürsten zu erwirken.

[84] Spreiten = auseinanderbreiten; heute selten, aber in manchen Ortsnamen (wie: Spree = ausgebreitetes Wasser: viele Arme im Spreewald) noch enthalten.

[85] Herzog von Zweibrücken = *Karl II. August Christian;* siehe Anm. 6,1.

[86] Zephyr = Westwind; leichte, sanfte Luftbewegung.

[87] Die ganze Gedankenfolge ist etwas überladen und daher beim ersten Lesen an dieser Stelle nicht gleich durchsichtig. — Die „edlen und guten Männer" stehen in der Leideform (Passiv), die „gelehrten Polemiker" (= wissenschaftliche Streithähne) und „giftigen Rezensenten" (= übelwollende Krittler) in der Tatform (Aktiv). Mit „unserer Halle" ist die *Physikalisch-Oeconomische Gesellschaft* gemeint. — Jung-Stilling nimmt hier Bezug auf eine anonym erschienene Schrift unter dem Titel: „Patriotische Anmerkungen über des Hrn. Fried. Cas. Medikus letztere Vorlesung betreffend den Nuzen, den die ökonomische Gesellschaft der Stadt und dem Oberamte Lautern schon verschaft hat, und noch verschaffen wird". Die Broschüre erschien 1780 in Braunschweig und Leipzig. Siehe Rheinische Beiträge zur Gelehrsamkeit. Zweiter Band 1780, S. 451.

[88] Der aus Heilbronn gebürtige *Otto Heinrich Freiherr von Gemmingen-Hornberg* (1755-1836; siehe ADB 8, 557, NDB 6, 179) war seit 1777 kurpfälzischer Hofkammerrat. Der studierte Jurist war — wie Stilling — auch Literat und mit dem Nationaltheater in Mannheim eng verbunden. Vergl. DBA 378, 300 sowie GV 45, 88 wegen seiner zahlreichen schöngeistigen Arbeiten.

Über das nähere Verhältnis von Jung-Stilling zu dem um 15 Jahren jüngeren Hofkammerrat *von Gemmingen-Hornberg* ist nichts Verläßliches bekannt. Beide waren zu gleicher Zeit Mitglied der *Deutschen Gesellschaft* in Mannheim.

[89] Trotz Schwur und Bann = Theut als Kriegs-Gott drängte die Germanen zum Kampf und drohte denen, die sich bloß dem friedlichen Lebenserwerb hingaben.

[90] Elisabeth-Halle = die *Physikalisch-Oeconomische Gesellschaft* in Kaiserlautern, deren Schirmherrin die Kurfürstin *Elisabeth Auguste* war.

[91] Siehe Matthäus 25, 21 und 23; Lukas 16, 10.

[92] Niederländer = die Bewohner von Berg und Jülich, deren Landesfürst *Karl Theodor* gleichfalls war; siehe Anm. 3,1.

[93] Königin = hier im weiteren Sinne gemeint: Gebieterin. Denn *Karl Theodor* blieb noch Kurfürst von Pfalz-Bayern. Königreich wurde das Herzogtum Bayern erst 1806 unter seinem Neffen und Nachfolger *Maximilian IV. Joseph*; siehe Anm. 6,2.

[94] Gedenken Elberfeld = Kurfürstin *Elisabeth Auguste* kam unter Bürgermeister *Werner de Weerth* 1770 nach Elberfeld. Sie weihte bei dieser Gelegenheit Straßen und caritative Einrichtungen der Stadt ein.

(1) Jung-Stilling ließ sich erst zwei Jahre später, nämlich 1772, in Elberfeld als praktischer Arzt nieder. Dennoch ist es nicht ausgeschlossen, daß er Augenzeuge des Besuches war. Lebte er doch bis August 1770 im heutigen Remscheid. Vielleicht war auch seine erste Ehefrau *Christine Heyder* (1749-1781) aus dem nahegelegenen Ronsdorf bei dem Besuch der Kurfürstin anwesend. Die Schilderung an dieser Stelle der Rede läßt auf unmittelbare Wahrnehmung schließen. — Kurfürst *Karl Theodor* besuchte in den Jahren 1747, 1767 und 1785 Elberfeld. Im Jahre 1805 kam Herzog *Wilhelm* von Landshut (siehe Anm. 115,1) als Vertreter des neuen Regenten *Maximilian IV. Joseph* (siehe Anm. 6,1) nach Elberfeld und Barmen.

(2) Die kurpfälzische Landesherrschaft war im Herzogtum Berg äußerst beliebt. Denn das Gebiet war von manchen Lasten (vor allem dem Militärdienst) frei, die den benachbarten preußischen Landen auflagen. Noch heute sind in den größeren und manchen kleineren Städten des ehemaligen Herzogtums Berg Straßen nach Kurfürst *Karl Theodor* benannt, so etwa in Düsseldorf, Köln-Mülheim (denn Mülheim gehörte zum Bergischen) und Wuppertal.

(3) Am meisten ist die verflossene pfälzische Haupt- und Residenzstadt Mannheim dem Kurfürsten zum Dank verpflichtet. Denn er und sein Vetter *Karl Philipp* erhoben Mannheim von einem dorfähnlichen Flecken zu einer angesehenen Welt-Stadt; siehe Anm. 4. Freilich hat Reichenburg (so nennt Jung-Stilling die Stadt Mannheim; siehe Lebensgeschichte 401 und öfters) noch nicht einmal einen ihrer Hinterhöfe nach den kurpfälzischen Fürsten benannt. Der Grund liegt wohl darin, daß die Stadt nach dem Wegzug des Hofes 1778 in ihren kulturellen Ursprungs-Zustand weitgehend zurücksank. Die Einwohnerzahl von Mannheim lag bei 24000, sie fiel auf 19000.

(2) In den zu zwei Vierteln dunklen Nischen des Vorraums der Jesuitenkirche („Große Hofkirche") in Mannheim stehen überdies die Standbilder der Kurfürsten *Karl Philipp* und *Karl Theodor* aus der Meisterhand von *Verschaffelt* (siehe Anm. 69). Selbst in Hinter-Kikeritzpatschen hätte der Bauernrat beschlossen, solche Statuen in die Dorfmitte zu stellen, ja diese sogar abends anzustrahlen. In Reichenburg beläßt man sie lieber im Finstern! Der zu Reichenburg allenthalben ausgestoßene, selbstbewußte Ruf „Mannem vorne" bezieht sich offensichtlich auf den zweiten und vierten Quadranten eines gedachten kulturellen Koordinatensystems; vergl. Galaterbrief 4, 16.

[95] Ein leidbringender Westwind trieb die volkstümliche Landesmutter von der Pfalz nach Bayern. Nun ist sie im Osten: von daher erwartet man ihren Besuch.

(1) Jung-Stilling konnte zum Zeitpunkt der Rede (November 1778) noch nicht wissen, daß die Kurfürstin zum Jahresende 1778 wieder ganz nach Mannheim zurückkehrte und im Schloß erneut Wohnung nahm; siehe auch Anm. 55,2.

(2) Die feinsinnige, leidgeprüfte und heimatverbundene Pfälzerin fühlte sich in München ziemlich verlassen und unwirtlich aufgenommen (ihr Vetter und Gemahl *Carl Theodor* allerdings auch; siehe Anm. 55,2). Für die Pfalz war die Anwesenheit der beliebten Kurfürstin in Mannheim ein Segen und glich die Enttäuschung ob des Weggangs des Hofes ein wenig aus; siehe auch Lipowsky, Karl Theodor 131.

[96] August = der römische Kaiser *Augustus* (63 v. Chr. - 14 n. Chr.): ein gebildeter, kluger Herrscher, der Rom ein „goldenes Zeitalter" in 44jähriger Regentschaft bescherte.

[97] Albien = Albion = Großbritannien (ein keltisches Wort, das „Gebirgsland" bedeutet). Stilling meint *Elisabeth I.* von England (1533-1603) und die Zarin *Elisabeth* von Rußland (1709-1762).

[98] Siehe 1. Petrusbrief 5, 4; Offenbarung 2, 10.

[99] Nach gewonnenen Schlachten zogen die römischen Feldherrn im Triumphzug in die Stadt Rom ein. — *Titus* (41-81) siegte gegen die Juden und eroberte 70 Jerusalem. *Aurelianus* (214-275) unterwarf die Gallier, Goten und Vandalen.

[100] Neue Staaten = das Herzogtum Bayern; siehe Anm. 55,1.

[101] Äonen = Ewigkeiten, unermeßliche Zeiträume.

[102] Jung-Stilling wurde zum Winterhalbjahr 1778 als Professor für angewandte Kameralwissenschaften nach Kaiserslautern berufen, siehe Anm. 2 und 42.

[103] Auf dem Parnasse meiner Hütte = auf dem Musenaltar meines Heimes.

[104] Jung-Stilling wurde im November 1776 durch „Patent" (= Ernennungsschreiben, Urkunde) auswärtiges Mitglied der *Kurpfälzischen physikalisch-ökonomischen Gesellschaft.* Er schrieb in deren Jahrbüchern mehrere Aufsätze und warb um Abonennten für die Jahrbücher im Bergischen; siehe Lebensgeschichte 346, 353 und 676.

[105] Präsident der *Kurpfälzischen physikalisch-ökonomischen Gesellschaft* war Thronfolger *Karl II. August Christian,* Herzog von Zweibrücken; siehe Anm. 6,1.

[106] Vizepräsident und bei der Versammlung am Mittwoch, den 28. November 1778 anwesend war der Oberst des damaligen kurpfälzischen Dragoner-Regiments, *Christoph Anton Freiherr von Hauzenberg.* Bei der Jubiläumsfeier in Heidelberg 1786 war dieser inzwischen zum Generalmajor befördert; siehe auch Lipowsky, Karl Theodor 91.

Außerhalb der pfalzbayrischen Lande behauptete man, die pfälzische Armee bestünde aus doppelt so vielen Offizieren als Soldaten. Tatsächlich sind die Ranglisten aus der damaligen Zeit ansehnlich, während über die Mannschaftsstärken kaum verläßliche Angaben ausgewiesen sind. Später, nach der Besetzung der Pfalz durch die Franzosen 1792, machte man *Karl Theodor* heftige Vorwürfe wegen seiner völligen Vernachlässigung der Verteidigung.

[107] Das Amt des Direktors der *Physikalisch-Oeconomischen Gesellschaft* hatte der zu jener Zeit mit Jung-Stilling noch herzlich befreundete *Friedrich Casimir Medicus* inne; siehe Anm. 38 und 154,2.

[108] Vater Stilling = Jung-Stillings Großvater: der Köhler, Landwirt und Kirchenälteste *Johann Eberhard Jung* (1680-1751) in Grund, Fürstentum Nassau-Siegen. Nicht gemeint ist hier sein Vater: der Schneider und Schulmeister *Johann Helmann Jung* (1716-1802). Denn dieser lebte am Tag der Rede, den 28. November 1778, noch in Kredenbach, Fürstentum Nassau-Siegen.

[109] Siehe Lebensgeschichte 62 f.

Jubelrede

über den

Geist der Staatswirthschaft

gehalten

den 7ten November 1786,

als die

Universität zu Heidelberg

ihr viertes Jubiläum feierte

von

Johann Heinrich Jung

der Weltweisheit und Arzneikunde Doktor, Churfürstlicher Hofrath, öffentlicher ordentlicher Professor der Forst- und Landwirthschaft, Vieh-Arzneikunde, der Fabricken- und Handlungswissenschaft auf der Staatswirthschafts hohen Schule zu Heidelberg; der Churpfälzischen physikalisch-ökonomischen und der Churfürstlichen teutschen Gesellschaft ordentliches Mitglied.

Mannheim,

in der neuen Hof- und akademischen Buchhandlung.

1787.

Die Sonne des hundertjährigen Tages naht dem Ozean der Ewigkeit. — Der Allherrscher hat fast wiederum ein Tagewerk vollendet. — Er erfüllt sein hohes Orakel: *am Abend wirds licht werden!*[110] Und unsere erhabene Mutter *Ruperta*[111] sitzt mit verjüngter Kraft im Zirkel ihrer Söhne, Pflegkinder, Gönner und Freunde — ihr Alter ist wie ihre Jugend!! Der große goldne Zeiger an ihres Tempels Zinnen hat nun viermal seinen weiten Kreis durchlaufen, und sie freut sich im Jubel des kommenden Tages. Ihr und unser *fürstlicher Vater* ruht im Schoß des Friedens, und *Sein* silber-lockigtes Haupt umglänzt *Apolls* Strahlenkrone,[112] die *Er* sich um die Pfälzer Musen rühmlich erworben hat. — *Er* lächelt uns Gnade zu, und durch *Seine* fürstliche Milde können wir unserer großen Erzeugerin hohes Fest feierlich begehen — *feierlich* in mancher Rücksicht!!! —:

In vorigen Zeiten waltete die Intoleranz mit verbundenen Augen und mit der Fackel in der Hand zwischen unsern Lehrstühlen.[113] — Brüder tobten gegen Brüder in eigenen Eingeweiden! — Aber nun ließ sich die Duldung, der ewigen Liebe schönstes Kind, aus der purpurnen Morgenröte zu uns nieder — : *wir haben ihr alle gehuldigt, und wir freuen uns hoch unserer neuen Freundin* —. Dies allein ist des höchsten Jubelfestes würdig!!!

Vor etwas mehr als hundert Jahren wankte auf unserm Fürstenstuhl der letzte fast erstorbene Zweig des hohen *Pfalz-Simmerischen* Hauses*. — Wie eine Abendsonne, die sich in aufsteigende Gewitter senkt, und die mit ihren schwachen Strahlen nicht mehr die Wolkengebirge durchzudringen und zu zerteilen vermag — trauerte er der nahen Erlöschung entgegen. — Der Glanz seines Hauses erbleichte im ewigen Westen. — Nie sah es die Morgenröte wieder.[114]

Eben dieses traurige Schicksal drohte uns noch vor wenigen Monaten!!! Fast wäre abermal mit dem achtzehnten Jahrhundert die Hoffnung der Pfälzer erloschen. — Aber — Dank!

* Kurfürst Karl starb 1685, und Pfalzgraf Philipp Wilhelm von Neuburg präsidierte bei dem Jubiläum.

innigen Dank!! dem großen Erbarmer! — Er beschenkte uns neulich mit doppeltem Segen.[115] — Gott lasse dieser teuren Prinzen Enkel oder Nachkommen des hohen Kurhauses heute über hundert Jahre an der Spitze unserer Nachfolger — wenns möglich ist — ein noch freudigeres Jubiläum feiern!![116] Jetzt jauchzen *Bayern,* die *Pfalz* und der *Nieder-Rhein.*[117] Und das gesamte Freuden-Getöne, mit dem unseren vereinigt, ist Dem ein süßer Geruch, der Sonnen wie elektrische Funken aus dem Chaos lockt und dem Würmchen, dem ein Samkorn eine Welt ist, Lebenskräfte in seine Muskeln haucht.

Heute vor hundert Jahren heulte das Brüllen des Streithorns[118] in den sanften Harfenton der Pfälzer-Musen vom *Vogesus* herüber! — Auf seinem Gipfel stand der Würgengel und reckte Schwert und Fackel über unsere Gefilde und Hütten!!! — Unsere Väter — sahen ihn — zitterten — und bange Ahnung verstimmte jeden Gesang der Freude! — Bald darauf kochten Bäche Bluts im Brausen verheerender Flammen — und noch steht der Greuel der Verwüstung auf unserem Fürstenhügel an heiliger Stätte.[119]

Aber jetzt — jetzt blicken wir auf zum Menschenvater. —Friede strahlt aus Seinen Augen, und die Rute des Zorns liegt zerbrochen vor Seinem Fußschemel. — Kein Mißklang stört unsere Chöre, und unser Jubiläum ist ein Fest des Friedens!

Noch eins verherrlicht unsere Freudentage um ein Großes. Zum erstenmal sitzt die Muse der Staatswirtschaft wie eine junge Huldgöttin zwischen ihren vier Schwestern!!! — *Vater Carl Theodor*[120] erzog sie in dem einsamen, stillen, waldumkränzten *Lautern*[121] und nun gerad vor zwei Jahren gab Er ihr einen festen dauerhaften Sitz auf unserm Parnaß![122] — Auch sie nimmt den wärmsten Anteil an *Rupertens* Jubelfeier, deren Glück ja auch ganz das ihrige ist.

Hier — Erlauchte und Hochansehnliche Versammlung! — hier erhebt sich mein Flug — Denn meine heutige feierliche Rede ist meiner jungen Muse gewidmet. — Ich will ihren Charakter schildern. — Sie muß ihre Ahnenprobe machen — und beweisen: daß sie *mit Recht* zwischen ihren eisgrauen Schwestern, den ältesten in Deutschland,[123] Platz genommen habe! —

Lang saß die gesetzgebende Gewalt bloß mit *einem* Arm versehen auf ihrem Thron. Oft führte sie in ihrer einzigen Hand ein von Menschenblut rauchendes Schlachtschwert!! — Oder wenn sie dieses in die Scheide steckte, so hielt sie unerbittlich die Waage des Rechts und Unrechts! — Jede Beglückung war *Gnade,* nicht *Pflicht!*[124] — Noch war die heilige Stimme der Wahrheit nicht zu ihrem Ohr gedrungen, daß extensive Wirkung, nämlich Eroberungen zu machen, weit weniger die Staaten beglücke, als intensive! — welche nur darauf ausgeht, den Raum, den die Vorsehung dem Regenten auf Gottes Erdboden angewiesen hat, mit *beschäftigten glücklichen Menschen* auszufüllen. — Sieg und prompte Gerechtigkeitspflege machten das höchste Ideal eines Fürsten aus. Alle seine Diener waren entweder Krieger oder Rechtsgelehrten, — und der Glanz der Ehre strahlte nur von Narben und wohlausgeführten Streithändeln.

Es liegt in der Natur der Sache, daß sich der Grad der Ehre verhalte wie die Nähe bei dem Thron!! — Wenn nun von diesem Mittelpunkt der Engel der Beglückung ausgeht, der Untertanen Wohl befördert und das Horn des Überflusses über sie ausschüttet, so fallen auch Sterne und Ordensbänder auf den herab, der sich in diesem Geschäfte zum wohltätigen Werkzeug gebrauchen läßt! — Und die ruhmwürdige Ehrliebe strebt auch nun dahin, dem Landmann Stall und Scheuern, dem Handwerker und Fabrikanten seine Werkstätte und dem Handelsmann seine Kasse zu Quellen des Segens für Fürsten und Völker zu machen.

Die Muse der Staatswirtschaft, diese huldvolle Göttin, begabt die gesetztgebende Gewalt mit dem anderen Arm.[125] — Jener schützt! — dieser segnet! — Aber sie schafft keinen *Briareus,*[126] der mit hundert Köpfen und Händen vom Kabinett bis in die Ratstube des Landbeamten allgewaltig und eigenmächtig wirken will!!! — Ein solcher Fürst hindert mehr als er fördert — und wird wider seinen Willen ein Despot.

Lassen Sie mich, verehrungswürdige Zuhörer, lassen Sie mich den Geist dieses wohltätigen Wesens schildern! Ich will von ihrem *Werden* anfangen und sie bis zu ihrer *Ausbildung* begleiten. Ihre kurze Geschichte wird sie ganz in ihrer Strahlengestalt darstellen.

England, durch die unselige Eifersucht der Häuser *York* und *Lancaster* zerrüttet und geschwächt,[127] empfand das Übergewicht des mit amerikanischen Reichtümern angefüllten Spaniens und seiner verbündeten Nachbarn. — Unter seiner Regentin *Elisabeth* erwachte zuerst der Geist der Staatswirtschaft.[128] — Man bediente sich der weisesten Maßregeln, um ein Land, dem der Ozean Grenzen gesetzt hat, die durch die wildeste Eroberungs-Sucht nicht verrückt werden können, *intensive* stärker zu machen.[129] Hier sah man bald, was dieser göttliche Genius gleich in seinem Entstehen vermochte! — Noch gar nicht ausgebildet, gleichsam als Knabe, führte er die britische Monarchie auf eine Stufe, von welcher sie allen ihren Nachbarn Trotz bieten konnte.

Der eigentliche Zeitpunkt des Aufkeimens der Staatswirtschaft in *Deutschland* fällt in die ersten Jahre nach dem Westphälischen Friedensschluß[130] —: Die Italienischen, Spanischen und Französischen älteren Schriften[131] wurden allmählich bei uns bekannt. Man fand darin mehr Anwendbares und Verfeinertes als in dem Kapitel der POLITICORUM des *Aristotelis.*[132] — Das mit Schwert und Feder bestrittene große National-Interesse nebst dem allgemein herrschenden, durch Krieg und Verheerung entstandenen Mangel erweckten den erschlafften und eingeschlummerten deutschen Geist. In der Menge der damaligen Streitschriften und fliegenden Blätter liegen herrliche Keime: stark gesagte und tief gedachte Wahrheiten.

In der besonderen Anwendung auf Regentenrecht und -Pflicht, Länderverwaltung und Staatswirtschaft scheint mit *Veit Ludwig von Seckendorf*[133] und dessen zu Ende des vorigen oder zu Anfang des jetzigen Jahrhunderts erschienenen zwei Schriften: *Christenstaat* und *Fürstenstaat*[134] zuerst Epoche gemacht zu haben. — Doch darf ich auch den berühmten *Dr. Johann Joachim Becher,*[135] der ein Speierer von Geburt war, nicht vergessen, der ebenfalls im vorigen Jahrhundert gelebt und in seinem *Politischen Discours*[136] schon viel Gutes gesagt hat.

Der große Staatswirt *Friedrich Wilhelm der Erste,* König von Preußen, war indessen darauf bedacht, diese wohltätige und segensvolle Kunst zur Wissenschaft zu erhöhen und ihr auf Universitäten einen Lehrstuhl zu stiften.[137] Dies geschah meines Wissens am ersten zu Frankfurt an der Oder, wo der bekannte

Ditmar also der erste ordentliche öffentliche Professor der Kameralwissenschaften geworden ist.[138] Nach seinem Programm, welches *Zinke* in seiner Kameralistenbibliothek anführt,[139] hat er im Jahr 1727 sein Amt angetreten. Ein paar Jahre hernach wurde auch zufolge der Nachrichten des Herrn Kanzlers *von Ludwig*[140] ein Lehrstuhl der Ökonomie auf der anderen Preußischen Universität in Halle gestiftet.[141]

Ditmar in Frankfurt an der Oder[142] erzog mehrere Jünger, und die Schüler überstiegen ihren Meister. Hofrat *Zink* in Leipzig, selbst ein berühmter staatswirtschaftlicher Schriftsteller, lehrte in den vierziger Jahren; nach ihm der berühmte *Schreber.*[143] Zu gleicher Zeit trat der bekannte *von Justi*[144] in Göttingen und Wien auf; und in Jena erschienen die würdigen Lehrer *Daries,*[145] welcher nachher nach Frankfurt an der Oder ging, und der verehrungswürdige Greis, der noch lebende und blühende *Kammerrat Sukow.*[146]

So entstanden nach und nach auf vielen Universitäten staatswirtschaftliche Lehrer. *Sonnenfels* in Wien,[147] *Beckmann* in Göttingen[148] und *Schreber* in Erlangen[149] stehen mit allem Recht als Aldermänner[150] nebst obigen an der Spitze.

Unter der erstaunlichen Menge Schriftsteller, die sich vorzüglich um unsere Wissenschaft verdient gemacht haben, geht der geheime Rat und jetzige Direktor der staatswirtschaftlichen Klasse auf der Mainzer Universität, *Herr von Pfeiffer,*[151] besonders wegen seinem *Lehrbegriff sämtlicher Cameralwissenschaften*[152] in gleichem Schritte. Ich würde mich allzuweit von meinem Zweck entfernen, wenn ich auch nur die vornehmsten Autoren unseres Fachs anführen wollte. Damit ich also keinen vergesse, will ich keinen mehr nennen.

Bei allen diesen herrlichen Fortschritten, welche unsre Muse auf Deutschlands Lehrstühlen machte, blieb sie noch immer zu unentwickelt. — Ein einzelner Lehrer muß bei dem Allgemeinen stehen bleiben. Er kann sich nicht ins Einzelne einlassen. Dies werden Sie, meine verehrungswürdigsten Zuhörer! bald im hellesten Glanz der Wahrheit erkennen!

Das Forstwesen, der Bergbau, die Landwirtschaft, die Fabriken und die Handlung sind die Quellen alles Glücks der Staaten und der Völker. — Wer sie leiten soll, der muß sie kennen! —Nun sind aber alle diese Gewerbe auf reine und angewandte Mathematik, Naturgeschichte, Naturlehre und Chemie gegründet. — Diese sind die Hilfswissenschaften zu jenen Gewerbewissenschaften. Folglich müssen sie vorher gründlich studiert werden; und dieses nicht etwa so, wie man sie gewöhnlich auf hohen Schulen lehrt; nein! Es ist ein besonderer Professor notwendig, der diese Hilfswissenschaften, ganz und zum staatswirtschaftlichen Zwecke eingerichtet, vorträgt! — Dann baut ein anderer Lehrer auf diesen Grund *die Gewerbwissenschaften.* Und ein dritter zieht hernach die Regeln heraus, welche dem Staatswirt sagen, was er zu tun habe, um jene Gewerbe blühend zu machen, das ist: Fürsten und Völker zu beglücken.

Nun denke man nur nach, wie es möglich ist, daß ein einzelner Mann diesen ganzen Schwall von wenigstens sechzehn Wissenschaften (deren jede ihren eigenen vollen Lehrgang erfordert, und deren unmöglich eine einzige entbehrt werden kann) zu verstehen, geschweige öffentlich zu lehren vermöge? — Der gelehrteste und rechtschaffenste, aber einzige Lehrer der Staatswirtschaft arbeitet sich daher zu tot. Und doch sieht er nicht die wohlverdienten Früchte seiner Mühe aufblühen, vielweniger diese reifen.

Der Anstand befiehlt mir Bescheidenheit, indem ich, meinem Plan gemäß, nun von unseren Bemühungen reden muß! — Wie hat wohl die hohe Vorsehung den Gang einer Sache augenscheinlicher geleitet als den Unsrigen!! — Denn alle Schwierigkeiten entwickelten sich zum Vorteil der guten Sache; und wenn ich es sagen darf: — selten wirken auch Männer mit *solchem* Eifer einhellig zum Ziel! — Wenn unsere müden, und — gewiß! — gewiß!— von harter Anstrengung und Mühe abgearbeiteten Nerven dereinst unter ihren Grabeshügeln ruhen werden, dann mag die Nachwelt über unsere Amtsführungen strenge Prüfungen anstellen!! — Vieles! — vieles wird der scharfsichtigste Forscher der Geschichte nicht erfahren — nicht finden, — weil es der große Vergelter auf den Belohnungstag aufgehoben und verborgen hat! — Vieles wird man auch in schiefem Licht ansehen und falsch beurteilen —! Und abermal über vielem wird man uns hoch preisen, an dem wir den wenigsten Anteil hatten —! Geht nur die nützliche Anstalt selbst ihrem hohen Ziel entgegen, so ist alles Übrige gleichgültig.

Die *Churfürstliche physikalisch-ökonomische Gesellschaft,*[153] eigentlich aber der Direktor des ganzen Instituts, der *Herr Regierungsrat Medikus,*[154] hatte den ersten Gedanken, die Staatswirtschaft in ihrem ganzen Umfang zu entwickeln und unserem Hof den Plan dazu vorzulegen, damit Lehrer für jedes Fach derselben angestellt würden. — Da nun der erste Sitz dieser Gesellschaft in der Churpfälzischen Oberamtsstadt *Lautern* im *Westrich*[155] war, so entstand auch dort natürlicher Weise die bekannte *Kameral Hohe Schule.* Die Geschichte derselben ist in den Bemerkungen der Gesellschaft stückweise eingerückt worden. Es wäre Überfluß, sie hier einzuschalten, besonders da sie auch nicht in den Plan meiner Rede gehört.[156]

Dort war der erste Zweck, die *Landwirtschaft* empor zubringen. Zu dem Ende berief man den ersten Lehrer*. Dieser sollte einstweilen mit den Hilfswissenschaften und der Landwirtschaft den Anfang machen. Sobald es die Umstände erlaubten, berief man auch den zweiten Professor**, welchem die *Polizei-, Finanz- und Staatswirtschaft* aufgetragen wurde. Beide redliche und würdige Männer teilten sich nun in das ganz weitläuftige Fach solang, bis es möglich war, den dritten Lehrer anzustellen.[159] Dieser übernahm nun sämtliche Gewerbwissenschaften, und so wurden nun die Grenzen eines jeden Fachs genau bestimmt und berichtigt. Der erste schränkte sich auf die Hilfswissenschaften ein; der zweite behielt das eigentliche Fach der Staatswirtschaft, und der dritte füllte mit den Gewerbwissenschaften den Raum zwischen beiden aus.

Unsers Herrn Direktors vorzügliche und unsere eigene Sorgen, Mühe und Kampf mit oft unüberwindlich scheinenden Schwierigkeiten — den besonderen Anteil, den ein jeder von uns an der Gründung und Ausbildung dieser allerersten *systematischen* Staatswirtschafts hohen Schule genommen und ausgeführt hat, verschweige ich billig. Aber das muß ich vor aller Welt laut

---

* Herrn Hofrat Sukow.[157]

** Herrn Hofrat Schmid, der dritte Lehrer war ich selbst.[158]

sagen, daß Se. Excellenz der dirigirende Herr Staats- und Konferenzminister *Freiherr von Oberndorf*[160] der Mann gewesen, der durch die treueste Beihilfe und Unterstützung des Herren geheimen Staatsrats *von Hertling*[161] den ganzen Bau, in der Entfernung von unserem gnädigsten Landesvater und Stifter, ganz nach dem Willen und mit dem höchsten Beifall *Se. Churfürstlichen Durchlaucht* ausgeführt und vollendet hat! — Alles weitere wohl verdiente Lob dieses unseres *Mäzens* überlasse ich den Empfindungen eines jeden rechtschaffenen Patrioten!

Zugleich würdigten uns Se. Hochfürstliche Durchlaucht der Herr *Herzog von Zweibrücken* Ihrer besondern Gnade: indem sich Höchstdieselben als Präsident an die Spitze stellten[162] und durch den Herrn Generalmajor *von Hauzenberg*[163] Ihre Stelle rühmlich vertreten ließen. Sogar unsere gnädigste und vielgeliebte Landesmutter begnügte sich nicht bloß mit Ihrem Beifall, sondern nahm den besonderen Charakter einer Protektorin unseres Instituts an. Durch diese erhabene und besondere Vorzüge unterstützt, entwickelte sich unsere junge Muse in dem waldigen *Austrasien*[164] bis zu dem Zeitpunkt, wo man sie würdig fand, auf unseren Pfälzischen Parnaß[165] zu versetzen.

Alles dieses ist in dem siebziger Jahrzehent[166] angefangen und vollendet worden. Die Versetzung der Kameral Hohen Schule nach *Heidelberg* aber geschah im Jahr 1784 im Herbst.

Unsere Eintracht und einmütiges Bestreben, das Werk zu vollenden, brachte uns dem Ziel immer näher. Das bekannte Concordia Res Parvae Crescunt[167] war unser gemeinschaftlicher Wahlspruch, dem wir immer getreu blieben. Wir schlossen unsere Fächer immer näher und immer kettenförmiger an einander an. Die Erfahrung, das Nachdenken und das Studium der Geschichte, dieser besten Lehrerin der Menschen, bewahrten uns vor aller Projektensucht. — Wir fanden den glücklichen Mittelweg zwischen dem gewöhnlichen *Kameralschlendrian* und der *Physiokratie.* Jener schmiedet so oft die Menschenfreiheit, dies Heiligtum der Völker, in Fesseln. Er wendet gewöhnlich auf den armen Landmann an, was *Virgil* nicht mit vollem Recht von den Bienen sagt:

> Quo Magis Exhaustae Fuerint, Hoc Acrius Omnes
> Incumbunt Generis Lapsi Farcire Ruinas.[168]

Fürchterlich und des strengsten asiatischen Despotismus ist dieser Satz würdig!!! —

Hingegen ist die *Physiokratie* zwar ein engelschönes Mädchen, aber zu allem Unglück eine Vestalin[169] — die unvermögend ist, einen ehrlichen Mann glücklich zu machen!! —

Die physiokratischen Schriften eines *Mirabeau,*[170] *Quesnels*[171] und besonders des wohlmeinenden und edeldenkenden *Schlettweins,*[172] dieses politischen *Lavaters,*[173] fingen auch in *Lautern* an, unter unseren Akademikern bekannt zu werden. Dadurch fanden wir Anlaß, ihre Grundsätze zu prüfen und unser System zu berichtigen.[174] Unsere junge Muse sollte nicht zur Nonne eingekleidet werden: wir suchten Völkern und Staaten eine fruchtbare Mutter der Glückseligkeit aus ihr zu bilden! — Fürsten sollten sich mit ihr trauen lassen und lauter Schuzengel für ihre Untertanen mit ihr erzeugen. Daher bemühten wir uns, ihr die Schönheit der Physiokratie zu geben. Wir legten ihr das griechische Gewand an, aber wir erzogen sie zur würdigen Gattin für Landesväter!!!

Um Sie aber, meine verehrungswürdigsten Zuhörer, auch mit dem Geist und Charakter unserer Muse näher bekannt zu machen und ihr Ihren ganzen Beifall, Ihre Liebe zu erwerben, so erlauben Sie mir, die wesentlichsten Grundsätze unsers Systems auszusondern und vorzutragen.

Jeder Mensch, der in der guten Welt Gottes auf seinem wahren Standpunkt steht, hat eine Nahrungsquelle. — Diese ist sein Eigentum — das nun freilich auf mancherlei Weise modifiziert und eingeschränkt ist. *Dieses Eigentum ist heilig!!!* — Von ihm hängt das ganze Wohl des Besitzers ab.

Zum ganzen Umfang des Glücks gehört Unterstützung. — Darum lebt der Mensch in gesellschaftlicher Verbindung! — Sein Streben nach Glückseligkeit bekommt auch zugleich seine Richtung durch Beispiele, und diese gibt die Gesellschaft! — Wer diese also verbessert, der nähert sich dem Adel der Gottheit, und wer sie verschlimmert, der ist ein Satan.!!! —.

Eben die gesellschaftliche Verbindung und das Streben nach Glückseligkeit in derselben erweckt die Ehre — diese große Triebfeder der Wirksamkeit! —. Der Mensch wird edel — groß

— er wird *Alles.* — Er eilt mit Adlersflug seiner Vollkommenheit entgegen, wenn er aufmerksam auf seine *wahre Ehre* gemacht wird! — Diese ist also ein eben so heiliges und verletzliches Eigentum eines jeden Mannes und Erwerbers, als seine Nahrungsquelle!!!

Druck, Fessel und Zwang verdrängen alles Ehrgefühl! — Wer als Sklave behandelt wird, der geht mit Riesenschritten der höchsten Tiefe der Niedrigkeit und der Verächtlichkeit entgegen. — Alle seine Nerven erschlaffen. — Er hat keine Spannkraft mehr; weder zu erwerben, noch sich zu vervollkommnen! — Er genießt, was zu genießen ist, denn er hat keine Ehre mehr zu verlieren!!! —

O ihr Regenten und Führer der Völker! — Kränkt Euren Untertanen Eigentum, Ehre und Freiheit nicht!! — Das sind Pupillengelder!!![175] Wer sie verpraßt oder verschleudert — brütet sich in seinem Herzen einen nagenden Wurm aus — der mit jeder Morgenröte sich verjüngt — in Ewigkeit nicht stirbt — und Himmelsfreuden in Hölle verwandelt!!! —!

Aber was ist Ehre? — Was ist Freiheit? —! *Die Ehre* ist der Wert eines Menschen, den ihm die bürgerliche Gesellschaft beilegt. — Daher ist *Standesehre* der Wert der Geburt oder des Dienstes — *Geldesehre* der Wert des Vermögens, mit Geld zu wirken, — *wahre Ehre* der Wert der Nutzstiftung in der Gesellschaft — und *falsche Ehre* der Wert des Ansehens ohne Nutzstiftung.

Die *wahre Menschenfreiheit* aber besteht in der vollkommenen Willkür zu wirken, zu tun und zu lassen — aber, man merke wohl! — solang als es Eigentum, Ehre und die nämliche Freiheit eines andern Glieds der bürgerlichen Gesellschaft nicht kränkt und einschränkt!!!

Das *Recht der Natur* und das darauf gegründete angewandte Staats- und bürgerliche Recht (aber auch nur diese allein) setzen der Freiheit ihre geziemende Schranken. — Was darüber ist, das ist vom Übel! —

Da die Menschen je nach dem Grad ihrer Kraft frei zu wirken suchen und auf die Rechte der Freiheit selten Rücksicht nehmen, so ist eine *hinlänglich starke Gegenkraft* nötig, die jeden einzelnen Bürger, den ihr die Vorsehung anvertraut hat, in seinem Eigentum, in seiner Ehre und Freiheit schützt. Diese Kraft ist das große Pfund, welches der Allherrscher dem Regenten, seinen Ministern und Werkzeugen anvertraut hat!!! — Vermöge derselben schützen und erhalten sie den Staat in seinem wirklichen Zustand. — Geschieht aber weiter nichts, so ist er in Ansehung seiner Beglückung sich selbst überlassen.

Der Mensch ist nach seinem *ökonomischen* und *moralischen* Zustand eine immer fortschreitenden Vervollkommnung fähig. — Die Mittel zu dieser doppelten Glückseligkeit liegen im rechten Gebrauch *der Nahrungsquelle, der Ehre* und *der Freiheit.* — Alle Pflichten, die ihm Gott in der Natur und der Religion vorschreibt, zielen dahin, ihn auf dem rechten Wege zu jenem doppelten Zweck zu leiten. — Aber sie zwingen ihn nicht! — So heilig sind die Rechte der Menschenfreiheit, daß Gott selbst sie nicht einmal kränken mag — sondern nur wohlmeinenden Rat erteilt!!! — ![176]

Je mehr glückliche Menschen zu einem Staat vereinigt sind, desto glücklicher sind der Regent und die Untertanen. — Dies ist der Grundsatz der Bevölkerung! — Das Wohl des Ganzen verhält sich nicht wie die Zahl der Menschen, sondern wie die Zahl der *mit Glück sich beschäftigenden* Menschen. — Daher sind die bloßen Bevölkerungsmittel bei weitem nicht hinlänglich.

Ist es nun die Pflicht eines jeden einzelnen Bürgers, seine *ökonomische* und *moralische* Glückseligkeit nach allen Kräften zu befördern, wie vielmehr muß es dann nicht die Pflicht des Haupts des ganzen Staats oder des Regenten und seiner Werkzeuge sein? — Ferner:

Da die engen Schranken des menschlichen Verstandes und der überwiegende Hang der Sinnlichkeit durchgehends den Trieb zur Vervollkommnung gerade von der Glückseligkeit *abführen,* — so folgt wiederum unwidersprechlich, daß diejenigen, denen die Gewalt anvertraut ist, Eigentum, Ehre und Freiheit in den gebührenden Schranken zu halten, auch die Pflicht auf sich haben müssen, den einzelnen und allgemeinen Wirkungskreis ihrer Untertanen vermittelst des Eigentums, der Ehre und der Freiheit *zur wahren Glückseligkeit* zu leiten!!!

Was ich bisher Eigentum genannt habe, ist die Nahrungsquelle eines jeden Erwerbers. — Zusammengenommen heißen sie die *Gewerbe.* — Diese sind dreifach: die *Landwirtschaft,* nämlich die allgemeine, die *Fabriken* oder *Handwerker* und die *Handlung.*

Unter dem Wort *Ehre* verstehe ich die *wahre Ehre:* — wenn nämlich jeder Erwerber dahin geführt wird, daß er in der Erfüllung seines Berufes und in der Beglückung seiner selbst und der bürgerlichen Gesellschaft durch denselben allein Ehre und Ruhm sucht.

Freiheit nenne ich endlich in bestimmterem Sinne *vollkommene uneingeschränkte Gewerbfreiheit,* in so fern ein Erwerber den andern nicht in eben dieser Freiheit hindert!!! Hier müssen die positiven Gesetze so sparsam gebraucht werden, als möglich ist!!: Der Fürst kann wohl befehlen, daß ein Untertan den andern nicht kränken soll — das ist Recht der Natur. — Aber wenn er Gesetze zur Beglückung vorschreiben will, so entsteht einmal erst die große Frage: Ob auch wirklich die Befolgung dieser Gesetze glücklich mache? — Wäre dies nicht, so würde ohnehin der Zweck nicht erreicht. — Und sind sie auch wirklich gut, so fühlt sich der gewiß nicht glücklich, der *gezwungen* wird, es zu sein!! — Dies ist politische Intoleranz, — welche eben so grausame Folgen hat, als die geistliche!!

Nur dann sind positive Gesetze und Strafen anwendbar, wenn der größte Teil der Untertanen den wahren Weg der Beglückung einschlägt und dann von den Übrigen in seiner Gewerbefreiheit gehindert wird. Sonst gibt es auch noch einzelne Ausnahmen von der Regel, die aber lokal sind, und jedesmal nach *dem Naturrecht*[177] und den Grundsätzen *der beschäftigten Bevölkerung, der wahren Ehre,* und *der Freiheit* entschieden werden müssen.

Sehen Sie, verehrungswürdigste Zuhörer, dies sind die elementar Begriffe unserer *großen und allgemeinen Polizei,*[178] dem ersten Teil unserer Staatswirtschaft.

Diese Polizei gehörig zu verwalten, muß jeder Staatsbediente, der ihr gewidmet wird, erst sämtliche Gewerbe mit ihren Hilfswissenschaften studieren. Dann zeigt ihm die *Gewerbepolizei,* wie er alle drei Gewerbe (der wahren Ehre und Freiheit unbeschadet) durch kluge Verwaltung dieser Ehre und Freiheit, durch

Beispiele, durch Belohnungen, durch Rat und Tat, durch kluge Anstalten, durch Aufklärungsmittel und zuweilen, wo es an seinem Platz ist, durch weise Gesetze, nach und nach zur höchsten Stufe der beschäftigten Bevölkerung, das ist: zur *Glückseligkeit* führen müssen.

Wahrlich! Wahrlich! Eine schwere Wissenschaft, — wenn sie durch und durch ausführbar und ganz ohne leere Projekte vorgetragen werden soll!!! — Und doch ist diese Eigenschaft so wesentlich nötig, daß ohne sie unsere Lehrstühle wahre Quellen des Unglücks für Fürsten und Völker werden müssen! — Hier waren bloß *Geschichte, Erfahrung* und die *heiligen Rechte der Menschheit* unsere Führer —. Die gewöhnliche Stadt- und Dorfpolizei, diese zur Sicherheit, zur Bequemlichkeit und zum Wohlbefinden so nützliche Manipulation der gesetzgebenden Gewalt, wird an obige *Gewerbpolizei* angeknüpft. Sie gründet sich ebenfalls auf Handhabung des *Eigentums,* der *Ehre* und der *Freiheit* eines jeden einzelnen Bürgers.

Die zweckgemäße Unterhaltung des Personals der gesetzgebenden Gewalt, aller ihrer Werkzeuge und aller ihrer Anstalten, die zum Wohl des Ganzen unternommen werden, erfordern eine *Aufwandssumme,* die notwendig von denen bestritten werden muß, um deren Willen der Aufwand gemacht worden —! Und zwar in dem Verhältnis, in welchem jeder die Wohltat der gesetzgebenden Gewalt genießt!! —

Die gewöhnliche Quellen der Staatseinkünfte (Regalien, Domänen, Schatullgüter, u. d. gl.) nach den besten Regeln der Wirtschaft gehörig zu verwalten und die Summe, welche dann noch zu obigem *Staatsaufwand* fehlt, auf alle drei Gewerbeklassen recht zu verteilen und auf die nützlichste Weise zu heben, das lehren wir in der *Finanzwissenschaft.* Diese hält es für ihre Pflicht, auch den Regenten, seinen Hof, und alle seine Werkzeuge zu beglücken. — Sie fordert nicht, wie jene vestalische Nonne, die *Physiokratie,* daß der Fürst nur aus dem, was der Bauer (und zwar *nur* der Bauer) übrig behält, was er wohl entbehren kann, seine Einkünfte ziehen und sich, er wolle oder wolle nicht, damit begnügen soll! — Dieser Trugschluß gründet sich auf den gleißenden Scheingrund: *Verzehre nicht mehr als du erwirbst!* — Wie! Wenn einer nun gar nichts erwürbe, ist dann dieser Satz anwendbar? — Nein! Die wahre Staatswirtschaftslehre kehrt den Satz um. Sie sagt: *Erwirb so viel, als dir zu verzehren nötig und nützlich ist!!* —

Der Regent muß als Regent glücklich leben können. Dann aber muß er auch sein wahres Glück kennen. Er muß tief empfinden, daß das Haupt unmöglich gesund bleiben könne, wenn alle Säfte des Körpers zu dem Gehirn steigen. Das gibt politische Schlagflüsse!!! — Kaiserliche Kommissionen!!![179] — u. d. gl.

Wenn daher die Finanzverwaltung die Aufwandssumme in die Kasse des Regenten geliefert hat, so hat dieser mit seinem Hof, Ministern, Räten und Landbeamten nun auch wichtige Pflichten auf sich, damit für jene Summe, die manchmal aus Schweiß und Blut der armen Untertanen besteht, auch alles das geleistet werde, was die heiligen Gesetze des Schutzes und der Beglückung erfordern.

Wer die strengste und gerechteste Vergeltung in jener Welt leugnet,[180] der widerspricht seiner eigenen Existenz und aller gesunden Vernunft. — Ist dies aber, Gott! — welche unnennbare Seligkeit muß dann auf einen treuen Landesvater, auf treue und rechtschaffene Minister und Beamten warten! — Wie groß wird ihr Lohn sein! — Wie es aber auch dem Gegenteil, der sich mit den feigen Blättern der Menschenschwäche, der Mode und dergleichen, decken und durchhelfen will, gehen werde, das steht mit Flammenschrift in jedem Herzen tief eingegraben, das sein moralisches Gefühl noch nicht ganz verloren hat! — Die Regeln also, welche Fürsten und Dienerschaft in Anwendung der Einkünfte des Staats zu beobachten haben, lehren wir in der *eigentlichen* Staatswirtschaft.

Dieses sind die Grundzüge des Charakters unserer Muse! — Ihr ganzes Bestreben geht dahin, durch blühende Gewerbe mit Aufrechthaltung der wahren Ehre und der Freiheit den Staat nützlich zu bevölkern, und also durch die höchstmögliche Menge glücklicher Untertanen denselben *intensive*[181] auf den höchsten Grad der Stärke zu führen, der in demselben möglich ist — dann durch dieses allgemeine Wohl auch den Regenten mit seiner Familie, Hof und gesamten Dienerschaft zu beglücken und ihm eben den Reichtum, die Macht, die Ehre und die Freiheit zu verschaffen, die ihm in dem Verhältnis der Glückseligkeit seines Staats zukommen.

Da steht nun die Göttin in aller ihrer Schönheit. Sie gefällt jedem wahren Menschenfreund, und selbst der Neider weiß nichts an ihr auszusetzen. Aber! — Sind ihre wohltätigen Gesetze ausführbar? — Ist ihre Natur für die Welt unter dem Monde nicht zu himmlisch? — Ist sie nicht vielmehr ein Wesen, das man nur bewundern und verehren, aber zur Leitung in Kabinetten und Kollegien nicht gebrauchen kann? — Das sind große und den wahren Patrioten beängstigende Fragen! — ! Gottlob! daß ich sie beruhigend beantworten kann! —

Man werfe nur einmal einen flüchtigen Blick auf die übrigen Wissenschaften! —: Die *Gottsgelehrtheit,* diese Bilderin des Verstandes und Herzens — diese große Führerin zur höchsten Vollkommenheit und Glückseligkeit des menschlichen Wesens, hat auch in ihrem reinsten Licht, in ihrem aufgeklärtesten Zustand, noch lange das nicht geleistet, was sie ihrer Natur und Bestimmung nach leisten könnte. — Aber welcher vernünftiger Mann wird sie darum für unnütz halten — sie von ihren Lehrstühlen verdrängen wollen? — Wie lange hat schon die *Rechtsgelehrtheit* sich mit Bestimmung und Erklärung der Gesetze beschäftigt! — Sind darum der Prozesse und der Streithändel weniger — und ist des Friedens auf Erden mehr geworden? — Und doch ist sie uns unentbehrlich!

Sind während der höchsten Kultur der *Arzneikunde* nicht mehr so viele Kranken — und ist das Leben der Menschen allenthalben auf seine natürliche Stufe gestiegen? — Und doch, wer sucht nicht den Arzt auf, wenn er krank ist? —. Hat die *Weltweisheit* nun nach so vielen Hauptveränderungen Licht in die Köpfe gebracht? — Ist nach der verbannten scholastischen Philosophie[182] die Gewißheit von der Existenz und vom Wesen Gottes und seiner Werke, von dem wahren Beglückungsweg der Menschen, mit einem Wort — ist Verstand und Weisheit größer geworden? — Woher kommt es denn, daß allwaltender Zweifel gleich einem Pestferment allgegenwärtig wütet? — Und doch ist die Weltweisheit mit Recht im ruhigen Besitz ihrer Lehrstühle —.

Wollte man den Nutzen, den bisher die Staatswirtschaft in der Verbesserung *der Landwirtschaft* und *aller Gewerbe* unter der langen und ruhigen Regierung unseres teuersten Kurfürsten, *vorzüglich* in der *Pfalz* und dem Herzogtum *Berg* und in mehreren deutschen Staaten so glorwürdig zu Stand gebracht hat, gegen die Vorteile, welche die übrigen Fakultäten während der Zeit der Menschheit zugewendet haben, auf der Waage des Heiligtums abwägen, so würde meine junge Muse wahrlich nicht zu leicht gefunden werden. Die leere und mißlungene Projekte unreifer Ökonomen[183] kommen so wenig auf unsere Rechnung als die Schwärmerei,[184] Rabbulisterei,[185] Quacksalberei[186] und die falsche hermetische Philosophie[187] auf die Rechnung der ehrwürdigen vier Fakultäten, die seit der Gründung der *Sorbonne*[188] — und nächst ihr unserer eisgrauen *Ruperte* — viele tausend bewährter Menschenlehrer, Staatsdiener, Ärzte und Weltweisen den Nationen *Europens* zur Erleuchtung und zum Segen geschenkt haben.

Unser Wissen ist und bleibt immer Stückwerk, so lang unsere Seele aus ihrem dunklen Kerker, durch fünf enge Ritzen ihr ganzes Licht erhält!! — und an diesen Erdball, diesen Tropfen im Eimer angefesselt bleibt. — Unser Gang ist träge, und es ist nur Dämmerung um uns her. — Indessen läßt eine jede Wissenschaft, die aus der Wahrheit geboren ist, in jedem Schritt wehende Flammen zurück, die den zielbegierigen Wanderer führen. *Ihr Weg heißt Erfahrung!!!* — Wir wünschen immer mehr zu wissen und so schleppt sich jeder mit seinen *Wünschen.* — Auch jeder Staat ringt nach Erfüllung der Seinigen. — Aber der Weise sieht tief im Licht der Wahrheit ein, daß dieses unerfüllte Sehnen Ballast sei, der dem Schiffe seinen geraden Gang durch Sturm und Wellen sichert —! Indessen wirkt er mutig fort. Denn er weiß, daß sich der größte Teil der Blüten und Früchte erst hinter der großen Gardine, die Licht und Unsterblichkeit von unserer Dämmerung sondert, entwickeln wird.

Erlauchte, edle Männer! — Hochansehnliche Versammlung! Heute, da verschiedene der vornehmsten Gelehrten *Deutschlands* sowie der Väter unserer *Pfalz* und ihres Musensitzes das große und denkwürdige hundertjährige Fest unserer hohen Schule mit uns begehen und uns durch ihre Gegenwart hoch ehren und erfreuen, heute sollte ich im Namen unserer Staatswirtschaftlichen Hohen Schule, die mit der Universität vereinigt ist, durch eine feierliche Rede das Fest erhöhen helfen und unsere Empfindungen öffentlich bezeugen. — Meine Schwäche in Erfüllung dieses Auftrags fühle ich tief. Sie aber mit vielen Worten zu entschuldigen, wäre vielleicht der größte Ruhm den ich mir beilegen könnte.

Wie konnte ich aber unser Jubiläum feierlicher begehen, als wenn ich der Welt bei dieser so seltenen und erhabenen Gelegenheit Rechenschaft von dem höchst wichtigen und äußerst nützlichen Zuwachs ablegte, den die älteste aller deutschen Universitäten durch die Vereinigung der staatswirtschaftlichen Muse mit den Ihrigen seit wenigen Jahren erhalten hat? — Die eigentliche Lage unserer guten Sache war, unangesehen aller unserer Bemühungen, noch nie Deutschlands Vätern im hellsten Lichte vorgetragen worden. — Heute suchte ich diese schöne Gelegenheit, die alle hundert Jahre nur einmal kommt, zu benutzen. — Meine junge Muse sollte ihr Glaubensbekenntnis, ihre Probe ablegen, um dieser erhabenen Versammlung Anlaß zur Entscheidung ihres Werts zu geben. Sie bedarf meiner Vorsprache nun nicht weiter. Sie mag nun durch Taten der Aufklärung und Menschenbeglückung sprechen! — *Die Gottheit spricht in Ihren Werken!!* — Wer Ihr ähnlich werden will, der darf sich nicht mit leerem Schall begnügen. — Er handle!!!

Nun hat mich der Gang meiner Rede und die Zeit allmählich zum hohen Altar ins dunkle Heiligtum geführt, wo ich jetzt dem, der da ist — der war — und der sein wird — dem, der in einem unzugänglichen Licht wohnt — und dem, dessen flammendes Auge die geheimsten Winkel aller Herzen erforscht,[189] für meine Brüder und mich ein wohlgefälliges Opfer bringen und die feurigsten Wünsche gleich himmelansteigendem Weihrauch wolkenwärts senden soll.

Es leben Vater *Carl Theodor* und Mutter *Elisabeth!!* — Gott schiebe das Ziel Ihres Übergangs in die Welt der Verklärung so weit hin, als es das höchste Wohl Ihrer Kurfürstlichen Durchlauchten und das unsrige befördern kann!! — Er lasse uns auch in wenigen Jahren Höchstdero Regierungs-Jubiläum mit ruhiger und beseeligender Wonne feiern![190] — *Weisheit* — *Völkerglück* — und *Gerechtigkeit* walte fernerhin im Kabinet des erhabenen

Greisen[191] — in seinem erlauchten Ministerio — und in allen hohen Dikasterien[192] und Ratstuben seiner weitläufigen Staaten!

Das *hohe Pfalzgräfliche Haus* blühe fernerhin im Segen! —Und es müsse *Carl Theodors* Fürstenstuhl nie an einem Besitzer fehlen, der seine höchste Wonne im Glück seiner Völker findet!!!

Diese Gesinnung belebe auch fernerhin *Se. Excellenz, unsern Dirigirenden Herrn Staats- und Konferenzminister Freiherrn von Oberndorf,*[193] als welche bei unserer Jubelfeier die höchste Stelle vertreten. Weisheit aus der Höhe — Kraft und Stärke — umstrahle Sie in Ihrem hohen und erhabenen Amt! — Sie sollen ferner die Freude des Volks sein — und *Seelenruhe — tiefer Gottesfrieden* glänze dereinst über Ihrem grauen Scheitel! — Den Herren Oberkuratoren[194] und dem Herren Kanzler[195] wünsche ich jedem in seinem Amt, was ihm zur vollkommensten Ausführung der edelsten Handlungen notwendig ist! — Gott der Allerhöchste segne Sie!!

Trüb, traurig und blutig war der Anfang des verflossenen Jahrhunderts unserer Universität! — Betäubt von den wiederholten Donnerschlägen, schlummerten unsere Musen lange, bis sie Vater *Carl Theodor* wieder weckte — Ruhig und segensvoll glänzt uns jetzt die Morgenröte des kommenden Tages entgegen! — Der Allherrscher befestige Liebe und Eintracht unter uns und lasse die heilige Duldung immer mehr und mehr unsere Führerin werden!! — Glanz, Licht, Weisheit und wahre Aufklärung[196] strahle aus dem ewigen Osten, aus der Urquelle alles Lichts,[197] auf alle unsere geliebten und würdigen Lehrer herab; und keiner von uns verschließe seine Augen diesen wohltätigen Strahlen!!! — Die anbetungswürdige Vorsehung führe jedem verwaisten Katheder auf dem rechten Wege Männer zu, die mit Feuer und Geist[198] getauft sind! —

Ruperta müsse im kommenden Jahrhundert dem Vaterland und dem gesamten *Deutschland* Lehrer und Menschenbeglücker in Menge, wie Tautropfen aus dem schönsten Maimorgen, erzeugen! — Nie werde sie wieder Witwe! — Nie streue wieder wütender Krieg die Asche ihrer Lehrer auf ihren trauernden Scheitel und die modernden Gebeine ihrer Fürsten auf ihre Gassen![119] — Nie wehe dereinst über unsere Grabeshügel die

Stimme der Verwüstung — und die Wehklage unglücklicher Bürger!! — Es blühe *Ruperta* mit immerwachsender Kraft; und sie feiere dann erst ihr letztes Jubiläum, wann unser Planet zu seiner Verwandlung reif ist!!! —

Allen hohen und niedern Anwesenden wünsche ich von ganzer Seele volles Gedeihen! — Den benachbarten *Reichsstädten, Ständen* und *Kollegien,* die uns mit Ihren hochansehnlichen Deputierten beehrt und erfreut haben, lasse *Jehovah* mit jedem Morgen des folgenden Jahrhunderts[199] aus dem Reichtum seiner Herrlichkeit alles zufließen, was Völker und Staaten und Gesellschaften und Hausväter froh und dauerhaft glücklich macht! —

Allen Schwesteruniversitäten Deutschlands — besonders denen, die unser Jubiläum durch die Gegenwart Ihrer vortrefflichen Mitglieder verherrlichen, wünsche ich mit voller wahrer Brudertreue alles, was ich unserer *Ruperta* gewünscht habe.

Uns — uns Vorsteher und Lehrer der staatswirtschaftlichen Lehrstühle, umstrahle Licht und Kraft zu fernerer Ausbildung unserer vortrefflichen Muse.

Großer Weltregent! Lasse heut über hundert Jahr meinen Nachfolger dir mit voller Seele für die Erfüllung aller meiner Wünsche danken können!!! *Hochansehnliche Versammlung! lebe wohl!*

Anmerkungen

(1) Jahrelang hielt das Tauziehen um die Verlegung der Kameral Hohen Schule an; siehe auch Lebensgeschichte 357 f. und 664. Endlich wurde diese im Herbst 1784 von Kaiserslautern nach Heidelberg verpflanzt. Als Staatswirtschafts Hohe Schule behielt sie eine bedingte Selbständigkeit unter dem Dach der Philosophischen (nicht der Juristischen!) Fakultät.

(2) Die Universität Heidelberg feierte vom 6. bis 9. November 1786 ihr Vierhundertjahr-Jubiläum. Kurfürst *Karl Theodor* hatte zu diesem Anlaß eine ansehnliche Summe für die Feierlichkeiten ausgeworfen. Es ergingen Einladungen an alle Universitäten. Eine große Schar von Gelehrten, Abgeordneten, Regierungsvertretern und Beamten war nach Heidelberg gekommen.

(3) Die einzelnen Fakultäten benannten den jeweiligen Festredner aus ihrer Mitte. Für die Staatswirtschafts Hohe Schule fiel die Wahl auf den damals 46jährigen Professor Jung-Stilling. War er doch durch seine literarischen Arbeiten der beim breiten Publikum bekannteste der Lehrenden dieser Abteilung.

(4) Der Tag der Rede war ein feuchtkalter Novembertag. Jung-Stilling war der letzte von fünf Festrednern. Vor ihm sprachen die Vertreter der vier alteingesessenen Fakultäten. Sie hielten wohlgesetzte, aber in erster Linie wohl mehr für den späteren Druck abgefaßte Vorträge. Trotz reichlich eingestreuten schmückenden Beiwerks wirkten sie sicher auf die Hörer in ihrer Gesamtheit fade und ermüdend (siehe die Vorträge im einzelnen in der Jubelschrift).

(5) Für Jung-Stilling als dem letzten der Referenten war die Ausgangslage denkbar ungünstig. Er mußte der schläfrigen, durch die Vorträge seiner Vorredner abgestumpften Festversammlung die Vorteile der Staatswissenschaft vor Augen stellen. Die meisten der Akademiker dürften gegenüber dieser neuen Disziplin auch noch voller Vorurteile gewesen sein. Man sah zu jener Zeit die Kameralisten weithin als Halbgebildete an; eine boshafte Bemerkung des Kanzlers *von Ludewig* aus Halle (siehe diese in Anm. 140,2) machte allenthalben die Runde.

(6) Jung-Stilling meisterte die Lage hervorragend. Zunächst einmal sprach er deutsch. Die ersten Worte seiner Rede waren sicher ein denkwürdiger Augenblick. Denn alle Vorträge des Tages wurden bis dahin in Latein gehalten. Weiter sprach er ein reines Deutsch: es finden sich keine (der auch zu seiner Zeit in „gelehrten" Kreisen überreichlich eingestreuten, modischen) Fremdwörter. Sodann sprach er in kurzen, faßlichen Abschnitten. Endlich dürfte er hier seine angeborene Sprech-Gewandtheit und seine klangreiche, wohllautige Stimme (siehe Lebensgeschichte 662 und 679) voll zur Geltung gebracht haben. Der geschriebene Text läßt dies an vielen Stellen durchscheinen.

(7) Der Erfolg der Festrede war selbst für Jung-Stilling überraschend; siehe Lebensgeschichte 429. Schnöde Nörgler meinten, die Festversammlung habe gar nicht Jung-Stilling zugeklatscht. Vielmehr sei man froh gewesen, daß der langen Reden nun ein Ende sei. Zugegeben: auch das mag eine Rolle gespielt haben. Aber Jung-Stilling vermerkt ausdrücklich, daß ihm dieser Vortrag viel persönliche Zuneigung eingebracht habe. „Von dieser Zeit an genoß Stilling die Liebe und die Achtung aller vornehmen Pfälzer in großem Maaß" (Lebensgeschichte 429).

(8) Es ist naheliegend, daß Jung-Stilling den Hauptgedanken seiner Festrede mit dem Direktor der Staatswirtschafts Hohen Schule, *Friedrich Casimir Medicus* (siehe Anm. 42,7 und 154) abgesprochen hat. Beim Eingehen auf die Geschichte der Kameralwissenschaften und deren Wertung sind Entsprechungen zu einer bezüglichen Schrift von *Medicus* augenscheinlich. Unverkennbar sind auch maurerische Anklänge;

Jung-Stilling trat in Kaiserslautern der Loge bei. Trotzdem erweist sich die Jubelrede in allem als Jung-Stilling eigentümlich. Sie ist ein beredeter Ausdruck seiner vielschichtigen Persönlichkeit.

[110] Siehe Hiob 11, 17; Jesaija 30, 26.

[111] Ruperta = Universität Heidelberg; so genannt nach ihrem Stifter, Kurfürst *Ruprecht I.* von der Pfalz (1309-1390), der sie im Jahre 1386 gründete.

[112] Apoll = Apollon = griechischer Gott des Lichtes und der Sonne sowie der Künste und Wissenschaften; Sohn des Zeus und der Leto. Als Lichtgott wurde er mit einem Kranz von Strahlen hinter seinem Haupte dargestellt.

Der Direktor der Staatswirtschafts Hohen Schule, *Friedrich Casimir Medicus* (siehe Anm. 42, 8), hatte Stilling eindringlich ermahnt, in der Pfalz „nicht zu viel von der Religion zu reden, sondern nur durch Rechtschaffenheit und gute Handlungen sein Licht leuchten zu lassen" (Lebensgeschichte 370). Deshalb bezieht sich Stilling auch in dieser Rede wiederholt auf die (griechische) Mythologie.

[113] Stilling meint hier weniger den Streit zwischen den Fakultäten (den es gleichwohl oft genug gab), als vielmehr Feindseligkeiten innert der jeweiligen Gelehrten-Zünfte, an denen die Geschichte der Universität Heidelberg (freilich auch die anderer Hochschulen) reich ist.

Dies betraf vor allem die *Theologen* (Hader zwischen Katholiken, Lutheranern und Reformierten; noch die Berufung von Stillings lutherischem Schwiegersohn *Friedrich Heinrich Christian Schwarz* an die theologische Fakultät im Jahre 1804 erregte den Zorn der Reformierten), die *Philosophen* (verschiedene Zänkereien um Lehrsysteme, die zu häßlichen Zwistigkeiten ausarteten), aber auch die *Juristen* (hier vor allem: positives, vom Monarchen gegebenes Recht gegen natürliches, den Menschen durch ihr Wesen, ihr Sosein zustehendes Recht).

[114] Im Jahre 1685 starb Kurfürst *Karl* von der Pfalz, Sohn des Kurfürsten *Karl I. Ludwig* (siehe Anm. 232) und reformierten Bekenntnisses. Mit ihm erlosch die seit 1559 in der Kurpfalz regierende Wittelsbacher Linie Pfalz-Simmern.

(1) Seine Erbländer fielen an Graf *Philipp Wilhelm* von Pfalz-Neuburg, katholischer Konfession, welcher bereits Jülich und Berg (siehe Anm. 3,1) besaß. Er führte bei dem Jubiläum 1686 den Vorsitz.

(2) Das Privatvermögen von Kurfürst *Karl* erbte seine Schwester *Elisabeth Charlotte (Lieselotte,* 1652-1722; siehe ADB 6, 28). Sie war mit dem *Herzog von Orléans,* dem Bruder von König *Ludwig XIV.* von Frankreich (siehe Anm. 235) vermählt. *Ludwig XIV.* nahm jedoch wider alles Recht auch die Erbländer für Frankreich in Anspruch. Dies veranlaßte ihn, Ende September 1688 die Pfalz zu besetzen. Das Kriegselend für die Pfalz dauerte bis zum Jahre 1697 fort.

(3) Kurfürst *Philipp Wilhelm* starb 1690 als Flüchtling in Wien. Er hinterließ als Nachfolger seinen Sohn *Johann Wilhelm II.*, volkstümlich: *Jan Wellem*, reg. 1679-1716). Dieser residierte in Düsseldorf (der Hauptstadt des Herzogtums Berg) und begründete den Ruf der Stadt als rheinisches Kulturzentrum. In Düsseldorf steht noch heute sein Standbild an bevorzugtem Platz (der auch nach ihm benannt ist). Auch andere Orte haben ihm bis heute Straßen zugenannt, so Remscheid und (das ehemals bergische) Köln-Mühlheim.

(4) Da *Johann Wilhelm II.* ohne Nachkommen starb, folgte ihm sein jüngerer Bruder *Karl Philipp*, der den Hof 1720 nach Mannheim verlegte. Als auch dieser 1742 kinderlos starb, fiel sein Besitz an seinen Vetter *Karl Theodor* aus der Wittelsbacher Linie Pfalz-Sulzbach; siehe Anm. 3 und 55,2c.

(5) Kurfürst *Karl Theodor* weilte im Jubeljahr 1786 bereits seit neun Jahren in München, da ihm durch Erbschaft auch das Herzogtum Bayern zugefallen war; siehe Anm. 3.

[115] Beschenkt mit doppeltem Segen = lange Zeit befürchtete man, daß das Haus Wittelsbach aussterben werde. Denn Kurfürst *Karl Theodor* hatte keine ehelichen Nachkommen (siehe Anm. 75) und auch dem Thronfolger *Karl II. August Christian*, Herzog von Zweibrücken, war der einzige Sohn bereits im Alter von acht Jahren gestorben; siehe Anm. 6,1.

(1) Am 1. August 1786 wurde die Gemahlin des Herzogs *Wilhelm* zu Landshut von einem Prinzen entbunden, der in der Taufe den Namen *Pius* erhielt. Pfalzgraf *Wilhelm* stammte aus der Linie Pfalz-Birkenfeld. Er heiratete 1780 in Mannheim die Schwester des Thronfolgers *Karl II. August Christian*, die Pfalzgräfin *Maria Anna* von Pfalz-Zweibrücken. Kurfürst *Karl Theodor* lud das Paar ein, im Schloß zu Landshut Wohnung zu nehmen und verlieh ihnen den Titel Herzog(in) von Bayern.

(2) Am 25. August desselben Jahres gebar die Gemahlin des Prinzen *Maximilian IV. Joseph* von Pfalz-Zweibrücken (siehe Anm. 6,2) einen Prinzen, den späteren König *Ludwig I.* von Bayern.

(3) Wegen dieser glücklichen Ereignisse wurden in den kurpfälzisch-bayrischen Gesamtlanden feierliche Gottesdienste gehalten und an allen Orten Freudenfeste gefeiert. Die Bevölkerung war der Sorge um allfällige Erbfolge-Kriege nach dem befürchteten Aussterben der Wittelsbacher enthoben. Siehe auch Lipowsky, Karl Theodor 273.

[116] Hundert Jahre später, beim Jubiläum 1886, waren die ganzen rechtsrheinischen Gebiete der Kurpfalz schon 83 Jahre lang dem Großherzogtum Baden mit der Hauptstadt Karlsruhe einverleibt. Die Universität Heidelberg wurde durch Großherzog *Carl Friedrich* von Baden (dessen Geheimer Hofrat in Geistlichen Sachen Jung-Stilling später werden sollte) neu organisiert; sie heißt seitdem *Ruperto-Carola.* — Die „Nachkommen des hohen Churhauses" regierten 1886 nunmehr als Könige von Bayern; sie besaßen bloß noch die linksrheinischen Gebiete

der Kurpfalz. Die Herzogtümer Berg und Jülich hatte Preußen erhalten. Die Markgrafschaft Bergen-op-Zoom und die Grafschaft Ravenstein waren den Niederlanden einverleibt.

117 Niederrhein = zu den Erblanden des Kurfürsten *Karl Theodor* von Pfalzbayern gehörte auch das Herzogtum Berg (mit der Hauptstadt Düsseldorf), das Herzogtum Jülich (nordöstlich von Aachen an der Rur; siehe Anm. 72), die Markgrafschaft Bergen-op-Zoom (an der Ostschelde, nördlich von Antwerpen) sowie die Grafschaft Ravenstein (an der Maas in Brabant); siehe auch Anm. 3,1.

118 Nicht auf das Jahr genau. König *Ludwig XIV.* (siehe Anm. 235) fiel im September 1688 in die Kurpfalz ein (Dritter Raubkrieg). Die Fürsten von Brandenburg, Lüneburg, Hessen-Kassel, Bayern und der Kaiser zogen Frankreich mit 82000 Mann entgegen. — Vogesus (richtiger: Vosegus) = die Vogesen; Gebirge, das sich nach Westen steil aus der Oberrheinischen Tiefebene erhebt.

119 Als *Ludwig XIV.* erkannte, daß die von ihm besetzten deutschen Gebiete nicht zu halten waren, zog er sich zurück; ließ jedoch zuvor alles greulich verwüsten. Etwa 1 200 Städte und Ortschaften legte der französische General *Ezéchiel Graf von Mélac* mit seinen Truppen auf ausdrücklichen Befehl von Paris in Asche, auch Worms und Speyer mit ihren Domen. Die Stadt Heidelberg mitsamt dem Schloß wurde im März 1689 zerstört.

Fürstenhügel = das Schloß steht auf einem hügeligen Nordhang des Königstuhls links des Neckars. — An heiliger Stätte = sicher meint Stilling *nicht* die alte Thingstätte; denn diese liegt auf dem Heiligenberg im Norden. Vielmehr wohl Anspielung auf die Tatsache, daß auch die Gräber der ehemaligen Schloßbewohner geplündert und verwüstet wurden. Stilling geht darauf am Ende dieser Rede nochmals ein.

120 Siehe Anm. 3 und Anm. 55.

121 Siehe Anm. 2 und Anm. 42.

122 Parnaß = Musenberg; ursprünglich ein dem Gott Apoll (siehe Anm. 112) und den Musen geweihter Gebirgszug in Mittelgriechenland. — Kurfürst *Karl Theodor* ließ die Kameral Hohe Schule Kaiserslautern 1784 der Universität Heidelberg als Staatswirtschafts Hohe Schule angliedern. Kaiserslautern galt als zu abseitig und kam über 50 Studenten nicht hinaus. Siehe auch Lebensgeschichte 357 f. und 427.

123 Eisgraue Schwestern = Theologie, Medizin, Jurisprudenz und Philosophie. — Die ältesten in Deutschland: vor Heidelberg (1386) wurden allerdings auch die Universitäten in Prag (1348) und Wien (1365) gegründet; beide Städte zählten 1786 zum deutschen Reich.

124 Gnade nicht Pflicht = Stilling hatte in verschiedenen fachlichen Veröffentlichungen sehr deutlich und mit Nachdruck die Pflicht der Regenten herausgestellt, sich um die geistige und körperliche Wohlfahrt der Bevölkerung zu kümmern. Dies war gleichsam der Schlüssel zu

seinem „System“; siehe Lebensgeschichte 677 f. sowie Lexikon Wirtschaft 124 ff.

[125] Begabt mit dem andern Arm = zeigt auf, wie die gesetzgebende Gewalt (statt Eroberungen zu machen) das wirtschaftliche Wohlergehen der Bevölkerung bewirken kann; siehe Lexikon Wirtschaft 139.

[126] Briareus = hundertarmiger Riese, von Zeus an hundert Ketten in den Berg Ätna verbannt.

[127] Zwischen 1455 und 1485 wurde England durch „Rosenkriege“ (Adelskämpfe) zwischen der Roten Rose (Lancester) und der Weißen Rose (York) erschüttert. Erst *Heinrich VII.* (aus dem Hause Tudor; reg. 1485-1509) stellte Ruhe und Ordnung im ganzen Lande wieder her, indem er den streitlustigen Feudaladel endgültig entmachtete.

[128] Siehe Anm. 217.

[129] Stillings angeborenes Mißbehagen gegenüber allem Französischen dürfte sicher auch einer jener Gründe gewesen sein, warum er sich in der Kurpfalz letztlich nie so ganz wohl fühlte.

(1) Am Mannheimer Hofe war die französische Sprache und Geistigkeit wenn auch nicht direkt vorherrschend, so doch durchgängig eingesessen. Allem Preußischen gegenüber bestand eine tiefgründige Abneigung.

(2) Der Kurfürst selbst war französischer Mutter-Sprache; siehe Anm. 55,2. Sein Hofkaplan *Nicolas Maillot de la Treille* (siehe Fuchs, Palatinatus 444, Anm. 277 und 567; vielleicht ist er auch der „vornehme Geistliche, der bey dem Churfürsten viel galt“ in Lebensgeschichte 375), sein Großhofmeister *Charles Antoine Hyacinthe Duc de Galéan* (siehe Fuchs, Palatinatus 425, Anm. 148 und 567) sowie eine Reihe weiterer Berater von *Karl Theodor* waren Franzosen und Belgier.

(3) In der *Kurpfälzischen Akademie der Wissenschaften* blieben Latein und Französisch die Verhandlungssprachen. In ihr war schon seit 1764 auch *Voltaire* Mitglied; siehe Anm. 237. Diesen hielt Jung-Stilling für eine in der Geheimen Offenbarung vor-bezeichnete Ungestalt.

(4) Zu all dem trat auch noch die Außenpolitik von *Karl Theodor*. Der Kurfürst tat alles, um Frankreich keinen Anlaß zur Mißstimmung zu bieten. Man hatte diese Politik als „undeutsch“ verurteilt. *Karl Theodor* und seinen Beratern stand aber die leidvolle Geschichte der Kurpfalz vor Augen. Sie war (übertrieben gesagt) über 100 Jahre lang das Exerzierfeld der französischen Armee. Nur durch enge Anlehnung an Frankreich glaubte man, sich vor erneutem Krieg schützen zu können. Deshalb gab es auch praktisch keine jülisch-bergisch-pfälzische Armee. Frankreich hätte eine solche nämlich als Herausforderung empfinden können.

(5) Jung-Stilling kritisiert die Wehrlosigkeit der kurpfälzischen Lande indirekt. Er hebt die Notwendigkeit einer Heeresmacht zum Schutz des Staates mehrfach nachdrücklich hervor; siehe Lexikon Wirtschaft 69 und 164.

(6) Im Gegensatz zu seiner Haltung gegenüber Frankreich blieb Jung-Stilling zeitlebens England gegenüber völlig unkritisch eingestellt.

(a) Hier, an dieser Stelle der Rede, unterschlägt er, daß die Engländer ab 1171 in einem fort die Iren unterdrückten, und daß nach dem großen Aufstand von 1641 *Oliver Cromwell* (1599-1658) mit bis dahin unerhörter Härte und Grausamkeit die Herrschaft Englands über die Iren wiederherstellte.

(b) Verschwiegen werden auch die Kriege gegen Frankreich. Der Hundertjährige Krieg ab 1338 setzte England zeitweilig in den Besitz des größten Teiles von Frankreich. Auch vergißt Stilling Englands Teilnahme an den meisten kontinentaleuropäischen Kriegen sowie an unzähligen Kolonialkämpfen.

(7) Man hat behauptet, daß Jung-Stilling in seinem letzten Lebensabschnitt dem Französischen gegenüber empfänglicher gewesen sei. Tatsache aber ist nur, daß er sich jeder mißfälligen Äußerung gegenüber Frankreich und *Napoleon Bonaparte* enthält. Hierbei muß man aber berücksichtigen, daß sein Freund und Gönner *Carl Friedrich von Baden* Parteigänger Frankreichs war. Der Thronerbe des Fürsten war mit der Adoptivtochter von *Napoleon,* seiner Nichte *Stephanie Louise Adrienne Bauharnais* (1780-1860) verheiratet. Auch verdankte *Carl Friedrich* seinen Aufstieg vom unbedeutenden Markgrafen zum Großherzog bei Verzehnfachung seines Gebietes lediglich dem Wohlwollen Frankreichs. In Baden galt das französische Recht (der Code Napoleon); der Großherzog schrieb seine beiden volkswirtschaftlichen Bücher (Titel bei Braeuer 106) in französischer Sprache. — *Napoleon* gestattete auch (in Artikel 5 der Rheinbunds-Akte vom 12. Juli 1806), daß sich *Carl Friedrich* „Großherzog" und „Königliche Hoheit" als Titel beilegen durfte. Karlsruhe galt als „verwandtschaftlicher Hof"; und Jung-Stilling als Geheimer Hofrat hatte allen Grund, sich mit unfreundlichen Bemerkungen gegen Frankreich in Acht zu nehmen.

[130] Westfälischer Friede = beendet 1648 den 30jährigen Krieg; siehe Anm. 227.

[131] (1) Von älteren *italienischen* Schriften wurde in Deutschland vor allem die erstmals 1592 erschienene Abhandlung „Della ragione di Stato" von *Johannes Botero* (1540-1617) gelesen. Dieses Werk übersetzte u. a. der berühmte Gelehrte und Ökonom („Wunder des Jahrhunderts") *Hermann Conring* 1666 ins Lateinische.

(2) Von den älteren *spanischen* Autoren war wohl *Juan Mariana* (1536-1624) der bekannteste. Sein Hauptwerk „De rege et regis institutione" erschien erstmals 1599. Darin lehrt *Mariana* ein gewisses Maß der Volks-Souveränität gegenüber dem Herrscher. Er stellt sich damit wider die streng monarchischen Theoretiker und Praktiker des frühen Merkantilismus. Willkürlche Gewaltherrscher dürfen nach *Mariana* sogar grundsätzlich getötet werden: eine Aussage, die sein Orden (*Mariana* war Jesuit) 1610 öffentlich verwarf.

(3) Deutsche Übersetzungen *französischer* Kameralisten erschienen zunächst von *Jean Bodin* (1530-1597). Sein Hauptwerk „De la république", 1577 in Paris veröffentlicht und 1592 von *Johann Oswaldt* ins Deutsche übertragen, markiert göttliche und natürliche Rechte, die das positive Recht (= Gesetzgebung der Herrscher) beschränken. Ökonomisch gilt *Bodin* als der erste Systematiker der Einnahme-Quellen des modernen Staates; siehe auch Braeuer, Handbuch 43. — Große Beachtung fand auch *Antoine de Montchrétien* (1575-1621), der Urheber des Begriffes „Politische Ökonomie". Sein Hauptwerk ist das 1615 in Rouen gedruckte „Traité de l'économie politique" mit den bezeichnenden Abschnitten: 1. über die Manufakturen, 2. über den Handel, 3. über die Schiffahrt, 4. über die Aufgaben des Fürsten. Siehe auch Braeuer, Handbuch 58.

[132] POLITICORUM des Aristotelis = staatswissenschaftliche Schrift des *Aristoteles* (384-322 v. Chr.), die das gesamte ökonomische Wissen des Altertums zusammenfaßt (und über welche selbst die bedeutendsten Geister des Mittelalters nicht weit hinausgekommen sind).

[133] *Veit Ludwig von Seckendorff-Oberzenn* (1626-1692; siehe ADB 33, 519) war Kammerdirektor am Hofe *Ernst des Frommen* von Sachsen-Gotha, 1664 bis 1681 Kanzler des Herzogs *Moritz von Sachsen-Zeitz,* danach im Ruhestand und übernahm noch im Todesjahr 1692 das Kanzleramt der neugegründeten und 1694 eröffneten Universität Halle. Er gilt als der bedeutendste deutsche merkantilistische Schriftsteller und landesökonomische Praktiker des 17. Jahrhunderts, einen gemäßigten Absolutismus vertretend. Siehe Stieda, Nationalökonomie 8 und seine Schriften in GV 132, 402.

[134] (1) Der „Teutsche Fürstenstaat" erschien erstmals 1655 und in achter Auflage 1754. Der „Christenstaat" wurde 1685 gedruckt und erreichte 1716 eine vierte Auflage. Der „Fürstenstaat" legt das Schwergewicht auf die landesökonomische Verwaltungslehre; siehe Braeuer, Handbuch 49.

(2) Wie Jung-Stilling, so betont auch *von Seckendorff* die Pflicht des Regenten, für das wirtschaftliche Wohlergehen der Untertanen Sorge zu tragen. Freilich wendet er sich gegen ein Natur-Recht der Untertanen auf freie Wirtschaftsentfaltung, wie dies Jung-Stilling mit Bestimmtheit vertritt; siehe Lexikon Wirtschaft 55.

(3) Zwei in den üblichen Verzeichnissen nicht ausgewiesene theologische Schriften des Autors (man nannte *von Seckendorff* OMNIUM NOBILIUM CHRISTIANISSIMUM ET CHRISTIANORUM NOBILISSIMUM) verzeichnet *Johann Philipp Schmidius:* Juristen, gute Christen. Rostock (Jacob Adler) 1730), S. 171.

[135] (1) *Johann Joachim Becher* (1625-1682; siehe ADB 2, 201) wurde in Speyer geboren, wo sein Vater Pfarrer war. Er studierte Medizin und war zunächst Leibarzt des Erzbischof-Kurfürsten in Mainz sowie an der dortigen Universität Professor für Heilkunde. Nacheinander tritt er

dann als kameralistischer Ratgeber am kurpfälzischen, bayrischen und kaiserlichen Hof auf. Ab 1676 ist er in Holland, danach in England; in London stirbt er.

(2) *Becher* gilt als der Begründer der Marktformenlehre. Auch tritt er für die Errichtung eigener Kommerz-Kollegien zur Ordnung des Wirtschaftslebens ein; mit Stilling ist er gegen die rein zahlenmäßige Volksvermehrung. *Becher* verfaßte annähernd 50 Schriften; siehe Braeuer, Handbuch 49. Der *Johann-Joachim-Becher-Weg* in Mainz ist nach ihm benannt.

[136] Der volle Titel lautet: D. Johann Joachim Bechers von Speyer, Römischer Kayserlicher Majestät Commercien-Raths Politischer Diskurs von den eigentlichen Ursachen, des Auff- und Abnehmens des Städt, Länder und Republicken, in specie wie ein Land volkreich und nahrhafft zu machen, und in eine rechte SOCIETATEM CIVILEM zu bringen. Auch wird von dem Bauren- Handwercks- und Kaufmanns-Stand, derer Handel und Wandel, item von dem Monopolio, Polypolio und Propolio, von allgemeinen Land-Magazinen, Niederlagen, Kauffhäusern, MONTIBUS PIETATIS, Zucht- und Werck-Häusern, Wechselbänken und dergleichen ausführlich gehandelt. — Das Buch erschien zuerst in Frankfurt 1668 und erreichte bis 1721 vier Auflagen. Zwei weitere Auflagen, von *Georg Heinrich Zincke* (siehe Anm. 139) kommentiert, erschienen 1754 und 1759. Ein Reprint der Erstausgabe erreichte in den letzten Jahren drei Auflagen.

[137] Der Preußenkönig *Friedrich Wilhelm I.* (1688-1740; siehe ADB 7, 635 und kürzer NDB 5, 540) war um die Landesökonomie angelegentlichst besorgt. Er nahm 1732 über 20 000 aus Salzburg vertriebene Protestanten auf und siedelte diese vor allem zur Grenze nach Polen sowie in Litauen an. Auch erhöhte er die Streitmacht (Heer von 83 000 Mann!) und erwarb Preußen neue Gebiete hinzu. Er gilt als Schöpfer des preußischen Militär- und Beamtenstaates; siehe auch Anm. 249.

[138] Ditmar = *Justus Christoph Dithmar* (1677-1737; siehe ADB 5, 259), ein belesener, kluger Historiker und fleißiger Gelehrter, aber ohne Kenntnis der landesökonomischen Praxis. Er wurde 1727 berufen. Immerhin gab *Dithmar* seit 1729 die erste nationalökonomische Zeitschrift im deutschen Sprachraum heraus, die „Oeconomische Fama"; gesamthaft erschienen 10 Hefte, ein Neudruck 1749. Siehe auch DBA 239, 157 f. sowie die Schriften in GV 29, 262. — Als auswärtiges Mitglied der *Preußischen Akademie der Wissenschaften* seit 1721 veröffentlichte *Dithmar* ferner historische Abhandlungen über die Geschichte Brandenburgs (nicht im GV, wohl aber über Registerbände dieser Akademie zu finden).

[139] Zinke = *Georg Heinrich Zincke* (1692-1768; siehe ADB 45, 319) aus Altenrode in Thüringen hielt von 1740 bis 1745 in Leipzig ökonomische Vorlesungen; er veröffentlichte auch mehrere Bücher und Lexika. Ab 1746 ist *Zincke* Kurator des neu eröffneten Collegium Carolinum in

Helmstedt. *Zincke* trat für die Gründung einer Europäischen Wirtschaftshochschule ein. Stilling bezieht sich hier auf die „Kameralbibliothek", die *Zincke* in vier Teilen 1751-1752 herausgab. Siehe Braeuer, Handbuch 54 sowie DBA 1415, 42 f.

[140] (1) Kanzler von Ludwig = *Johann Peter von Ludewig* (1668-1743; siehe ADB 19, 379), ein bedeutender Jurist, war seit 1721 Kanzler der Universität Halle. Siehe zu seinen zahlreichen Schriften GV 91, 34 ff. sowie DBA 785, 361 ff. Im Registerband zum DBA (Bd. 3; München, London, New York, Oxford, Paris 1986, S. 1289) sind auch vier Pseudonyme angegeben, die *von Ludewig* benutzte.

(2) In einer Denkschrift äußerte sich Kanzler *von Ludewig* wenig schmeichelhaft über die damaligen Ökonomen. Er hielt sie für weltfremde Theoretiker. Sie seien sich nicht gewiß darüber, ob Getreideähren auf Bäumen oder im Acker zu suchen sind; siehe Stieda, Nationalökonomie 6. Dies zielt auf die (bis heute spürbare) schlechte Allgemeinbildung der Ökonomen im Vergleich zu anderen Fakultäten ab.

[141] (1) Halle an der Saale gehörte bis 1680 zum Erzbistum Magdeburg und fiel dann (gemäß den Bestimmungen des Westfälischen Friedens von 1648) an Brandenburg-Preußen. Kurfürst *Friedrich III.* eröffnete 1694 eine Universität, die sehr rasch in Aufschwung kam und viele Gelehrte der damaligen Zeit anlockte. Im Jahre 1817 wurde diese mit der Universität Wittemberg vereinigt.

(2) Erster Lehrer der Ökonomie in Halle wurde 1729 *Simon Peter Gasser* (1676-1745; siehe ADB 8, 401) aus Kolberg in Pommern. Er war zuvor Kriegs- und Domänenrat in Magdeburg: ein in Kameralangelegenheiten wohl vertrauter Jurist. Siehe auch DBA 370, 76 ff. und seine damals weit verbreiteten Schriften in GV 43, 372.

[142] Siehe Anm. 138. — Die Stadt Frankfurt an der Oder in der Provinz Brandenburg hatte von 1506 bis 1811 eine Universität, die dann nach Breslau verlegt wurde. Sie galt zu Stillings Zeiten als eine der besten deutschsprachigen Hochschulen.

[143] *Daniel Gottfried Schreber* (1709-1777), ein in der Landesökonomie erfahrener Praktiker. Er wirkte lange Jahre als Kommissionsrat in Sachsen-Weißenfels bei der Kommission für Kreditwesen. *Schreber* war bis 1760 Privatdozent der Kameralwissenschaften in Halle und bekam dann einen Lehrstuhl für Ökonomie und Kameralwissenschaften an der 1760 neu gegründeten Universität Bützow in Mecklenburg (sie wurde 1789 mit Rostock vereinigt). Im Jahre 1764 berief man ihn als Professor nach Leipzig. Siehe auch DBA 1137, 409 ff. und GV 129, 246. — Nicht zu verwechseln mit dem Leipziger Arzt *Daniel Schreber* (1808-1861), der eine Kleingarten-Bewegung ins Leben rief.

[144] (1) *Johann Heinrich Gottlob von Justi* (1705-1771; siehe ADB 14, 747) war zunächst Hofrat in Sachsen-Eisenach. Er wurde 1750 Professor für deutsche Beredsamkeit in Wien; ab 1752 auch mit der Haltung

von Vorlesungen in Kameralwissenschaften beauftragt; er gilt als der bedeutendste Vertreter des deutschen aufgeklärten Absolutismus. 1755 berief man *von Justi* zum Oberpolizeikommissar nach Göttingen; zugleich wurde er mit einem Lehrauftrag für Kameralistik an der Universität betraut.

(2) Nach zwei Jahren Lehrtätigkeit an der Universität Göttingen übernahm dieses (Neben)Amt der Professor für Chemie und Naturgeschichte *Christian Wilhelm Büttner* (1716-1801); *von Justi* trat jetzt zunächst in dänische, später in preußische Dienste. Unter der (unbewiesenen) Anschuldigung, staatliche Gelder unterschlagen zu haben, wurde er verhaftet und eingesperrt; er starb in Gefangenschaft auf der Festung Küstrin.

(3) Stilling irrt hier: *von Justi* war *zuerst* in Wien und *danach* in Göttingen. Siehe zu seinen teilweise in hohen Auflagen erschienenen Schriften Braeuer, Handbuch 54 und GV 71, 149 f. Einige Werke kamen in den letzten Jahren auch als Nachdrucke heraus.

[145] Würdiger Lehrer Daries = *Joachim Georg Darjes* (1714-1791; siehe ADB 4, 758) begann seine akademische Lehrtätigkeit 1735 als Privatdozent in Jena, wo er 1744 Professor für Moral und Politik wurde. Im Jahre 1763 folgte er einem Ruf nach Frankfurt an der Oder; siehe auch Anm. 142. Seine Schriften verzeichnet GV 27, 184.

[146] Verehrungswürdige Greis Sukow = *Laurenz Johann Daniel Succow* (1722-1801; siehe ADB 37, 105) aus Schwerin, der Vater von Stillings Kollegen in Kaiserslautern und Heidelberg, *Georg Adolph Succow;* siehe Anm. 42,1. Er war seit 1755 Professor für Mathematik und Physik in Jena, hielt aber auch Vorlesungen über Kameralwissenschaften. Seit 1756 führte er den Titel eines Herzoglich Sachsen-Weimarischen Kammerrates. *Succow* (teilweise auch *Suckow* geschrieben; die hier von Jung-Stilling gebrauchte Lesart *Sukow* ist sonst nicht zu finden) galt als fleißiger und gelehrter Schriftsteller; siehe auch das Verzeichnis seiner Veröffentlichungen in DBA 1248, 234.

[147] (1) *Joseph von Sonnenfels* (1732-1817; siehe ADB 34, 628) erhielt 1763 die erste Lehrkanzel für Polizei- und Kameralwissenschaften an der Universität Wien. Er galt als der „letzte Kameralist". Zu seiner Zeit war *von Sonnenfels* als einer der fähigsten und durch ungewöhnliche Sprachkenntnisse ausgezeichneten Professoren bekannt. Die *Sonnenfelsgasse* im I. Wiener Bezirk ist nach ihm benannt. Siehe auch Braeuer, Handbuch 55 und seine umfangreichen, breitgestreuten Veröffentlichungen in GV 136, 152 ff.

(2) Jung-Stilling bezieht sich in seinen ökonomischen Lehrbüchern sehr oft auf *von Sonnenfels.* Er schätzte sein finanzwissenschaftliches Lehrsystem, fühlte sich aber in der Polizeiwissenschaft von *von Sonnenfels* „himmelweit verschieden" (Lebensgeschichte 682). Es ist daher falsch, Stilling als „Nachbeter des *von Sonnenfels*" zu beurteilen.

[148] (1) *Johann Beckmann* (1739-1811; siehe DBA 72, 346 ff.) aus Hoya/Weser bekam 1766 einen Lehrauftrag, 1769 eine Professur für Ökonomie in Göttingen. Er ist dort also der erste hauptamtliche Dozent; denn sowohl *von Justi* (siehe Anm. 144) als auch *Büttner* (siehe Anm. 144,2) hatten nur Lehraufträge.

(2) Stilling lehnte sich in seinen Vorlesungen in Landwirtschaft und Technologie anfangs an *Beckmann* an; siehe Lebensgeschichte 679. Siehe zu den teilweise in hohen Auflagen erschienenen Schriften von *Beckmann* GV 10, 242 ff.

[149] Schreber in Erlangen = Stilling irrt hier: in Erlangen war *Schreber* nie; er wirkte in Halle, Bützow und zuletzt in Leipzig; siehe Anm. 143. *Schreber* wurde lediglich bei der Gründung der Universität Erlangen im Jahre 1743 in Abwesenheit zum Doktor der Rechte promoviert.

(1) An der Ritter-Akademie in Erlangen lehrte *Johann Gottfried Groß* (1703-1768; siehe DBA 426, 254 ff.) aus Bayreuth, der 1739 auch den Vorschlag einer eigenen Verwaltungs- und Wirtschaftsakademie vorlegte. Bei den Zeitgenossen war *Groß* als Kameralist sehr angesehen; siehe Stieda, Nationalökonomie 13 und GV 51, 49.

(2) An der Universität Erlangen war ab 1796 *Friedrich Adam Georg* (1775-1846?; siehe DBA 380, 160 ff.) aus Bayreuth Privatdozent für Ökonomie und Kameralwissenschaften. Er wurde 1802 nach Jena berufen. Siehe auch Stieda, Nationalökonomie 79 sowie seine Schriften in GV 45, 201 f.

[150] Aldermänner = Zunftherren; Magistratsbeamte mit beschränkter richterlicher Gewalt (aus dem Englischen; im Altenglischen ealdorman = Häuptling).

[151] *Johann Friedrich von Pfeiffer* (1718-1787; siehe ADB 25, 641) machte die Universität Mainz in der damaligen Zeit zur führenden Bildungsstätte für Kameralisten. Seine Schriften ausführlich und wahrscheinlich vollständig in DBA 951, 94 ff.; in GV 108, 178 leider nur bruchstückhaft.

[152] Der genaue Titel ist: Lehrbegriff sämmtlicher ökonomischer und Cameralwissenschaften, 4 Theile. Mannheim, Stuttgart (C. F. Schwan) 1778/1779. Die Erstauflage erschien 1764 in drei Teilen unter dem gleichen Titel, aber in der Schreibweise „oeconomisch" statt „ökonomisch".

[153] Churfürstliche physikalisch-ökonomische Gesellschaft: siehe Anm. 1 und Anm. 78 wegen der unterschiedlichen Schreibweise.

[154] Der Arzt, Botaniker, Historiker und Staatswissenschaftler *Friedrich Casimir Medicus* (siehe Anm. 42,7), „ein großer thätiger und gewaltig würkender Geist" (Lebensgeschichte 345) war unter den zahlreichen Gelehrten am Hofe zu Mannheim wohl einer der ganz wenigen, der um den zweifellos vorhandenen technisch-ökonomischen Rückstand der Kurpfalz (vor allem im Vergleich zum Herzogtum Berg) besorgt war,

dies offen aussprach und versuchte, Wirtschaft und Verwaltung entsprechend zu verbessern; siehe auch Stieda, Nationalökonomie 111.

(1) Bei Hofe erfreute sich *Medicus* ausnehmender Wertschätzung. Auch bei den Mitgliedern der *Kurpfälzischen Akademie der Wissenschaften* (deren ordentliches Mitglied er seit 1764 war) genoß er ob seiner umfangreichen, breiten Bildung Ansehen. *Medicus* zeichnet als Verfasser von 72 Schriften; siehe diese in DBA 818, 257 ff. sowie teilweise in GV 94, 29 ff.

(a) *Medicus* ist ein Gelehrter, der sich zeitlebens um die wissenschaftliche Durchdringung aller praktischen Entscheidungsfragen der Politik im weitesten Sinne bemühte. Er tritt für einen breitgefächerten Bestand an Fachschulen und Fachhochschulen ein. Das höhere Bildungsmonopol der Universitäten solle aufgebrochen werden.

(b) Im besonderen erklärt sich *Medicus* auch für eigene Wirtschafts- und Verwaltungshochschulen. Er hielt nichts von den Plänen, die Staatswissenschaft und die Privatökonomie auf Universitäten zu lehren. *Medicus* befürchtete, daß diese Disziplinen in den dort vorherrschenden „steifen lateinischen Ton" und in einen „pedantischen Pomp" kämen. Damit würden sie ihrer eigentlichen Aufgabe entfremdet, dem Wohl des Staates und der Wirtschaft zu dienen.

(2) Jung-Stilling lernte *Medicus* im März 1772 in Mannheim persönlich kennen; siehe Lebensgeschichte 346. Beide Männer dürften ob vieler Gemeinsamkeiten Zuneigung gefunden haben; jedenfalls blieben sie in Briefverkehr.

(a) Höchstwahrscheinlich wußte der Lutheraner *Medicus* um Stillings Bemühen, über Kontakte zum Hofe in Mannheim die Stellung der Lutheraner im Herzogtum Berg zu verbessern. Im Jahre 1771 reiste Jung-Stilling (in wessen Auftrag?) in dieser Angelegenheit nach Mannheim; dieser Besuch ist in der Lebensgeschichte nicht erwähnt. Sein unmittelbarer Ansprechpartner dort war der Elsässer lutherische Theologe und Historiker, Hofrat *Andreas Lamey* (1726-1802; siehe ADB 17, 568 und ausführlicher DBA 732, 231 ff.). Er amtete als beständiger Sekretär der *Kurpfälzischen Akademie der Wissenschaften* und kurfürstlicher Hofbibliothekar.

(b) Als Medizinstudent in Straßburg kam Jung-Stilling wegen zweier Wünsche erneut auf Hofrat *Lamey* zu.

(ba) Zunächst bat er ihn mit Brief vom 9. Februar 1772, beim Kurfürsten die Erlaubnis zu erwirken, daß er diesem seine Doktorarbeit widmen dürfe. Schon am 18. Februar kann *Lamey* Jung-Stilling mitteilen, daß *Karl Theodor* der Widmung zugestimmt habe; siehe auch Anm. 3,3.

(bb) Sodann und vor allem versuchte Jung-Stilling, über *Lamey* sowie den Kurfürstlichen Geheimen Staatsrat und Kanzleidirektor *Johann Georg Anton Stefan Freiherr von Stengel* (1721-1798; siehe Fuchs, Palatinatus 422, Note 125) ein von ihm erfundenes Vermessungsgerät anzubringen. Jung-Stilling hoffte, daß sein Instrument bei der geplanten

Kartierung der Kurpfalz eingesetzt werde. Ja, er rechnete gar damit, daß man ihm die Leitung der Vermessungsarbeiten übertragen würde. Weil Kanzleidirektor *von Stengel* als Direktor der *Kurpfälzischen Akademie der Wissenschaften* amtete und *Andreas Lamey* deren beständiger Sekretär war, schienen hierfür Aussichten zu bestehen. Aber erst im März 1773 sendet Jung-Stilling das inzwischen fertiggestellte Gerät von Wuppertal nach Mannheim, wo es wegen schlechter Verpackung offenbar ziemlich zertrümmert ankam. — Die bezüglichen Briefe von Jung-Stilling (Quelle bei Fuchs, Palatinatus 552, Note 885) sind von großer Bedeutung. Denn sie enthalten mehrere Angaben über die Tätigkeiten von Jung-Stilling in Wuppertal, die nicht in der Lebensgeschichte erwähnt sind bzw. ergänzend zu dieser von Wichtigkeit sind (etwa was die Nachfrage nach seinen Arztleistungen betrifft).

(bc) Seit 1765 war auch Jung-Stillings Lehrer in Straßburg, Professor *Jakob Reinhold Spielmann* (1722-1783; siehe ADB 35, 171) Mitglied der Mannheimer Akademie; siehe Fuchs, Palatinatus 568. Brieflich setzte er sich bei Hofrat *Lamey* für Jung-Stilling ein und bittet mit Schreiben vom 25. März 1772, daß man Stilling die gesetzlich vorgeschriebene Prüfung vor dem Medizinal-Kollegium in Düsseldorf erlasse. Dieses Examen läge Jung-Stilling schwer im Magen. Denn er befürchte, dort mit „questions scholastiques" belästigt zu werden. *Lamey* scheint die Befreiung durchgesetzt zu haben. Erst im April 1773 hat sich Jung-Stilling in Düsseldorf „legalisieren" lassen. „Alles ist nach Wunsch gegangen und im Examine bin Ich recht gut bestanden", berichtet er an *Lamey.*

(3) *Friedrich Casimir Medicus* trat 1776 brieflich mit dem Anliegen auf (grob gesagt:) Wirtschafts-Spionage an Jung-Stilling heran. Dieser lehnte ab; versprach aber, durch „allerhand nützliche Abhandlungen" der *Physikalisch-Oeconomischen Gesellschaft* zu dienen; siehe Lebensgeschichte 346. Die Beiträge Stillings fanden Beifall, „und er wurde bald mit dem Patent, als auswärtiges Mitglied der Churpfälzischen staatswirthschaftlichen Gesellschaft, beehrt. Dieses freuete ihn ungemein" (Lebensgeschichte 346 f.).

(4) Bald darauf bewirkte *Medicus* bei Hofe die Berufung von Jung-Stilling als Professor nach Kaiserslautern; siehe Lebensgeschichte 353 und 359. Auch *Andreas Lamey* scheint dabei mitgewirkt zu haben; vgl. Fuchs, Palatinatus 379. Die zuträgliche Beziehung zwischen *Medicus* und Jung-Stilling während der Zeit in Kaiserslautern steht außer Zweifel. Jeder der Männer bespricht auch mit großer kollegialer Hochachtung zustimmend die Schriften des anderen.

(5) Im Jahre 1787 ist das Verhältnis zwischen Jung-Stilling und *Medicus* offenbar ziemlich spannungsreich geworden; siehe Lebensgeschichte 426 f. Jung-Stilling fühlte sich „verkannt"; siehe Lebensgeschichte 681. Das könnte Unterschätzung (also Übersehen seiner wahren Fähigkeiten), aber auch Mißachtung (also absichtliches Herunterziehen) bedeuten. Jung-Stilling nennt dafür in Lebensgeschichte 680 zwei Ursachen. Einmal scheint *Medicus* (als Direktor der

Fachhochschule) seinen Wunsch abgelehnt zu haben, daß alle Dozenten nach seinem System lehrten. Zum andern betrachtete man Stilling als „politischen Menschen, vor dem man sich in acht zu nehmen habe" (Lebensgeschichte 681). Über die Gründe zu diesem letzteren Urteil äußert sich Stilling an dieser Stelle zwar ausführlich, aber letzlich doch wenig überzeugend.

(6) Freilich darf nicht unterschlagen werden, daß Jung-Stilling im tiefsten Herzen dem ihm zumindest ebenbürtigen *Medicus* gegenüber von Anfang an wohl nicht ohne Vorurteile gegenüberstand. In einem Brief aus dem Jahre 1780 kennzeichnet er *Medicus* als einen Mann „von wahrhaft grosem Herzen und Talenten ..., dabey aber in seinen Handlungen etwas ungestümm und treibend, und nicht immer ordentlich, nicht ohne Religion aber so a la Bahrd et consorten, übrigends aber gefühlig fürs Gute und die Wahrheit" (Lebensgeschichte 663). Mit „Bahrd" meint Jung-Stilling hier den Theologen *Karl Friedrich Bahrdt* (1741-1792; siehe ADB 1, 722), ein bekannter Vertreter des Rationalismus.

(7) Letztlich wird hier eine Eigenheit sichtbar, die Jung-Stilling laut Ausweis seiner Lebensgeschichte mit fast allen „Erweckten" teilt. Diese neigen stark dazu, sämtliche „Namens-Christen" als charakterlich minderwertige, von Gott weniger geliebte Menschen einzuordnen. Denn diese befinden sich verderbt auf dem falschen, „sündigen" Weg, immaßen sie dem an sie ergangenen Ruf schuldhaft keine Folge leisteten. Wohl bleiben „Erweckte" einer oberflächlichen Freundschaft mit solchen „Weltkindern" fähig. Nie aber sind sie imstande, ihr Herz diesen ganz zu öffnen. Personhafte Schätzung, innige Hinneigung und sorgloses Zutrauen gibt es bloß zu „Geschwistern". Siehe auch Lebensgeschichte 443.

155 Siehe Anm. 2. Westrich (der oder das) = Bezeichnung der um Kaiserslautern liegenden Landschaft; Westteil der Pfalz.

156 Siehe zur Geschichte der Kameral Hohen Schule die in Anm. 1 genannte Schrift von *Heinrich Webler*. Der Verfasser ist Jung-Stilling gegenüber voller Vorurteile (etwa: „Jung war kein wissenschaftlicher Kopf", S. 74) und verdreht seine Lehren teilweise völlig (etwa: S. 76). Für *Webler* scheint Stilling ein zielloser, unsteter Herumtreiber.

157 Erster Lehrer = *Georg Adolph Succow;* siehe Anm. 42,1.

158 Zweiter Professor = *Ludwig Benjamin Schmid;* siehe Anm. 42,2.

159 Dritter Lehrer = Jung-Stilling ab 1778; siehe auch Lebensgeschichte 680 zu dieser für Stilling einschränkenden Verteilung des Lehrstoffes.

160 (1) *Franz Albert Leopold Fortunatus Freiherr* (seit 1790: Reichsgraf) *von Oberndorff* (1720-1799) war seit der Übersiedlung von Kurfürst *Karl Theodor* nach München im Jahre 1777 (siehe Anm. 55) Statthalter der Kurpfalz mit regentenähnlichen Befugnissen. Eine Berufung von der Statthalterschaft an den Kurfüsten in München war nicht

erlaubt; siehe Fuchs, Palatinatus 359. Seit 1781 war *von Oberndorff* in der Stellung eines Geheimen Staats- und Konferenzministers (für die Pfalz). Er war überdies auch seit 1773 Ehrenpräsident der *Kurpfälzischen Akademie der Wissenschaften;* siehe Fuchs, Palatinatus 571. Ab Oktober 1788 amtete *von Oberndorff* in München; siehe Lipowsky, Karl Theodor 189.

(2) Stets trat *von Oberndorff* als besonderer Anwalt der Belange der Kurpfalz (und damit auch der Universität Heidelberg) am Hofe zu München ein. Er genoß daher in der Pfalz allenthalben Hochschätzung und war tatsächlich „die Freude des Volkes", wie Stilling an späterer Stelle sagt.

(3) Jung-Stilling widmete *Freiherrn von Oberndorff* seinen 1779 erschienenen „Versuch einer Grundlehre sämmtlicher Kameralwissenschaften" mit der Aufschrift: „Dem / Hochgebohrnen Reichsfreiherrn / Herrn / Franz Albert / von / Oberndorf (so!) / Sr. Kurfürstlichen Durchlaucht zu Pfalz / Kämmerer, wirklichen geheimen Staats- / und Conferential-Minister, Hofrichter, / Ehrenpräsident der Akademie der Wissen- / schaften, Oberamtmann zu Boxberg, Rit- / ter des Kurfürstlichen Ritterordens / vom Pfälzischen Löwen etc. etc. / Meinem gnädigen Herrn" und schloß die Widmung mit den Worten: „Ich nehme die Freiheit Euer Excellenz mich zu fernerem hohen Schuze und Gnade mit aller Ehrfurcht zu empfehlen, und lebenslang zu seyn / Hochgebohrner Reichsfreiherr / Gnädiger Herr! / Euer Excellenz / unterthänigster Diener / Johann Heinrich Jung."

(4) Jung-Stilling war fest davon überzeugt, daß sich menschliche Beziehungen in diesem Leben auch in der Ewigkeit fortsetzen. Zeugnis und Beleg dieser Lehre ist wohl unter anderem die Tatsache, daß die Familie *von Oberndorff* zur Drucklegung dieser Ausgabe der Reden von Jung-Stilling durch eine Geldspende beigetragen hat: das fördernde Verhältnis des *Freiherrn von Oberndorff* zu Jung-Stilling sich somit allen sichtbar auch heute noch zeigt.

[161] Kurpfälzischer Geheimer Staatsrat *(Johann) Philipp von Hertling* (siehe DBA 525, 224), Professor der Rechte zu Heidelberg, Universitäts-Bibliothekar und Kurpfälzischer Geistlicher Administrationsrat. Jung-Stilling stand mit ihm spätestens 1774 in Verbindung; siehe Brief Nr. 17 der Jung-Stilling-Briefe bei Fuchs, Palatinatus 552, Note 885.

[162] Präsident = *Karl II. August Christian,* Herzog von Zweibrücken, der Thronfolger; siehe Anm. 6,1.

[163] Vizepräsident von Hauzenberg: siehe Anm. 103.

[164] Austrasien = bei Jung-Stilling die (linksrheinische) Pfalz; siehe Anm. 42,7 b.

[165] Pfälzischer Parnaß = Heidelberg; siehe Anm. 122.

[166] Die Kameral Hohe Schule in Kaiserslautern wurde 1774 gestiftet; die Physikalisch-Oeconomische Gesellschaft erhielt bereits 1770 die landesherrliche Bestätigung; siehe auch Anm. 1.

[167] Durch Eintracht wachsen auch kleine Dinge heran (DISCORDIA MAXIMAE DILABUNTUR: durch Zwietracht zerfallen selbst die größten); Worte des römischen Dichters *Sallust* (86-35 v. Chr.) aus dessen Schrift „De bello Jugurthino", Kapitel 10, Abschnitt 6.

[168] Je stärker man sie ausbeutet, desto eifriger werden sie alle. Ein Volk von Niedergedrückten wird sich daranmachen, das Zerstörte wieder herzustellen; Zitat aus den „Eclogae Georgica", Buch 3, Zeile 248 f. des römischen Dichters *Vergil* (70-19 v. Chr.). Das Original hat in den meisten Ausgaben INCUMBENT (Futur I); die Form INCUMBUNT (Präsens) scheint ein Schreibfehler zu sein. Siehe auch Anm. 12.

[169] Vestalin = Priesterin der römischen Göttin (des Herdes bzw. des Hausfeuers) Vesta. Sie mußte Jungfrau sein, in unverbrüchlicher Keuschheit verharren und strengstens eingezogen leben.

[170] *Victor Riquetti Marquis de Mirabeau* (1715-1789) ist ab 1757 Anhänger der physiokratischen Lehre. Sein Hauptwerk „L'ami des hommes" aus dem Jahre 1756 erreichte an die 40 Auflagen und Übersetzungen in viele Sprachen; siehe Braeuer, Handbuch 90.

[171] Quesnel = *François Quesnay* (1694-1774), der gelehrte Arzt, Psychologe, Kupferstecher und Ökonom. Seit 1758 erschienenes „Tableau économique" gilt als Beginn der ökonomischen Kreislaufbetrachtung und der volkswirtschaftlichen Gesamtrechnung. Manche sehen in ihm den Begründer der Nationalökonomie als Wissenschaft überhaupt. Einzige Reichtumsquelle ist nach *Quesnay* der Grund und Boden, einziger Produzent der Landwirt und Bergmann. Siehe Braeuer, Handbuch 86.

[172] *Johann August Schlettwein* (1731-1802; siehe ADB 31, 461) aus Weimar stand bis 1776 in Diensten des Markgrafen *Carl Friedrich von Baden* (dem späteren Großherzog, dessen Geheimer Hofrat Jung-Stilling wurde). Er erhielt dann eine Professur für Kameralwissenschaften in Basel und schon ein Jahr später in Gießen. *Schlettwein* gilt als der wichtigste deutsche Physiokrat; zusammen mit *Carl Friedrich von Baden* versuchte er die Einführung der impôt unique in drei badischen Dörfern. Er kämpfte gegen den Zunftzwang und für die allgemeine Handels- und Verkehrsfreiheit. Siehe Braeuer, Handbuch 106, Stieda, Nationalökonomie 156 ff. und seine zahlreichen Schriften in GV 126, 212 ff.

[173] Politischer Lavater — (1) Stilling war mit dem vielseitigen Zürcher Gelehrten *Johann Caspar Lavater* (1741-1801; siehe ADB 18, 783) persönlich gut befreundet und stand mit ihm in Briefwechsel. Zu seinem Tode veröffentlichte Jung-Stilling 1801 eine Gedenkschrift, die ihm der Engel *Siona* nach eigenem Bekunden in die Feder diktiert hatte.

(2) Im Jahr der Rede, also 1786, hielt Stilling seinen Freund *Lavater* für einen wohlmeinenden, von guten Ideen begeisterten Menschen, aber in vielem als unklar und unbeständig sowie mit mangelndem Gefühl für die Wirklichkeit ausgestattet. Später rückte Jung-Stilling *Lavater* in vielem näher. Siehe *Lavaters* zahlreiche Schriften in GV 85, 102 ff.;

einige sind als Reprints in den letzten Jahren neu herausgekommen. In München, St. Gallen und Zürich sind Straßen nach *Lavater* benannt; in Wuppertal gibt es einen *Lavaterweg* und in Hannover einen *Lavaterhof.*

[174] Diese Stelle hat man gründlich mißverstanden: als hätten Jung-Stilling sowie seine Kollegen *Georg Adolph Succow* und *Ludwig Benjamin Schmid* erstmals um 1780 überhaupt von der Physiokratie (das Hauptwerk) von *Quesnay* erschien schon 1758; siehe Anm. 171) gehört! Davon kann aber gar keine Rede sein. Denn alle drei Professoren hatten sich in ihren Veröffentlichungen bereits mit der Physiokratie auseinandergesetzt; Jung-Stilling übrigens gleich in seinem ersten ökonomischen Fachbuch, den 1779 erschienenen „Kameralwissenschaften"; siehe Anm. 160,3.

Gesagt ist bei genauem Hinsehen sowie bei Beachtung des ganzen Abschnitts folgendes.

(1) Unter den Studierenden („Akademikern") kam eine Art schwärmerische Begeisterung vor allem für die mitreißenden Ideen von *Johann August Schlettwein* (siehe Anm. 172) auf, dessen Hauptwerk „Die wichtigste Angelegenheit für das Publikum" 1772 in Karlsruhe herauskam. Die an der Kameral Hohen Schule vorgetragenen Lehren erschienen ihnen im Vergleich dazu öde, trocken und ohne Schwung.

(2) Daraufhin sprachen sich die Dozenten in Kaiserslautern ab, wie sie dem gemeinsam entgegentreten könnten. Sie sahen zunächst ihren eigenen Lehrstoff nochmals kritisch durch: sie verbesserten, ergänzten und vertieften ihn im Hinblick auf die Irrtümer der Physiokratie („fanden wir Anlaß ihre Grundsätze zu prüfen und unser System zu berichtigen").

(3) Des weiteren stellten sie das Ideal einer gutgestalteten Landesökonomie als das Ziel ihrer Unterweisung klarer heraus („bemühten wir uns, ihr die Schönheit der Physiokratie zu geben").

(4) Sodann zeigten sie deutlicher auf, wie im Geschäftsgang der Landes-Verwaltung die vorgetragenen Kameral-Grundsätze vernünftig, brauchbar und zweckmäßig anzuwenden sind („wir legten ihr das griechische Gewand an", „wir erzogen sie zur würdigen Gattin für Landesväter").

(5) Schließlich wurde auch die Endabsicht der Kameral-Lehre stärker betont, nämlich beständigen, dauerhaften wirtschaftlichen Erfolg zu bewirken („Schutzengel für ihre Untertanen mit ihr zu erzeugen").

Dies alles geschah aus Überzeugung von der Richtigkeit der zu Kaiserslautern vorgetragenen Kameral-Grundsätze; aber auch aus der Furcht, in den Ruf unwirklicher Theoretiker und schwärmerischer Projektemacher zu kommen.

[175] Pupillengelder = mündelsichere Einlagen. Pupill = Mündel: unmündiger Waiser unter Aufsicht eines Vormunds.

[176] Jung-Stilling bleibt zeitlebens bei der Feststellung, daß die Gnade Gottes nicht zwingend wirkt. Nur derjenige, welcher sich freiwillig ganz

Gott hingibt unter ausdrücklicher Aufgabe seines eigenen Willens (Jung-Stilling tat dies als junger Mann; siehe Lebensgeschichte 198) wird von Gott geleitet und von ihm dann auch unwiderstehlich zu Tun und Lassen bestimmt. Niemand ist jedoch zu einer solchen Ganz-Hingabe verpflichtet, wie Stilling (gegen einseitige Strömungen im Pietismus) ausdrücklich hervorhebt.

[177] (1) Naturrecht bei Jung-Stilling = jene für alle verbindlich geltende, wirkliche Ordnung des menschlichen Zusammenlebens, deren Vorhandensein und Gültigkeit nicht von einer menschlichen Autorität (Landesfürst, Regierung) und der Setzung durch sie abhängt. Vielmehr geht sie hervor aus der Art und Weise des menschlichen Daseins als Miteinandersein. Mit diesem ist sie gegeben und in Funktion, möge dies die bestehende Rechtswirklichkeit anerkennen oder nicht.

(2) Die herrschende Gegenposition zu Stillings Zeiten war der Rechtspositivismus: was (vom Fürsten) an Gesetzen erlassen wurde, ist für jedermann verbindlich (vertreten so von den meisten Merkantilisten). Zu den wichtigsten Naturrechten gehört nach Jung-Stilling das Recht auf freie wirtschaftliche Betätigung: die Gewerbe-Freiheit; siehe Lexikon Wirtschaft 55 f.

[178] Polizei = Gesamtheit der Mittel, welche die Regierung anwendet, um Gesellschaft und Wirtschaft zu fördern; siehe Lexikon Wirtschaft 112.

[179] Kaiserliche Kommission = nach der damaligen Reichsverfassung einzusetzender Ausschuß beratschlagender Personen mit weitreichenden Vollmachten für den Fall, daß Reichsfürsten ihren Pflichten nicht nachkommen (können). — Stilling spielt hier möglicherweise auf seine Heimat an, das Fürstentum Nassau-Siegen. Dort kam es infolge Streitigkeiten zweier konfessionsverschiedener Linien des gleichen Fürstenhauses in der Stadt Siegen häufig zu Streitigkeiten. Sie wurden vor den Reichshofrat gebracht (höchstes Reichsgericht beim Kaiser; seit einer Reform 1654 bestehend aus 18 Personen nach bestimmtem Konfessions-Schlüssel), der dann Kommissionen ernannte; für Siegen zuletzt 1713. Diese konnten erfahrungsgemäß die (oft tiefwurzelnden) Gegensätze nicht überbrücken, ja vertieften gar noch ungewollt den Zwiespalt.

[180] In jener Welt = in der Ewigkeit. Übereinstimmend mit den eindeutigen Aussagen der gesamten Bibel (siehe etwa Matthäus 7, 21 ff. und 16, 27; Johannes 5, 25 ff.; Römerbrief 2, 26) sprechen die christlichen Glaubensbekenntnisse vom Endgericht als ein von dem Gottmenschen *Jesus Christus* zu vollziehender Akt der Rechenschaft. Maßstab für die zu erteilende Belohnung oder Bestrafung sind die Werke (siehe Römerbrief 2, 6; Matthäus 16, 27).

[181] Intensive = der inneren Kraft und Güte nach. Es kommt nicht auf die Größe des Landes (der Bevölkerung) an, sondern auf den Wohl-Stand aller, wie Stilling in seinen Schriften immer wieder hervorhebt (gegen eine noch bis in dieses Jahrhundert verbreitete Meinung, die zu

Raubkriegen und bloßer Bevölkerungsvermehrung riet). Siehe auch Lexikon Wirtschaft 12 f.

[182] Scholastik = die in den mittelalterlichen Schulen ausgebildete Lehre, die, sich weitgehend auf *Aristoteles* (384-322 v. Chr.) berufend, das griechisch-antike Denken an die Neuzeit vermittelte.

[183] Mißlungene Projekte = von „Projektanten" erdachte Maßnahmen. Projektant bei Jung-Stilling = ein in der ausübenden, angewandten Landesökonomie unerfahrener Theoretiker, der aus schieren Gedankensystemen den Fürsten (Regierungen) Vorschläge zur Gestaltung des wirtschaftlichen Lebens macht, und diese meist auch noch marktschreierisch als der Weisheit letzter Schluß verkündet; Modell-Schreiner: ein aus vereinfachten gedanklichen Abbildern der vermaschten Wirklichkeit (mit sehr hohem Abstand von den politischen Gegebenheiten und ohne Verständnis für die rechtlichen Möglichkeiten) Empfehlungen herleitender Ökonom, der sich selbst jedoch als besonders weise einschätzt. Bis heute eine Last für die Volkswirtschaftslehre! — Das Wort „Projektant" drang zu Ende des 17. Jahrhunderts in die deutsche Sprache ein.

[184] Schwärmerei: in Bezug auf die Theologie = unüberlegtes Begeistertsein (von schwirren = surren, flattern) ohne Bedacht auf die Glaubens-Lehre; phantastisch entstellte Frömmigkeit; verschrobene religiöse Überspanntheit.

[185] Rabbulisterei, richtiger: Rabulisterei (mit einem b, weil von dem lateinischen Wort RABULA = Zungendrescher): in Bezug auf die Jurisprudenz = scheinjuristisches Geschwätz, Wortschwall mit dem Anschein gesetzeskundiger Kenntnisse; Rechts-Verdrehung.

[186] Quacksalberei: in Bezug auf die Medizin = quakender Salber = lautschreiender, prahlerischer und daher schwindelhafter Heilkünstler (Salbengeber); Wunderdoktor; Kurpfuscher (Kur vom lateinischen Wort CURARE = heilen): schlecht ausgebildeter bzw. arbeitender Scharlatan. Zur Quacksalberei zählt auch die zur Zeit von Jung-Stilling noch weit verbreitete Pröpelei (pröpeln = Krankheit zauberhaft besprechen; das Wort ist gleichlaufend mit der Ausmerzung des Gebrauches aus der Umgangssprache verschwunden).

[187] Hermetische Philosophie = angeblich von dem ägyptischen Gott der Weisheit Thot (auch Thaut; griechisch: Hermes Trismegistos) begründete Wunderlehre, die sich besonders in Form der Alchimie („Stein der Weisen", der jedes Metall in Gold verwandelt; „Panacee des Lebens", die den Körper verjüngt und dergleichen) bis auf unsere Tage durch geheime Überlieferung („hermetische Kette") an wenige Eingeweihte („Adepten") erhalten hat.

[188] Sorbonne = von dem Geistlichen *Robert de Sorbon* 1253 als theologisches Studienkolleg mit Internat gegründete Hochschule. Sie wurde später zur Theologischen Fakultät der Universität Paris.

[189] Winkel aller Herzen = siehe Jeremia 11, 20 und 20, 12; Römerbrief 8, 27.

[190] Kurfürst *Karl Theodor* trat 1742 selbständig die Regierung an.

(1) Das 50jährige Jubiläum wurde 1792 verhalten gefeiert. Denn die ganze linksrheinische Pfalz war von den Franzosen besetzt. Allerdings befand sich Stilling zu dieser Zeit schon seit fünf Jahren in Marburg. — Stilling durfte aber auch nach seiner Entlassung aus den Diensten von *Karl Theodor* den ihm 1784 verliehenen Titel „Churfürstlicher (Pfalzbairischer) Hofrath" weiterführen. Er machte von diesem Recht auch Gebrauch, wie aus der Aufschrift seiner Schriften aus der Marburger Zeit zu ersehen ist.

(2) „Der Kurfürst liebte mich sehr", schreibt Jung-Stilling rückblickend im Jahre 1801 über sein Verhältnis zu *Karl Theodor* (Lebensgeschichte 688). Daß diese Gewogenheit auch über das Grab hinaus erhalten blieb, beweist eine ansehnliche Spende des Hauses Wittelsbach zur Drucklegung dieser Festreden.

[191] Erhabenen Greisen = Kurfürst *Karl Theodor* war am 10. Dezember 1724 in Droogenbosch (Brabant) geboren; er starb am 16. Februar 1799 in München. Zur Zeit der Rede, im Herbst 1786, war er erst 62 Jahre alt. Freilich galt das 60. Lebensjahr als Eintritt in das Greisenalter.

[192] Dikasterium = Gerichtshof.

[193] Dirigirender Herr Staats- und Conferenzminister = siehe Anm. 160.

[194] Oberkuratoren = im Jubeljahr 1786 waren Oberkuratoren die Herren *Karl Philipp Freiherr von Venningen* (1729-1797; siehe DBA 1304, 175), Präsident der kurfürstlichen Regierung zu Mannheim sowie der Kurpfälzische Wirkliche Geheime Rat und Regierungs-Vizekanzler *Joseph Freiherr von Fick* zu Mannheim; siehe Jubelschrift 551.

[195] Kanzler der Universität Heidelberg war im Jubeljahr 1786 der Domprobst der Fürstlichen Hohen Domstiftes zu Worms, *Philipp Franz Anton Freiherr von und zu Frankenstein zu Ockstatt.* Als Prokanzler amtete der gelehrte Arzt und Botaniker Professor *Georg Matthäus Gattenhof* (1722-1788; siehe ADB 8, 409), Verfasser von an die dreißig Schriften (diese fehlen im GV, sind aber in DBA 370, 299 aufgelistet). — Rektor war im Jubeljahr gleichfalls ein Mediziner, nämlich *Hubert von Harrer* (1726-1793; siehe DBA 476, 21) und Prorektor der Jurist *Georg Friedrich Zentner* (1752-1835; siehe ADB 45, 67), der auch ein angesehener Autor war (Schriften in DBA 1409, 41). Siehe auch Fuchs, Palatinatus 360 über seine „dürftige" Arbeit bei der Mannheimer Akademie. In München ist eine Straße nach ihm benannt.

[196] Wahre Aufklärung bei Jung-Stilling = deutliche und vollständige Erkenntnis all jener Heischesätze, durch deren Beobachtung der Mensch vollkommen und glücklich wird. Siehe Lexikon Wirtschaft 4.

[197] Urquelle des Lichtes = die Sonne als Ursache allen irdischen Lebens wurde bei den alten Völkern als im Osten beheimatet geglaubt und als Gott verehrt.

[198] Feuer und Geist = siehe Matthäus 3, 11; Lukas 3, 16. Feuer = reinigende göttliche Gnade; Geist = siebenfache Gaben des Heiligen Geistes (Gottvertrauen, Frömmigkeit, Wissenschaft, Stärke, Rat, Verstand und Weisheit).

[199] Folgende Jahrhundert = die Zeit zwischen 1786 und 1886: das auf dieses Jubiläum folgende Jahrhundert.

Antrittsrede

über den

Ursprung, Fortgang und die Lehrmethode

der

Staatswirthschaft.

In

höchster Gegenwart

Sr. Hochfürstlichen Durchlaucht

Wilhelm des Neunten,

Landgrafen zu Hessen ꝛc.

gehalten

von

Dr. Johann Heinrich Jung,

ordentlicher öffentlicher Lehrer der Oeconomie

Finanz und Cameralwissenschaften,

den 4ten July 1787.

Marburg,

in der neuen Academischen Buchhandlung.

Durchlauchtigster Vater des Vaterlandes![200]

Glorwürdigster Rektor dieser Universität!
Teuerster Fürst und Herr!

Nach Stand und Würden allerseits hochzuehrende Versammlung!

Bis hierher hat mich nun die hohe Vorsehung durch manchen sauren Tritt — durch viele schwere Kämpfe — und durchwachte Nächte geleitet. Diese, durch eine glänzende Reihe berühmter und gelehrter Männer weit und breit bekannte Universität scheint das Ziel zu sein, wozu mich der, der den Vögeln des Himmels Speise und den Lilien des Feldes Schmuck gibt,[201] der der Menschen einzelne Schritte und Tritte lenkt, von der Wiege an vorbereitet[202] und mit väterlicher Hand geführt hat.[203] Dank sei dem allgütigen Gott! — Dank unserem besten Fürsten! — auf dessen Wink Sie, Väter und Brüder, mich hierher berufen haben! — Dank auch Ihnen für alle Liebe und Freundschaft, mit der Sie mich alle ohne Ausnahme in Ihren würdigen Kreis aufgenommen haben! — Klein sind meine Kräfte! — Und wer ist allen seinen Pflichten vollkommen gewachsen? — Aber glühend ist mein Verlangen — und mein Eifer unüberwindlich sie alle — *alle* zu erfüllen. Wahre geläuterte Furcht Gottes — unumschränkte Liebe zu diesem neuen Vaterland[204] — kindlich treuer Gehorsam gegen Vater *Wilhelms,* des *Apolls*[205] unsers Musensitzes, Willen und Verordnungen — treue warme Brudergesinnung gegen jeden einzelnen Lehrer, gegen jedes Mitglied unseres Konsistoriums[206] — überströmende Herzensfülle gegen alle die edlen Jünglinge, Deutschlands Blüte und Hoffnung der Zukunft, die hier studieren, um für sie fruchtbare Kenntnisse zu sammeln und sie wieder in ihre Seelen auszusäen! — inniges Wohlwollen gegen diese teure Stadt und in derselben wohnende Dienerschaft und Bürger und gegen das uralte berühmte biedere und mannhafte Volk der Hessen: — das waren die Gefühle, die ich mir mit Tränen zu erflehen suchte, als ich *Marburg* von weitem erblickte.

— Meine Wünsche sind erfüllt. — Alle diese Gesinnungen haben in meinem Herzen tiefe Wurzel geschlagen, und nun freue ich mich meines neuen Postens.

Doch wozu Wortgepränge? — Die Gottheit redet zu Ihren Menschen durch *Handlungen* — durch *Werke*[207] — und sie ist das Muster eines jeden vernünftigen Wesens — folglich auch die Linie, zu welcher ich eine Asymptote[208] bin.

Ich gehe also zu meinem Zweck über.

Ich bin als Lehrer der Ökonomie, Finanz- und Kameralwissenschaften hierher berufen worden. Folglich kann ich zu dieser meiner feierlichen Antrittsrede keinen schicklicheren Gegenstand wählen, als daß ich von dem Wesen, dem Anfang, Wachstum, Fortgang und der Lehrmethode dieser Wissenschaften, die ich alle zusammen mit einem Wort die *Staatswirtschaft* nenne, vor dieser erlauchten Versammlung Rechenschaft ablege.

Wirtschaft, Ökonomie — überhaupt genommen — ist der ganze Inbegriff aller Handlungen, wodurch der Erwerber aus seiner Nahrungsquelle durch die rechtmäßigsten und schicklichsten Erwerbungsmittel den größten und besten Ertrag gewinnt; dann mit demselben seine eigene und seines Nebenmenschen Glückseligkeit dergestalt befördert, daß der höchstmögliche reine Ertrag dadurch erübrigt werde.

Nun bestehen in jeder Staatsverfassung dreierlei Gattungen der Wirtschaft; daher auch dreierlei Nahrungsstände oder drei Klassen der Untertanen.

Die *erste* beschäftigt sich mit der *Produktion,* indem sie der ehrwürdigen Mutter Natur ihre Schätze entlockt und durch die dienende Kunst ihre Erzeugungen veredelt und vermehrt und sie der gesamten Menschheit vom Fürsten bis zum Bettler darbietet. Diese Klasse enthält das Forstwesen, den Bergbau und die eigentliche Landwirtschaft, das ist Ackerbau und Viehzucht.

Die Bauern — die Landwirte — sind also die ersten und nützlichsten Glieder des Staates. Sie sitzen an der reinen und lauteren Quelle der Natur und schöpfen Hülle und Fülle des Lebens für sich und die ganze Menschheit. Sie sind die eigentlichste, erste und festeste Stütze des Throns und die schönsten Kleinode in dem Diadem[209] des Fürsten.

Weise und glücklich ist der Regent, der sichs zur höchsten Sorge macht, die Landwirtschaft empor zu bringen! — Treu und fromm sind die Diener des Staates, die Ihn darinnen unterstützen. Nicht allein Marmorsäulen — denn das sind kalte Denkmäler — sondern fruchtbare Liebe aler Untertanen, aller Menschen, — die sich in segensvollen Überlieferungen zu den spätesten Urenkeln fortpflanzt und im Tode mit Seraphsschwingen[210] den gottähnlichen Geist zu seiner Urquelle hinträgt, wird sein Lohn sein.

Die *zweite* Gattung der erwerbenden Untertanen beschäftigt sich mit der *Zubereitung* der durch die Produktionswirtschaft gewonnenen rohen Materialien zu Befriedigungsmitteln. Sie begreift also alle Handwerksleute, Fabrikanten und Künstler in sich. Auch diese Menschenklasse ist sehr schätzbar. Denn sie kauft dem Landmann seinen Überfluß ab, ohne welches er elend und seine ganze Produktion bloß auf die allerwesentlichsten Befriedigungsmittel eingeschränkt sein würde. Und wir andere Erdensöhne müßten ohne den Handwerksmann unsern Nachbarn, den Tieren, ihre Kleider abborgen, und mit geschwielten bloßen Füßen wiederum die einsamen dornigen Pfade der Urväter durchpilgern. Wohl uns, daß wir durch die Unterstützung der biederen und fleißigen Klasse der Handwerksleute alle Bequemlichkeiten des Lebens haben! — Aber freilich fände auch wohl hier ein „Wehe uns!" statt, wenn der heutige feierliche, in unsern Annalen[211] unvergeßliche Tag Erinnerungen an des Luxus Fluch und Verderben[212] zulassen könnte.

Wenn also der Regent die Landwirtschaft empor bringen will, so muß er ihr durch Beförderung der Handwerker, Fabriken und Künste hinlänglichen Absatz verschaffen.

Endlich machen die *Kauf- und Handelsleute* die *dritte* Gattung der erwerbenden Untertanen aus. Wenn der Landwirt und der Fabrikant die Produkte erzielt und zu Befriedigungsmitteln ausgebildet haben, so führt sie der Kaufmann dahin, wo sie mangeln. Er bringt also ausländisches Geld ins Land und setzt das inländische in einen wohltätigen Kreislauf. Soll das aber alles zum höchsten Vorteil des Fürsten und des Volks geschehen, so muß sich die eigentliche Handlung auf inländische Produkte und Fabrikate gründen.

So entsteht dann allmählich die naturgemäße und der Glückseligkeit angemessene Staatsverfassung, wo immer ein Glied dem andern die Hand bietet, und Segen und Fülle zum Mittelpunkt — zum Thron des Fürsten — und von diesem wieder Strahlen des Gedeihens in alle Kreise der Gewerbe ausfließen.

Je glücklicher eine Wirtschaft geführt wird, desto erhabener und gewaltiger rücken ihre Teilhaber dem Ziel ihrer Glückseligkeit entgegen.

Es muß also in jeder Wirtschaft Regeln geben, durch deren Beobachtung jenes Ziel am leichtesten erreicht wird. Da aber auch der geschickteste und aufgeklärteste Gelehrte noch immer ein Mensch bleibt, der gar leicht irren kann, so müssen jene Regeln ganz aus der Natur und Erfahrung abgezogen[213] werden. Diese und keine anderen Grundsätze in ein ordentliches System gebracht, machen alsdann die Wissenschaft einer solchen Wirtschaft aus.

Wenn es allgemeine und wesentliche Pflicht eines jeden Menschen ist, seine eigene und seines Nebenmenschen Glückseligkeit nach dem ganzen Maß seiner Leibes- und Seelenkräften zu befördern[214] (ein Satz, über dem wir uns alle — Christen und Nichtchristen — einig sind), so erhellet, daß der, welcher die größten und mächtigsten Kräfte besitzt, nämlich der Regent, am mehrsten wirken könne. Dieses muß die Seele eines edlen und guten Fürsten bis zu den himmlischen Sphären erheben. — Denn wer kann Gott ähnlicher handeln als er? — Wer kann mehr Segen über Tausende seiner Mitmenschen verbreiten als er, welcher Tausenden gebietet? — Wenn der fromme und getreue Knecht, der über Weniges treu war, dereinst über Vieles gesetzt werden soll:[215] wie groß wird dann der Lohn dessen sein, der schon hier über Vieles getreu war? — Königreiche des Himmels werden ihm in jener Welt zu Gebot stehen und es wird keiner Armeen bedürfen, um sie im Frieden zu behaupten.

Hier muß ich aber noch bemerken, daß der Fürst im Fall des Rechts und Unrechts Schwert und Strafe durch Handhabung der positiven Gesetze in seiner Macht haben und ausüben müsse. Wo es aber auf Beförderung des Wohlstands der Untertanen ankommt, da sind Belohnungen, Anlockungen und weise Anstalten, die den Untertan von selbst auf den rechten Weg leiten, am zweckgemäßesten. Zudem sind ja auch die Mittel zur Glückseligkeit nicht immer gewiß ausführbar. — Werden sie in dem Fall durch Gesetze empfohlen, so verliert die gesetzgebende Gewalt ihren Kredit, der ihr doch eben so heilig und unentbehrlich ist als dem Kaufmann der Seinige.

Aus diesen bisher vorgetragenen Materialien läßt sich nun leicht einsehen, *was eigentlich die Staatswirtschaft sei?* — Sie ist nämlich der Inbegriff aller Handlungen, wodurch die drei Gewerbeklassen des Staats, Landwirtschaft, Fabriken und Handlung, folglich alle Untertanen, blühend und wohlhabend gemacht; dann aus eben diesen Quellen auch die höchste Gewalt, Macht und Wohlstand des Fürsten, seiner Familie sowie das Glück seiner Dienerschaft befördert, und also die ganze Staatsverfassung dem höchsten Ideal ihrer Vollkommenheit immer näher geführet wird.

Wahrlich! Ein glänzendes Bild! — Eine erhabene Beschäftigung! — Aber auch ein so wichtiger Gegenstand, daß wirklich jeder Diener eines Fürsten, der in diese Maschine wirken will, zittern und beben und sich um gründliche, längst erprobte Kenntnisse Tag und Nacht bewerben sollte! — Hier sind einzelne helle Genieblicke bei weitem nicht genug! — Nicht genug, wenn man mit unversuchten Projekten vor den Thron ritt, und mit diesen ungezähmten Pferden wie weiland *Phaedon*[216] den Sonnenwagen führen und die Welt regieren will! — Kein Wunder, wenn der Vermessene dann von Jupiters Pfeilen niedergedonnert wird. Nein! Vieljährige Vorbereitung, Studium der Natur und der Geschichte, gründliche Kenntnis der vaterländischen Verfassung und ein reifer — Gott — seinen Fürsten — und Menschen — liebender Geist gehört dazu, um das Ruder der Staatswirtschaft zu führen. Und dann noch muß er nie auf einmal mit Gewalt, sondern allmählich, langsam aber nachdrücklich, wirken; immer klein anfangen, um groß zu endigen, damit er erst versuche, was angeht oder nicht angeht. Auf diese Weise wird er später aber auch desto gewisser die glänzende Krone am Ziel erringen.

So viel von dem *Wesen* der Staatswirtschaft, nun von ihrem *Ursprung*.

In vorigen Jahrhunderten waren unsere deutschen Fürsten Kriegshelden. Sie schränkten ihre Regentenpflicht auf Erweiterung ihrer Staaten und auf den Schutz derselben ein. An die Entwicklung ihrer inneren Kräfte durch eine vortreffliche Staatswirtschaft wurde nicht gedacht. Die Gewerbe wurden dem gemeinen Mann ganz überlassen, und Dummheit, Trägheit, Märchen, Aberglauben und Schlendrian waren die Götzen, die ihn tyrannisierten und ihm den Weg zum Glück auf immer verriegelten.

Gegen das Ende des fünfzehnten Jahrhunderts fanden die Portugiesen den Weg um Afrika herum nach Ostindien, und die Spanier entdeckten Amerika. Mit vollen Odemzügen schluckten sie die unermeßlichen Schätze neuer Welten ein, und verdarben sich dadurch alle Verdauungskräfte, so wie einer, der sich den Magen überladen hat. Noch immer sind Spanien und Portugal arme Kanäle, bloße Fuhrleute für ihr vieles Gold und Silber.

Indessen, so wie der Rausch vom Wein augenblickliche Kräfte gibt, so wurden auch jene Seemächte auf eine kurze Zeit furchtbar. Das durch langwierige Bürgerkriege ausgezehrte England fing an zu zittern. Es graute vor der Macht seiner Nachbarn, und seine weise Königin *Eisabeth*[217] sann auf die geschwindesten Mittel, die verlorenen Kräfte schleunig zu ersetzen. Es gelang ihr. — Denn sie suchte durch Belohnungen und höchstweise Anstalten Landwirtschaft, Fabriken und Handlung empor zu bringen. Sie ward also die erste Stifterin einer vortrefflichen Staatswirtschaft und ein Engel des Segens für die Nachwelt.

Um die nämliche Zeit schüttelten auch die Niederländer das Joch der spanischen Herrschaft ab.[218] — Auch sie suchten in entfernten Weltteilen, was ihnen die Natur in ihrem Vaterland versagt hatte.[219] Es gelang ihnen ebenfalls, und sie überschwemmten Europa mit sehr entbehrlichen Früchten vom Baum des Erkenntnisses des Guten und Bösen, so wie Spanien mit Gold und Silber.[220] Auch Deutschland aß von der verbotenen Frucht und fand nun, daß es nackend[221] war. Tausend neue Bedürfnisse traten ein. Geld war da, aber es fehlte an Industrie und an einer guten Staatswirtschaft.

Ein neuer Unglücksstern schob das Ziel des Segens noch um ein Jahrhundert weiter zurück. Denn im Osten[222] stieg ein schrecklicher Würgengel auf, der sein strahlendes Schlachtschwert weit über Deutschland hinreckte und dem dritten Teil der Menschen Tod und Verderben schwur. Das Haus Österreich, durch den Zauberstab des Jesuitismus[223] geleitet, schwang die Fahne der Hierarchie[224] und versteckte seine Politik hinter die Furcht-Ägide[225] des sogenannten wahren Glaubens. Es düngte so dreißig Jahr lang den vaterländischen Boden mit dem rauchenden Blut seiner Bürger.

Gustav Adolph[226] opferte sein Leben für die Religion und deutsche Freiheit. Und seine Armee erkämpfte nach ihm das Kleinod unserer Nation, den Westfälischen Frieden.[227] Jetzt war allenthalben Ruhe, aber kein Brot, und dazu wenig Hände, die es erwerben konten. Jetzt fingen unsere Fürsten an, auf Mittel und Rat zu sinnen, wie der ausgezehrte Staatskörper aufs eheste wieder zu Kräften kommen könnte? —

Der langwierige Krieg selbst war hier ein Mittel zur Aufklärung geworden. Allerhand früher erleuchtete Nationen,[228] Spanier und Franzosen, mitunter auch Italiener, tummelten sich auf dem deutschen Boden herum. Ihre Schriften und Kenntnisse sprühten hin und wieder Funken. Sie zündeten bald hier, bald da ein Licht an. Man las die Schriften jener Ausländer, und man fing an, seine Wunden mit allen ihren Folgen sowie die Mittel dagegen einzusehen. Hier begann also der erste Keim der Staatswirtschaft in Deutschland, etwa gegen die Mitte des vorigen Jahrhunderts.

Der erste deutsche Fürst, der nach Regeln der Staatswirtschaft am bestimmtesten zu Werk ging, war *Ernst der Fromme,* Herzog von Sachsen Gotha.[229] Seine Regierung war ein Muster aller Muster, sein Hof eine Schule der Tugend wie der Rechtschaffenheit und sein Land eine Quelle des Segens für alle seine glücklichen Bewohner.

Friedrich Wilhelm der Große, Kurfürst zu Brandenburg,[230] trat in seine Fußstapfen, und mit ihm unsere glorwürdigsten Landgrafen,[231] denen ich den Kurfürsten *Karl Ludwig* Pfalzgrafen bei Rhein[232] noch zugesellen kann. Denn diese drei Fürsten waren es, welche die durch das aufgehobene Edikt von Nantes[233] vertriebenen, französischen Leidensgenossen aufnahmen und ihnen Schutz und Heimat gewährten. Mehrere Reichsstände folgten diesem Beispiel, und so wurden französische Industrie, Künste und Fabriken auch auf deutschen Boden verpflanzt. *Friedrich Wilhelm* war außerdem wahrhaft groß, sowohl im Krieg als Frieden; und es ist gewiß, daß er dem größten Fürsten und dem größten Manne unseres Jahrhunderts, seinem Urenkel,[234] den Weg zu seiner glänzenden Größe gebahnt habe.

Ludwig der vierzehnte, König in Frankreich,[235] war noch zu der Zeit und noch lange nachher ein drohendes Meteor,[236] das aller Menschen Augen auf sich zog. Eine rastlose Begierde, Universalmonarch zu werden, verbunden mit unersättlichem Genuß aller sinnlichen Vergnügen — geleitet durch alle Intrigen der Hierarchie und des Jesuitismus — machen zusammen den Grund seines Charakters und zugleich auch den Schlüssel aus, womit man viele unbegreifliche Dinge in seiner seltsamen Politik aufschließen und begreiflich machen kann. Indessen, seine Aussenseite und sein Hof waren glänzend. Man hielt ihn für die Schule der Sitten und des Wohlstands und man reiste dahin, um sich zu bilden. — O des armen unglücklichen Menschenbilders! — Er hatte das schönste Land Europens von Untertanen und Geld entblößt!

Noch fühlt Frankreich die traurigsten Folgen seiner Regierung. Und doch reiste Deutschlands hoher und niederer Adel nach Paris und Versailles.[237] Der Glanz des französischen Hofs lockte und reizte sehr. — Aber was brachte man nach Haus? — Soll ich das Berlockengetändel[238] alle nennen? — Friseurs zu Hofmeistern und Kammerjungfern zu Gouvernanten[239], unserer edlen deutschen Prinzen und Prinzessinnen. Man vertauschte unsere Heldensprache[240] mit dem Schellengeklingel unserer ausgearteten alten Franken. Und der Schüler des üppigen französischen Hofs, der deutsche Jüngling, fing nun an, vor dem Kraftharnisch seines Großvaters schauernd zurückzubeben, denn — er war krank und entnervt.

Abermals ein neuer Zuwachs an tausend Bedürfnissen und noch keine Quelle sie zu befriedigen!

Die Wege die man einschlug, um zu Geld zu kommen, waren eben diejenigen, deren sich auch König *Ludwig* bediente, um sich aus der Not zu helfen, und also bei weitem nicht die besten. Denn eben durch sie war Frankreich seinem Staatsbankrott so nahe gekommen. Und hätte es *Colbert*[241] nicht noch gerettet, so wäre seine Sonne vor ihrem Untergang verloschen. Man vermehrte nämlich die Auflagen,[242] ohne ihre Quelle — die Gewerbe — zu verbessern. Anstatt daß man erst hätte die Gewerbe blühend machen sollen, um dann die Auflagen vermehren zu können!

Dazu kam noch die Schwärmerei, ins amerikanische gelobte Land zu ziehen. England suchte dort seine Wüsteneien zu bevölkern und lockte einen großen Teil guter deutscher Bürger über seinen Ozean hinüber. So schwächten der dreißigjährige Krieg, das Auswandern nach Amerika und die Afterkameralisten[243] unser gutes deutsches Reich bis aufs äußerste.

Patriotische Männer, Fürsten und Gelehrten sahen Deutschlands kranken Staatskörper und erkannten die Ursache seiner Krankheit. Der unsterbliche *Veit Ludwig von Seckendorf,*[244] *Ernst des Frommen,* Herzogs von Sachsen-Gotha, Minister, Rat, vertrauter Freund und Schüler, war der erste Gelehrte, der in seinem schönen Werke *„Fürstenstaat"*[245] (welches in den fünfziger Jahren des vorigen Jahrhunderts herauskam) und in einem anderen, der *„Christenstaat"*[246] genannt (welches er in seinem Alter in den achtziger Jahren ausarbeitete) die ersten vortrefflichsten Lehren über eine vernünftige und richtige Regierung und Staatswirtschaft in Deutschland verbreitete.

Daß diese Schriften eines so großen Staatsmannes, wie *Seckendorf* war, bei Regenten und Räten Eindruck machten, ist kein Wunder.

Indessen wäre es doch vielleicht noch lange bei der bloßen Spekulation gelehrter Männer geblieben, wenn die gütige Vorsehung nicht noch weit wirksamere Mittel und Wege eingeschlagen hätte.

Friedrich der Erste, König in Preußen,[247] fühlte sich in den Kräften seines Vaters stark genug, eine Königskrone zu tragen. Es gelang ihm; er bekam sie. Hätte aber sein Sohn *Friedrich Wilhelm der Erste,*[248] nicht durch eine vortreffliche Staatswirtschaft ihre ungeheure Last unterstützt, so wär sie bald wieder gesunken und zertrümmert. Dieser ernste, gerade, lakonische[249] Fürst, so ganz Spartaner im Krieg und Frieden, auf dem Thron und als Hausvater (man sage von ihm, was man wolle); immer ein edler fester, deutscher, redlicher Mann: dieser ist der Stifter, der allererste Stifter des ökonomischen Lehrfachs. Mit ihm fängt also die Epoche des Wachstums der Staatswirtschaft an. Er berief Anno 1727 den bekannten *Ditmar*[250] zum Lehrer der Kameralwissenschaften nach Frankfurt an der Oder und zwei Jahre darauf auch *Gassern*[251] nach Halle. Auch Landgraf *Friedrich der Erste,* König in Schweden[252], setzte 1730 *Fürstenau*[253] als Professor der Ökonomie nach Rinteln.[254]

Dieser Vorgang machte natürlicher Weise Nachfolger: *Zink*[255] und *Schreber*[256] zu Leipzig, *von Justi*[257] zu Göttingen und hernach zu Wien, alsdann *Sonnenfels*[258] in Wien und *Beckmann*[259] in Göttingen — und andre mehr — sind die berühmtesten Lehrer, die dem Vaterland Männer mit gesunden staatswirtschaftlichen Grundsätzen und abermals neue Lehrer gebildet haben. Zu gleicher Zeit entstanden auch gelehrte Gesellschaften, die außerordentlich viel zum Fortgang unserer neuen Wissenschaft beigetragen haben. Ich brauche nur die berühmten Abhandlungen der Schwedischen Akademie der Wissenschaften,[260] das unschätzbare Werk der königlich französichen Akademie, LES OEUVRES ET LES METIERS,[261] und unzählbare andere Schriften solcher Gesellschaften zu nennen, so kann ihnen kein Sachkundiger den besten Beifall versagen.

Kurfürst *Carl Theodor* von der Pfalz[262] stiftete sogar eine eigene hohe Schule für die Staatswirtschaft und eine eigene gelehrte Gesellschaft,[263] sie durch Versuche und Erfahrungen zu unterstützen. Mein Anteil an diesem Institut macht mir es zur Pflicht, nichts mehr davon zu sagen.

Herzog *Carl Eugen* von Württemberg,[264] und Landgraf *Ludwig* von Hessen-Darmstadt[265] machten in Stuttgart und Gießen etwas ähnliches, und Kurfürst *Friedrich Carl* von Mainz[266] vermehrte ebenfalls die Lehrstühle der Kameralwissenschaften. Durch wichtige Erfahrungen geleitet, könnte ich wohl vieles vom Gelingen und Nichtgelingen jener Institute sagen. Allein, Ehrfurcht und Menschenliebe haben mir gewisse Arten der Publizität verhaßt gemacht. Der Freund Gottes und der Menschen deckt Schwächen zu und nicht auf.

Die Reformation gebar nebenher allerhand Sekten und Schwärmereien, die Reformation der Staatswirtschaft nicht weniger. Graf *Mirabeau der Ältere*[267] suchte eine vollkommene Staatsverwaltung und fand sie. *Doktor Quesnel*[268] führte das System noch weiter aus und nun stand das griechische Bild da in aller seiner Schönheit. — Es gefällt, das ist wahr! — Aber Gott muß nun auch erst ein Menschengeschlecht schaffen, das es brauchen kann! Die *Physiokratie*[269] mit einem sublunarischen[270] Staat verbinden zu wollen, wäre in jedem Fall eine MESALLIANCE[271] von beiden Seiten.

Nun habe ich die Hauptpunkte von den Eigenschaften, dem Anfang und Fortgang des staatswirtschaftlichen Studiums berührt. Ich gehe also zum letzten Teil meiner Rede über, in welchem ich die *beste Lehrart* dieser Wissenschaft vorzutragen gedenke. Hier werde ich mir aber auch zugleich den Weg auszeichnen, auf den mich Vater *Wilhelm* berufen hat.

Die Staatswirtschaft hat den Zweck, den Staatsreichtum und durch diesen das Glück des Fürsten und des Volks zu befördern. Dieses Glück verhält sich wie die Menge der mit Ruhe und Wohlstand sich beschäftigenden Untertanen. Dieses geschieht durch die Landwirtschaft, Fabriken und Handlung. Es ist also unwidersprechlich, daß derjenige, der die Glückseligkeit, Macht und Stärke des Regenten zum höchsten Gipfel der Vollkommenheit bringen will, zuerst die drei Gewerbe, Landwirtschaft, Fabriken und Handlung eines Landes auf alle Weise emporbringen müsse. Denn dadurch wächst die beschäftigte Bevölkerung und mit ihr das Glück des Fürsten und des Staats von selbst. Soll nun der Staatsbediente diese drei Gwerbe emporbringen, so muß er sie ja wahrlich studieren, das ist: er muß alle drei Gewerbe verstehen.

Alle diese drei Gewerbe gründen sich auf Vorkenntnisse der Mathematik, Physik, Chemie und Naturgeschichte. Hier ist also der Ort, meine teuerste Amtsbrüder und Lehrer dieser Wissenschaften! wo ich ihrer Unterstützung bedarf. Sie richten also ihre Collegien und Lehrstunden auch auf staatswirtschaftliche Zwecke ein, so wie auch schon seit meinem Hiersein, dem Anfang nach, geschehen ist.

Aber auch Sie meine studierende Freunde! Soviel sich ihrer dem ökonomischen Studium widmen: auch Sie müssen besonders Fleiß anwenden, um sich zugleich in jenen Hilfswissenschaften festzusetzen, damit Sie wohlbereitet meinen Hörsaal besuchen mögen. Auf diese Weise werden Sie ihre und ihrer entfernten Eltern heiße Wünsche aufs beste erfüllen.

O meine jungen Freunde! Bedenken Sie doch das glänzende Ziel dem Sie entgegenstreben! — Wohltäter der Menschen zu werden — welch ein Glück! Fürsten und Völker werden Sie segnen, wenn sie den Armen Brot und Überfluß und Ihren guten Regenten Macht und Reichtum verschafft haben, ohne jemand zu drücken.

Großer Gott! Wie wohl muß einem alten, im Dienst des Vaterlandes grau gewordenen Staatsbedienten zu Mut sein, wenn ihm jede Morgensonne seines Lebens wohltätige, edle Vorsätze einflößte und jede Abendsonne die wohlgelungene Ausführung derselben bestrahlte! — Hohe Ahnungen nie empfundener Seligkeit müssen ihn am Rande des Grabe durchschauern. Der Todeskampf und die kühle Erde werden ihm leicht sein.

Aber auch der ungetreue Staatsdiener wird dagegen Höllenqual empfinden, wenn er dem donnernden Richterstuhl des Herzen- und Nierenprüfers[272] entgegen bebt, und der Todesengel[273] über seinem Haupt das Richtschwert schwingt. — *Ich träume nicht! — Ewige Wahrheit ist es, ich schwöre es bei dem, der ewig lebt: es gibt Belohnung und Strafe in jener Welt.* Doch ich kehre wieder zu meinem Zweck.

Es ist sehr nützlich, wenn der Studierende gleich Anfangs den ganzen Plan seiner Studien weiß, um sich darnach richten zu können. Zu dem Ende werde ich, wie ich schon angefangen habe, jedes halbe Jahr wöchentlich zweimal in einem sogenannten COLLEGIO PUBLICO[274] die Grundlehre oder Philosphie sämtlicher ökonomischer Wissenschaften vortragen. Wo dann jedermann, der nur Lust hat zu hören, einen summarischen Begriff von der Staatswirtschaft bekommen kann.

Die Produktionswissenschaften als die Forstwirtschaft, die Landwirtschaft und der Bergbau, müssen notwendig den Anfang machen. Darauf folgen dann die Fabrikwissenschaft und die

Handlung. Diese fünfe machen zusammen die Gewerbewissenschaften aus. Ich habe ihnen die Sommerkurse gewidmet, weil ich alsdann mit meinen Zuhörern Exkursionen machen und alles in der Natur selbst zeigen kann.

Wenn der zukünftige Staatsbediente die Gewerbe kennt, so muß er nun auch die Mittel wissen, wodurch man sie immer blühender machen und vervollkommnen kann. Dieses lehrt ihn die Gewerbepolizei. Mit dieser verbinde ich die bürgerliche Polizei, als welche sorgt, daß die Untertanen in Rücksicht auf das gesellschaftliche Zusammenwohnen sich untereinander nicht hindern, sich vielmehr alle Bequemlichkeit verschaffen und zur Beförderung aller Glückseligkeit geschickt gemacht werden.

Blühende Gewerbe und ein blühender Staat sind nun nebst den Regalien- und Domänengütern[275] die Quellen, woraus die Bedürfnisse des Fürsten und des Staats befriedigt werden müssen. Die Finanzwissenschaft lehrt also: wie man nach Bestimmung der jährlichen allgemeinen Aufwandssumme die Kammergüter und Regalien aufs beste verwalten, das, was von ihrem Ertrag an jener Aufwandssumme noch fehlt, nach dem gerechtesten Anschlag auf alle drei Gewerbstände verteilen, und durch alle Filialkassen durch bis zur Generalkasse erheben und alles so regieren müsse, daß der Betrug vermieden, und wo er begangen, auf der Stelle entdeckt werden möge. Die Wissenschaft, Rechnungen zu führen, zu monieren,[276] und zu justifizieren,[277] wird in einer besonderen Stunde gelehrt.

Wenn aber nun diese allgemeine Aufwandssumme in die Kasse geliefert worden, so muß sie nun auch zweckmäßig, das ist: so verwendet werden, wie es die sichersten Regeln der Glückseligkeit des Regenten und seines Volks erfordern. Dieses lehrt dann endlich die eigentliche Staatswirtschaft oder Staatshaushaltung. Hieher gehört die bequemste, wohlfeilste und doch zweckgemäßeste Einrichtung des Hofs, der höchsten Kollegien, Kabinets oder Ministerien, der hohen Kollegien und Dienerschaft, der Landbeamten in Städten, Dörfern u.s.w. Dies alles muß so geordnet und eingerichtet werden, daß der vollkommenste Zweck mit dem geringsten Aufwand — doch ohne Schmälerung irgend einer Privatglückseligkeit — völlig erreicht werde.

Aber wenn nun auch der Jüngling dies alles mit größtem Fleiß und gründlich studiert hat, so ist er bei weitem noch nicht fähig, ein staatswirtschaftliches Amt zu bekleiden. Denn wenn er Fehler macht, so wirkt das in den wesentlichen, jeden Augenblick unentbehrlichen Wohlstand des Regenten und seines Volks. Er darf also schlechterdings keine unsichere Projekte ausführen. Alles muß bei ihm oft erprobte und im strengsten Läuterungsfeuer bewährte Wahrheit sein. Zudem bemerkt man auch seine Fehler sofort. Denn er macht sie immer vor den Augen aller Welt. Dadurch verliert er aber seinen Kredit und mit ihm seine ganze Kraft zu wirken. Bei den anderen vier Fakultäten[278] ist das der Fall nicht; in jeder kann eher ein schwacher Kopf durchschlupfen, als im Dienst der Staatswirtschaft.

Und doch drängt sich mancher schwacher Kopf auch hinauf in Kameral- und Finanzgeschäfte! — O wie nötig wäre hier eine strenge Prüfung des Verstandes und Herzens. Denn Wissenschaft ohne Treue ist fürchterlich. — Hier wird der beste und weiseste Fürst betrogen, denn er ist ebenwohl Mensch und nicht Herzenskündiger.[279] Es ist eine meiner wichtigsten Pflichten zu zeigen und zu lehren, wie man den Regenten gegen solche Satane im Lichtgewand[280] schützen könne. Meine erlauchten und hochansehnlichen Zuhörer belieben also folgendes zu bemerken.

Die Sicherheit gegen trügliche Projekte erlangt man erstlich durch ein gründliches Studium — so wie ich im vorhergehenden gezeigt habe — und zweitens durch vernünftig angestellte Reisen. Der junge Gelehrte muß also zuerst das Land durch und durch bereisen, dem er dienen will. Er muß seine Schwäche und Stärke, seine Vorteile und seine Nachteile kennenlernen, gerad so wie der Arzt den Körper, den er kurieren will. Alsdann muß er auch die europäische Staaten kennen und dann dahin reisen, wo die Mittel ausgeführt werden, die seinem Land nützlich sind. Dort auf der Stelle muß er nun Praxis studieren und auch die Handgriffe lernen, die in sein Lokale[281] passen. Dann kommt er wieder. — Allein, ist man nun auch seines guten rechtschaffenen Herzens, seiner unerschütterlichen Treue gewiß? — Keineswegs! Der größte Böswicht hat manchmal die größten Einsichten.[282] Wie groß war die Kunst, mit welcher *Law*[283] seine Aktienmaschine in Frankreich aufrichtete? Wie schlau und zugleich wie schrecklich betrog der *Jude Süß*[284] ehmals den Herzog von Wirtenberg? Und noch kürzlich stürzte ein großer Reichsfürst einen erschrecklichen furchtbaren Kabalisten.[285]

Welches ist hier das sicherste Mittel? Kein anders, als daß man den jungen Mann von der Picke auf[286] dienen lasse, indem er erst unter der Aufsicht eines Rechnungsbeamten Buch hält, Rechnung führt und die Kasse verwalten hilft. Dann überträgt man ihm eine kleine Kasse und Verwaltung und läßt ihn so allmählich nach dem Verhältnis seiner Treue und Geschicklichkeit zu immer wichtigern Ämtern hinaufrücken. Auf diese Weise erfährt man bald, ob jemand treu und rechtschaffen ist. Hier soll Rang und Stand nicht das Beförderungsmittel sein, sondern der höhere Grad der Treue und der Kenntnisse.

Aber auch der wirklich im Dienst stehende staatswirtschaftliche Beamte soll noch nicht aufhören, seine Kenntnisse zu erweitern. Er soll nicht scheel dazu sehen, wenn andere neue Warheiten entdecken, sondern er soll sie prüfen. Und wenn er sie bewährt gefunden hat, soll er sie auch anwenden. Hier ist der Handwerksneid schrecklicher als irgend an einem Ort; denn das gemeine Beste leidet darunter.

Doch ich möchte die Geduld meiner erhabenen und erlauchten Zuhörer ermüden. Ich eile also zum Schluß meiner Rede.

Hier an dieser ehrwürdigen Stelle verspreche ich heilig, öffentlich und feierlich als Christ, als ehrlicher Mann: unerschütterliche Treue und Gebrauch aller meiner Kräfte im Dienst unseres teuren Fürsten, unseres lieben Vaterlandes, dieser verehrungswürdigen Universität sowie zur Aufklärung, Bildung und Belehrung unserer studierenden jungen Männer bis an den letzten Hauch meines Lebens. Nun noch einige feurige, seelenvolle Wünsche, ehe ich schließe.

Es lebe *Wilhelm der Neunte* des Vaterlands Vater! — Philipps des Großmütigen[287] unseres Stifters großmütiger Sohn! Sein Name sei gesegnet bis ans Ende der Tage. Sein Kabinett sei Quelle des Glücks für seine guten Hessen. Jeder Tag seines Lebens bis ins graueste Alter bringe Flor[288] und Gedeihen für Ihn, sein hohes Haus und für uns seine Kinder! Gott! ewiger Erbarmer! Segne Ihn, unsern teuren Vater!

Es lebe *Wilhelms* teure Gemalin, unsere gute Landesmutter.[289] Sie sei Quelle des Glücks und des Segens für ihn und sein Volk.

Es lebe unser Erbprinz[290] und seine Geschwister! Ewige Weisheit: strahle du Licht, Kraft und Verstand aus den ätherischen Höhen in ihre zarte Herzen! — Sie müssen grünen, blühen und Früchte tragen wie die Bäume des Lebens im Paradiese Gottes![291]

Es leben Wilhelms Brüder mit ihren Gemahlinnen und das ganze Hochfürstliche Haus! Und will jemand einen Meisterspruch des Segens sagen, so müsse er heißen: Blühe wie Wilhelms des Neunten Haus und Familie.

Gott mache alle Großen, den gesamten Adel, Minister und Räte dieses ganzen Landes zu lauter Männern des Segens und Stiftern der Glückseligkeit für den Fürsten und das Volk! Größeres Heil kann ich ihnen nicht wünschen.

Der große Menschenvater schenke unserer Hohenschule immerfort Männer voller Kraft und Weisheit, Patrioten, Freunde Gottes und der Wahrheit, Menschenbilder, Nationenaufklärer, Väter für Deutschlands Jünglinge und nie werde ein Lehrstuhl vakant, ohne von einem vollkommen geschickten Manne wieder besetzt zu werden!

Edle junge Männer! — Zierde unserer Universität, Blüte und Hoffnung der Zukunft! — Fleiß, edle männliche Aufführung und Ringen zum glänzenden Ziel umgebe Sie wie eine Heerschar Gottes und begleite sie aus einem Hörsaal in den anderen —Jeder unter ihnen sei immer die Freude der Eltern, die Zierde des Vaterlandes und die Stütze seines Fürsten.

Marburg müsse für Deutschland das werden, was Athen den Griechen war[292] und seine Zöglinge müssen Heil und Wahrheit durch die Welt verbreiten. Diese werte Stadt sei gesegnet bis ans Ende der Tage und jeden, den unsere Mauern umschließen, umsäusle hoher Gottes Friede.

Großer Lenker meiner Schicksale, der du mich bis auf diesen Lehrstuhl wunderlich und heilig geleitet hast! Mit brünstigem Verlangen ruf ich dich an: stärke meine Kräfte, erhalte meine Gesundheit, taufe mich an jedem Tage meines Lebens mit Feuer und Geist,[293] damit ich alle Wünsche meines Fürsten und jedes edlen Patrioten in meinem Teil erfüllen; ja, damit ich allen Erwartungen dieser hochansehnlichen Versammlung entsprechen möge.[294] Meine Worte seien Wahrheit, Ja und Amen!

Anmerkungen

(1) Jung-Stilling wurde im Februar 1787 durch landgräfliche Verfügung unter sehr günstigen Bedingungen nach Marburg berufen; siehe Lebensgeschichte 430. In Marburg nahm man ihn seitens der Kollegen „herzlich und freundschaftlich" auf; siehe Lebensgeschichte 431.

(2) Er schied zu diesem Zeitpunkt gern aus kurpfälzischen Diensten, weil die Abneigung seiner Amtsgenossen gegen ihn in Heidelberg zunahm; siehe Lebensgeschichte 681. Auch scheint er sich mit seinem langjährigen Freund und Gönner, *Friedrich Casimir Medicus* überworfen zu haben; siehe Anm. 154,5. Konfessionelle Gegensätze spielten dabei aber bestimmt keine Rolle. Denn seine Kollegen an der Staatswirtschafts Hohen Schule in Heidelberg und Direktor *Medicus* waren Nichtkatholiken; siehe Anm. 42,4.

(3) In Marburg fühlte sich Jung-Stilling (schon wegen der Nähe zu seiner Siegerländer Heimat) zuhause; „es war ihm, als käm er in sein Vaterland und zu seiner Freundschaft" (Lebensgeschichte 431). Wie aus verschiedenen Äußerungen hervorgeht, hatte Jung-Stilling eine starke gefühlsmäßige Hinneigung zu Marburg: die Stadt zog ihn von allen früheren und späteren Wohnorten am stärksten an.

(4) Im Jahre 1803 „war er nun auf einmal mit Marburg und Hessen fertig" (Lebensgeschichte 584). Ein auf Stilling gemünzter Zensurerlaß aus Kassel an die Universität Marburg trug Schuld daran; „ihn aber der ganzen Universität, allen seinen Collegen zum Stein des Anstoßes zu machen, das war sehr hart für einen Mann, der dem Fürsten und dem Staat sechzehn Jahr lang mit aller Treue gedient hat" (Lebensgeschichte 584 f.). Siehe auch Anm. 294 sowie Stieda, Nationalökonomie 223.

[200] Vater des Vaterlandes = *Wilhelm IX.* (1743-1821; siehe ADB 43, 64), seit 1785 Landgraf, ab 1803 Kurfürst.

(1) Er beseitigte zunächst manche Mißbräuche und gab sich seinen Regentenpflichten anfangs mit Eifer hin. Die bessere Ausstattung der Universität Marburg war eines seiner Hauptanliegen. Die persönliche Anwesenheit bei der Amtseinführung von Jung-Stilling beweist deutlich seine Gunst diesem und der Universität gegenüber; siehe auch Lebensgeschichte 430.

(2) Bald artete die Gerechtigkeitsliebe in Härte, die Sparsamkeit von *Wilhelm IX.* in Geiz aus. In seiner Habsucht scheute er sich nicht, nach dem Vorbilde des Vaters (siehe Anm. 231,6) sein Heer zum Teil an England zu vermieten.

(3) Von 1803 bis 1813 wurde *Wilhelm IX.* von den Franzosen vertrieben. Zu Kassel residierte zwischen 1807 und 1813 *Napoleons* jüngster Bruder, *Hieronymus Bonaparte* (1784-1860; siehe NDB 10, 414 und DBA 124, 220) als König von Westfalen („König Lustick"). Nach seiner Rückkehr aus Prag führte *Wilhelm IX.* u. a. Zopf und Prügel wieder ein.

[201] Lilien des Feldes = siehe Mätthäus 6, 26-28; Lukas 12, 27.

[202] Von der Wiege vorbereitet = siehe Psalm 91, 1 ff. (Vulgata: 90, 1 ff.); Psalm 121, 1 ff. (Vulgata: 120, 1 ff.).

[203] Hand geführt hat = Jung-Stillings erstaunliche Führung war den Zuhörern aus den 1777 und 1778 erschienenen drei ersten Teilen seiner Lebensgeschichte bekannt.

[204] Neues Vaterland = die Landgrafschaft Hessen-Kassel; ab 1803 Kurfürstentum. Nach dem verlorenen Krieg gegen Preußen von 1866 (an dem Hessen an der Seite Österreichs kämpfte) wurde das Gebiet der preußischen Provinz Hessen-Nassau einverleibt; nach 1945 dem Bundesland Hessen der Bundesrepublik Deutschland.

[205] Apoll = siehe Anm. 112.

[206] Konsistorium = staatliche Behörde über Kirchen-, Schul- und Universitätsangelegenheiten in Kassel, vergleichbar mit dem späteren Kultusministerium.

[207] Gottheit redet durch Werke = siehe 1. Mose 1,1; Psalm 19, 2 (Vulgata: 18,2); Apostelgeschichte 17, 24.

[208] Asymptote = eine gerade oder krumme Linie, die längs einer krummen läuft, ohne diese je zu berühren.

[209] Diadem = Kopfbinde; Stirnband als Schmuck eines Herrschers.

[210] Seraphsschwingen = sechsfüßige Fittiche wie sie den höchsten Engeln, den Seraphim (Einzahl: Seraph) zugeschrieben werden; siehe deren Kennzeichnung bei Jesaia 6, 2-4.

[211] Annalen = Jahrbücher; zeitgeschichtliche Niederschriften.

[212] Fluch und Verderben = siehe Jesaia 5, 11 und 12; Lukas 6, 24 und 25.

[213] Abziehen = herleiten; durch logisch richtige Schlußverfahren folgern.

[214] Glückseligkeit befördern = siehe Matthäus 7, 12; Lexikon Wirtschaft 60.

[215] Über vieles gesetzt = siehe Matthäus 25, 21 und 23; Lukas 16, 10.

[216] Phaedon, richtiger: Phaëton = in der griechischen Fabellehre der Sohn des Sonnengottes Helios. Er führte den Sonnenwagen am Himmel

so schlecht, daß er damit beinahe die Erde verbrannt hätte, und von Zeus (Jupiter) durch einen Blitzschlag getötet wurde.

[217] Eisabeth (hier wohl doch eher ein Druckfehler und weniger eine versuchte Eindeutschung. Denn unbestritten: ELI-SCHEBA = deren Eid Gott ist; zudem war Jung-Stilling sowohl des Hebräischen als auch des Englischen mächtig) = Königin *Elisabeth I.* von England (1533-1603), Tochter aus der Ehe von *Heinrich VIII.* mit der Hofdame *Anna Boleyn* (die er 1536 hinrichten ließ).

(1) *Elisabeth I.* selbst fand an der Landesökonomie wenig Gefallen. Ihr einsichtsvoller, weitblickender Minister *William Cecil Burleigh* (1520-1598) brachte England zu wirtschaftlicher Blüte; die Entwicklung Englands zur Kolonialmacht begann.

(2) Die rechtmäßige Thronfolgerin *Maria Stuart* wurde von *Elisabeth I.* 19 Jahre lang gefangen gehalten; 1587 befahl sie, diese zu töten (häufiges Thema in Dichtung und Literatur; u. a. von *Friedrich Schiller* bearbeitet).

[218] Die Niederlande (17 Provinzen) gelangten 1521 an Habsburg-Spanien. Von 1566 (Aufstand der Guisen) bis 1648 (Westfälischer Friede; siehe Anm. 227) Freiheitskampf; Erringung der Unabhängigkeit der sieben nördlichen Provinzen. Belgien bleibt bis 1714 spanisch und kommt dann an Habsburg-Österreich. Im Wiener Kongreß 1815 Vereinigung mit Holland; 1831 nach Revolution der Belgier erneute Trennung beider. Belgien mußte 1839 die Hälfte seiner Provinzen Limburg (mit Maastrich und Roermond) und Luxemburg abtreten.

[219] Vaterland versagt hatte = 1602 Gründung der holländisch-ostindischen Kompanie. Aufschwung als Seemacht. Java, das Kapland und Ceylon werden niederländische Kolonien.

[220] Gold und Silber = Anspielung vor allem auf Kolonial-Waren wie Kaffee, Kakao und Tabak, die Jung-Stilling den „üppigen Bedürfnissen" beizählt. Siehe Lexikon Wirtschaft 10, 78 und 156.

[221] Nackend waren = siehe 1. Mose 3, 7.

[222] Osten = wohl weniger erdkundlich gemeint, als vielmehr im Sinne von Österreich = östliches Reich(sland) und mit Bezug auf den Beginn des Dreißigjährigen Krieges. Dieser brach 1618 in Prag durch einen Aufstand (wegen Verletzung der im Majestätsbrief von 1609 den böhmischen Ständen gewährten Religionsfreiheit) aus und griff von da aus um sich.

[223] Jesuitismus = Scheinfrömmigkeit; Arglist, die religiös verbrämt wird.

(1) Bei Jung-Stilling in späteren theologischen Schriften im besonderen jener böse Geist, der die römisch-katholische priesterliche Führungsschicht beseelt und daher Gottes Strafgericht herausfordert: der satanische Ordensgeist; siehe Siegsgeschichte der christlichen Religion. Nürnberg (Raw) 1799, S. 400.

(2) Ausdrücklich nimmt Jung-Stilling aber den Jesuitenorden (die 1534 von *Ignatius von Loyola* gegründete *Gesellschaft Jesu* von diesem Kollektivurteil aus. Denn in diesem Orden gäbe es „viele große und würdige Männer". Stilling hatte das geistig-kulturelle fruchtbare Wirken der (Ex)Jesuiten am Hofe zu Mannheim kennen und zumindest achten gelernt; siehe auch Anm. 4. Zudem war ihm bekannt, daß den Mitgliedern des Ordens die Annahme von Bischofsämtern untersagt ist. — Die *Gesellschaft Jesu* wurde 1773 durch den Papst aufgelöst und in der katholischen Kirche erst 1814 wieder zugelassen.

[224] Hierarchie = bei Jung-Stilling die (in seiner Beurteilung ausgeartete) Priesterherrschaft in der katholischen Kirche seiner Zeit.

[225] Ägide = in der griechischen Fabellehre Schild des Jupiters (Zeus) und der Minerva mit dem (furchterregenden) Haupte der Gorgo Medusa. — Medusa wollte der Minerva (Pallas Athene) den Schönheitsrang streitig machen. Zur Strafe wurde ihr lockiges Haar in Schlangen verwandelt. Ihren Augen gab man die furchtbare Kraft, jeden, den sie ansah, in Stein zu verwandeln.

[226] Der schwedische König *Gustav II. Adolf* (1594-1632; siehe ADB 10, 189) verbündete sich mit Frankreich und griff 1630 durch Landung in Pommern in den Dreißigjährigen Krieg ein. Er drang bis Bayern vor, fiel aber im November 1632 bei Lützen (südwestlich von Leipzig). Durch ihn wurde Schweden vorübergehend europäische Großmacht.

[227] Westfälischer Friede 1648 zu Münster und Osnabrück.

(1) Katholiken, Lutheraner und Reformierte erhalten im Deutschen Reich gleiche Rechte. Erhebliche Machtschwächung von Kaiser und Reich; Festigung der landesfürstlichen Herrschaft.

(2) Schweden und Frankreich erlangen ausgedehnte Gebiete Deutschlands. An Schweden fällt u. a. Vorpommern mit Stettin und Rügen (erst 1815 ganz an Preußen) sowie die Bistümer Bremen und Verden. Frankreich bekommt u. a. einen großen Teil des Elsaß, aber ohne die Stadt Straßburg (die Frankreich erst 1681 widerrechtlich besetzt).

[228] Früher erleuchtete Nationen = von der Aufklärung zeitlich eher erreichte Völker. Aufklärung bei Jung-Stilling = deutliche und vollkommene Erkenntnis aller Regeln, durch deren Beobachtung ein Mensch vollkommener und glücklicher wird; siehe Lexikon Wirtschaft 4.

[229] Herzog *Ernst I. (der Fromme)* von Sachsen-Gotha (1601-1675; siehe ADB 24, 774; NDB 4, 622) schloß sich *Gustav II. Adolf* an, trat aber 1635 dem Prager Frieden zwischen Kaiser und Sachsen bei.

[230] *Friedrich Wilhelm* von Brandenburg, der „Große Kurfürst" (1620-1688; siehe NDB 5, 495) zog durch das „Edikt von Potsdam" vom Dezember 1685 etwa 20 000 in Frankreich verfolgte „gewerbefleißige" Hugenotten in seine Lande; siehe Anm. 233. Er gilt als der eigentliche

Begründer des preußischen Staates und dessen Absolutismus (zentralisierte Verwaltung, stehendes Heer).

[231] Glorwürdigste Landgrafen = die Linie Hessen-Kassel bestand seit 1567.

(1) *Wilhelm V. (der Beständige)* von Hessen-Kassel (reg. 1627-1637; siehe ADB 43, 39) hielt im Dreißigjährigen Krieg zu Schweden.

(2) Für *Wilhelm VI.* (reg. 1637-1663) führte bis 1650 seine Mutter die Geschäfte. Durch Erbvergleich erwarb sie Marburg zurück (es war 1623 an Hessen-Darmstadt abgetreten worden) und gewann im Westfälischen Frieden (siehe Anm. 227) Hersfeld sowie die Grafschaft Schaumburg hinzu.

(3) *Karl I.* (reg. 1670-1730) galt als Förderer von Kunst und Wissenschaft. Er legte in Kassel 1688 die Hugenottensiedlung Oberneustadt an und heilte nach Kräften die Wunden des Krieges.

(4) *Friedrich I.* (1676-1751; siehe ADB 7, 522) wurde 1720 als Gemahl der *Ulrike Elenore* von Schweden (jüngste Schwester des berühmten Kriegshelden *Karl XII.,* 1682-1718) König von Schweden.

(5) In Hessen-Kassel folgte ihm sein Bruder *Wilhelm VIII.* (reg. 1751-1760; siehe ADB 43,60). Er kämpfte im Siebenjährigen Krieg (1756-1763) als Parteigänger Preußens auf der Seite Englands gegen Frankreich.

(6) Sein Sohn *Friedrich II.* (reg. 1760-1785; siehe ADB 7, 524), der Vater des bei der Festrede anwesenden *Wilhelm IX.,* verkaufte an England gut 17 000 Soldaten für dessen Krieg gegen die abgefallene nordamerikanische Kolonie. Den Zuhörern der Rede war dies durch die Bank bekannt.

[232] Kurfürst *Karl I. Ludwig* (1617-1680; siehe ADB 15, 326, kürzer NDB 9, 246; sein Grab in der Heilig-Geist-Kirche Heidelberg), Sohn des „Winterkönigs" *Friedrich V.* und der *Elisabeth Stuart,* erhielt im Westfälischen Frieden 1648 (siehe Anm. 227) die achte Kurwürde.

(1) Er war vermählt mit Prinzessin *Charlotte,* der Tochter des Landgrafen von Hessen-Kassel. Diese trennte sich von ihm, als er seine Liebe der Hofdame *Loysa von Degenfeld* (1636-1677) zuwandte, sich ihr von seinem Hofprediger, Kirchenrat *Johann Ludwig Langhans* (1637-1691) „zur linken Hand" trauen ließ und gar noch für sie die kaiserliche Bestätigung als „Raugräfin" erwirkte; siehe Fuchs, Palatinatus 554, Note 893 auf eine diesbezügliche zeitgenössische Spottschrift.

(2) *Karl I. Ludwig* war rastlos bemüht, durch Herbeiziehung ausländischer Kolonisten das durch den Dreißigjährigen Krieg verwüstete und entleerte Land wieder aufzubauen. Er beförderte den Anbau von Wein, Tabak und Kartoffeln in der Pfalz.

(3) Zur Zeit der Aufhebung des Ediktes von Nantes 1685 war der um die Landesökonomie so erfolgreich bemühte *Karl I. Ludwig* bereits tot; Jung-Stilling irrt hier. Auch sein Sohn und Nachfolger *Karl* starb in diesem Jahr; siehe Anm. 114.

[233] Das Edikt von Nantes (Edikt = Verordnung, Erlaß; Nantes = Stadt in Frankreich an der Loire, 45 km vom Atlantischen Ozean entfernt) brachte unter Regierung von *Heinrich IV.* im Jahre 1598 den Hugenotten (französischen Protestanten) nach drei blutigen Bürgerkriegen die politische Gleichstellung mit den Katholiken. Es wurde 1685 durch *Ludwig XIV.* (siehe Anm. 235) aufgehoben. Gut 200 000 Hugenotten flohen aus begründeter Furcht vor erneuter Verfolgung nach England, Deutschland, der Schweiz und in die Niederlande. Dies führte zur Verarmung der französischen Kunst und Industrie sowie zum fast völligen Versiegen des Handels.

[234] Urenkel = König *Friedrich II.* von Preußen (1712-1786), genannt „der Große".

(1) Er machte Preußen durch Gebietserweiterung zur Großmacht. Zur „Arrondierung" (Abrundung) beanspruchte *Friedrich II.* das österreichische Schlesien. In zwei blutigen Kriegen kämpfte er es Österreich ab und behauptete es in einem dritten (siebenjährigen, 1756-1763) Krieg. Dem völlig wehrlosen Polen entriß *Friedrich II.* ein Drittel seines Staatsgebietes und verleibte es Preußen ein. — Unverständlich ist, warum Jung-Stilling diesen König zum „größten Manne unseres Jahrhunderts" erhebt. Denn Stilling spricht sich wiederholt und sehr deutlich gegen Raubkriege und Unterdrückung fremder Völker aus. Auch war das grenzenlose Elend ganzer Landstriche als Folge der Kriege von *Friedrich II.* im Jahr der Antrittsrede 1787 noch vor aller Augen.

(2) Im letzten Abschnitt seiner Regentschaft kümmerte sich *Friedrich II.* erfolgreich um die Landesökonomie. Durch 23 Jahre Krieg lag die Wirtschaft zerrüttet danieder; die materielle Not vor allem in Schlesien und Polen war unermeßlich.

[235] *Ludwig XIV.* König von Frankreich (1638-1685), der „Sonnenkönig", steigerte den Absolutismus aufs äußerste („Der Staat: das bin ich!") und machte seinen Hof zum Mittelpunkt von Europa. Seine Hof-und Palastbauten wurden zum Vorbild fürstlichen Lebensstils; siehe auch Anm. 118 und 119.

[236] Meteor = Luftbild im Dunstkreis der Erde, verursacht durch den Eintritt von Partikeln aus dem Weltraum (Sternschnuppen, Feuerkugeln). Von da: ungewöhnliche, wunderähnliche Erscheinung.

[237] Versailles = Ort 17 km südwestlich von Paris. Von 1672 bis zur Revolution 1789 Residenz der französischen Könige. Riesiges Barockschloß mit Marmorhof und Vorplatz; begonnen 1631, vollendet um 1710. Überreiche Innen-Ausstattung (Malereien, Gobelins, Skulpturen), berühmter Park mit Wasserspielen. Versailles galt als Vor-Bild der deutschen Territorialfürsten.

(1) Jung-Stilling spielt an dieser Stelle nicht zuletzt wohl auch auf den Hof in Mannheim an, den er aus der Nähe kennengelernt hatte. Dort blühte die verfeinerte Genußsucht, der Luxus und die Leichtfertigkeit nach dem als Muster geltenden Hofleben in Versailles.

(2) Der religiös-sittliche Einfluß am Hofe von *Karl Theodor* (siehe Anm. 3,4 und 75) wurde nach und nach zurückgedrängt. Der Kurfürst stand seit 1753 länger als ein Jahrzehnt mit *François Marie Arouet de Voltaire* (1694-1778; siehe DBA 1316, 347 ff.) in Briefwechsel.

(a) Als *Voltaire* 1758 vor *Friedrich II.* (siehe Anm. 234) flüchten mußte, lud ihn *Karl Theodor* in sein Schloß Schwetzingen (südlich von Mannheim) ein. Dort ließ er seine Komödien aufführen und überhäufte *Voltaire* mit Artigkeiten. Auch wurde *Voltaire* 1764 in die *Kurpfälzische Akademie der Wissenschaften* aufgenommen; siehe Fuchs, Palatinatus 568 sowie 69 ff. (Einzelheiten des Wirkens von *Voltaire* in der Pfalz und seines Verhältnisses zu Kurfürst *Karl Theodor*).

(b) Den Privatsekretär von *Voltaire*, den Italiener *Alessandro Collini*, übernahm *Karl Theodor* als seinen Geheimen Sekretär, machte ihn zum Direktor des Naturalien-Kabinetts (siehe Anm. 4,2) und 1785 zum Hofrat; schon im Gründungsjahr 1763 war *Collini* Mitglied der Mannheimer Akademie geworden; siehe Fuchs, Palatinatus 72 ff.

(3) Jung-Stilling mißfiel der Einfluß der Freigeister am Mannheimer Hofe. Er hielt indes *Voltaire* für das in der Geheimen Offenbarung beschriebene Werkzeug, die römisch-katholische Kirche in den Abgrund zu stürzen; siehe seine Siegsgeschichte der christlichen Religion. Nürnberg (Raw) 1799, S. 408.

[238] Berlockengetändel = Firlefanz; unnützes, modisches Zeug; seichter Schund; geschmackloser Plunder. — Berlocke (auch: Brelocke, vom französischen breloque) = Uhrenkettenschmuck; das Wort ist mit der Sache selbst (der Uhrkette) aus dem Sprachgebrauch verschwunden.

[239] Gouvernante = Erzieherin am Hof (ohne die dem Begriff heute beigelegte Nebenbedeutung).

[240] Heldensprache = zu Jung-Stillings Tagen wurde das Nibelungenlied wieder bekannt. Es erschien 1757 ein Teildruck durch *Johann Jacob Bodmer* (1698-1783; siehe ADB 3, 19) und 1782 eine Vollausgabe durch dessen Schüler *Christoph Heinrich Müller* (auch *Myller*, 1740-1807; siehe ADB 22, 521).

(1) Das löste eine nachhaltige Rückbesinnung auf die deutsche Sprache aus. In diesem Zusammenhang ist auch die 1775 erfolgte Gründung der *Deutschen Gesellschaft* in Mannheim zu sehen; siehe Anm. 4,3. In ihr war Jung-Stilling seit 1784 Mitglied; siehe Lebensgeschichte 428.

(2) Wenn Stilling hier der „deutschen Heldensprache" das „ausgeartete Schellengeklingel" des Französischen gegenüberstellt, so zeigt sich darin seine tiefe Abneigung gegen die französische Geistigkeit und Kultur; siehe auch Anm. 129. Sicher liegt aber in dieser mißachtenden Geringschätzung auch ein gutes Stück Neids. Denn Jung-Stilling kannte sehr wohl die Anmut und den Reichtum der französischen Sprache. Mehrere Jahre lang befaßte er sich mit der (nie im Druck erschienenen) Übersetzung von geistlichen Briefen des Erzbischofs

François de Fénelon (1651-1715); siehe hierzu seine Wuppertaler Briefe, Quelle bei Fuchs, Palatinatus 552, Note 885.

[241] Colbert = *Jean-Baptiste Colbert, Marquis de Seignelay* (1619-1683), seit 1661 Finanzintendant und ab 1665 in einer Person französischer Finanz-, Innen-, Bau- und Marineminister unter König *Ludwig XIV.* Er verwirklichte mit außergewöhnlicher Folgerichtigkeit die Grundsätze des Merkantilismus und formte die französischen Provinzen zu einem einheitlichen Wirtschaftsraum mit regelmäßigem Tauschverkehr. Siehe Braeuer, Handbuch 81.

[242] Auflagen = siehe Anm. 9.

[243] Afterkameralisten = falsche Merkantilisten in Deutschland (im Gegensatz zu *Colbert,* der zunächst die binnenwirtschaftlichen Umsätze erhöhte und dadurch höhere Steuereinnahmen erzielte).

[244] Veit Ludwig von Seckendorff = siehe Anm. 133.

[245] Fürstenstaat = siehe Anm. 134. Der genaue Titel dieser (in den letzten Jahren auch als Reprint erschienenen) Schrift lautet: „Teutscher Fürsten-Stat, oder: Gründliche und kurtze Beschreibung, welcher gestalt Fürstenthümer, Graff- und Herrschaften im Heiligen Römischen Reich Teutscher Nation, welche Landes-Fürstliche und Hohe obrigkeitliche Regalia haben, von Rechts- und löblicher Gewonheit wegen beschaffen zu seyn, Regieret, mit Ordnungen und Satzungen, Geheimen und Justitz Cantzeleyen, Consistoriis und anderen hohen und niederen Gerichts-Justantien, Aemptern und Diensten verfasset und versehen, auch wo deroselben Cammer- und Hofsachen bestellt zu werden pflegen."

[246] Christenstaat = siehe Anm. 134. Der genaue und vollständige Titel lautet hier: „Christen-Stat, worinn von dem Christenthum an sich selbst und dessen Behauptung wider die Atheisten und dergleichen Leute, wie auch von der Verbesserung so wohl des Welt- als Geistlichen Standes nach dem Zweck des Christenthums gehandelt wird."

[247] *Friedrich I.* (1657-1713; siehe ADB 7, 627), prachtliebender Sohn des „Großen Kurfürsten" (siehe Anm. 230), setzte sich am 18. Januar 1701 die Königskrone auf. Unter seiner Regierung wurde 1694 die Universität Halle (siehe Anm. 141) sowie die *Preußische Akademie der Wissenschaften* gegründet.

[248] *Friedrich Wilhelm I.* (1688-1740; siehe ADB 7, 635, kürzer NDB 5, 540) kam 1713 an die Regierung und sorgte zunächst für die Vereinheitlichung der Staatsverwaltung.

(1) Der König hielt streng auf Sparsamkeit und Pflichttreue, förderte aber gleichzeitig mit allen Mitteln der Zeit die Landesökonomie. Er nahm 1732 über 20 000 aus Salzburg vertriebene Lutheraner auf und siedelte diese vor allem zur Grenze nach Polen sowie in Litauen an.

(2) *Friedrich Wilhelm I.* erhöhte die Wehrkraft und schuf eine Armee von 83 000 (!) Mann. Seinem Sohn *Friedrich II.* (siehe Anm. 234)

hinterließ er einen Staatsschatz von 9 Mio Taler und erwarb Preußen durch Kriege neue Gebiete hinzu. Ihm verdankt Preußen seinen Ruf als Militär- und Beamtenstaat.

[249] Laconisch = kurzab; mit wenigen Worten viel sagen (nach der Art der Lakonen oder Spartaner). — Stilling umschreibt hier vornehm den Charakter von *Friedrich Wilhelm I.* Er galt nämlich als ungebildet, derb, barsch und roh; aber von Natur mit findiger Witterung für das Nützliche ausgestattet. Den Gewinn gut ausgebildeter Staatswirte für sein Königreich erkannte er klar.

[250] Ditmar = siehe Anm. 138.

[251] Gassern = siehe Anm. 141,2.

[252] Landgraf Friedrich der Erste = siehe Anm. 231,4.

[253] Fürstenau = *Johann Hermann Fürstenau* (1688-1756; siehe ADB 8, 216) stammte aus Herford und erwarb den medizinischen Doktorgrad 1709 in Halle. Siehe zu seinen Veröffentlichungen DBA 359, 152 ff. und GV 43, 89 f. sowie über sein Wirken in Rinteln auch Stieda, Nationalökonomie 22.

[254] Rinteln an der Weser (südöstlich von Minden) beherbergte von 1621 bis 1809 eine Universität. Die Stadt kam im Westfälischen Frieden (siehe Anm. 227) an Hessen-Kassel.

[255] Zink = siehe Anm. 139.

[256] Schreber = siehe Anm. 143.

[257] Justi = siehe Anm. 144.

[258] Sonnenfels = siehe Anm. 147.

[259] Beckmann = siehe Anm. 148.

[260] Schwedische Akademie = die im Jahre 1710 in Upsala gegründete Gelehrtengesellschaft mit (zunächst) vorzugsweise naturwissenschaftlicher Ausrichtung; ihre „Acta" erschienen seit 1720.

[261] Königlich französische Akademie = eine 1635 von Staatsminister Kardinal *Richelieu* konstituierte Gelehrtengesellschaft mit Wurzeln bis ins Jahr 1570. Aus ihr gingen im Verlauf der Zeit mehrere Klassen hervor. Seit 1694 gab die Akademie ein mustergültiges Lexikon heraus, auf das Jung-Stilling hier Bezug nimmt.

[262] Kurfürst Carl Theodor = siehe Anm. 3 und 4.

[263] Eigene gelehrte Gesellschaft = siehe Anm. 1 und 42.

[264] Carl Eugen von Württemberg = *Carl Eugen* (1728-1793; siehe ADB 15, 376, kürzer NDB 11, 267) gebärdete sich zunächst als verschwenderischer Despot (Schlösser Solitude und Hohenheim). Er wandelte sich unter dem Einfluß seiner Gemahlin und pflegte ab 1770 Ordnung und Sparsamkeit. *Carl Eugen* errichtete 1781 in Stuttgart eine Hohe Schule, der man den Namen Karls-Schule beilegte. Sie besaß eine Abteilung für Kameralisten und eine für Kaufleute. Bei 414 Zöglingen im Jahre 1791 werden freilich nur 22 Kameralisten genannt. Herzog

Ludwig Eugen (1731-1795; siehe ADB 19, 598), der Nachfolger des Gründers, machte der Hohen Schule schon 1794 ein Ende.

[265] Landgraf Ludwig von Hessen-Darmstadt = Landgraf *Ludwig IX.* (1719-1790; siehe ADB 19, 550) trat 1768 mit durchgreifenden Verbesserungen die Regierung an. Im April 1777 richtete er an der Universität Gießen eine ökonomische Fakultät ein. Zum Professor für Politik-, Kameral- und Finanzwissenschaft wurde der Physiokrat *Johann August Schlettwein* (siehe Anm. 172) berufen.

[266] Kurfürst Friedrich Carl = *Friedrich Carl Josef Freiherr von Erthal* (1719-1802) wurde 1774 zum Erzbischof von Mainz gewählt (seinen für die praktische Landesökonomie hochverdienten Bruder *Ludwig Franz* (1730-1795; siehe DBA 292, 151 ff.) erkor man 1779 zum Fürstbischof von Würzburg). Der Erzbischof von Mainz war durch sein Amt bis 1803 gleichzeitig auch Kurfürst und Erzkanzler des Reiches. Die *Erthalstraße* in Mainz ist nach ihm benannt.

(1) Der Erzbischof bemühte sich sehr um den Aufschwung der Kameralfakultät an der Universität Mainz. Er erhöhte die Zahl der Dozenten auf sechs; Mainz schickte sich an, die führende Lehr- und Forschungsstätte für die neue Wissenschaft zu werden. Im Zuge der Französischen Revolution besetzten die Franzosen 1792 Mainz; die Kameralfakultät wurde geschlossen. Siehe Stieda, Nationalökonomie 188 ff.

(2) Im April 1785 erwog man, Jung-Stilling aus Heidelberg nach Mainz zu berufen; dieser selbst wußte davon freilich nichts. Es handelte sich um einen Vorschlag des Hofkanzlers *Anselm Franz Freiherr von Bentzel-Sternau* (1738-1785; siehe ADB 2, 347 und DBA 82, 267) an den Kur-Erzbischof. Hofkanzler *von Bentzel-Sternau* war seit 1782 Kurator der Universitäten Mainz und Erfurt.

[267] Mirabeau = siehe Anm. 170.

[268] Doktor Quesnel = siehe Anm. 171.

[269] Physiokratie = wissenschaftliches System der Sozialökonomik, das den Boden als einzige Quelle des Reichtums betrachtet. Weil deshalb die Grundrente die ganze Steuerlast zu tragen hat, empfiehlt sich die Erhebung bloß einer einzigen Steuer. — Jung-Stilling widerlegt in seinen Schriften diese Gedanken immer wieder; siehe Lexikon Wirtschaft 111 f.

[270] Sublunarisch = unter dem Mond (lateinisch: LUNA) befindlich.

[271] Mesalliance = Mißheirat: eheliche Verbindung zwischen Personen sehr ungleichen Standes.

[272] Herzen- und Nierenprüfer = siehe Jeremia 17,10; Psalm 7, 10.

[273] Todesengel = Abaddon (Apollyon); siehe Offenbarung 9, 11 und 15.

[274] COLLEGIO PUBLICO = in öffentlicher Vorlesung, die unentgeltlich gehalten wurde. Im Unterschied dazu gab es ein COLLEGIUM PRIVATUM, das als besondere Lehrveranstaltung von den Hörern bezahlt werden

mußte. Ein COLLEGIUM PRIVATISSIMUM wandte sich nur an einen einzigen oder einige wenige Hörer. — Jung-Stilling hatte gleich im Wintersemester 1787/88 an die sechzig Hörer; „mein Auditorium ist gedrängt und geproft Voll", schreibt er am 14. September 1787 (handschriftlicher Brief im Besitz meines Freundes *Werner Schmidt,* Siegen-Seelbach).

275 Regalien- und Domänengüter = Regaliengüter stehen dem Träger der Staatsgewalt (Landesherr, Parlament) zum Zwecke des allgemeinen Besten zu, wie Bergregal, Fischereiregal, Postregal oder Lotterieregal. — Domänengüter (vor allem landwirtschaftlich genutzte Flächen, Waldungen und Bäder) trugen früher zur Bestreitung der Ausgaben des Landesherrn und seiner Bediensteten bei. Jung-Stilling trifft in seiner „Finanzwissenschaft" mehrere bezügliche Einteilungen und Untereinteilungen. Siehe auch Lexikon Wirtschaft 124.

276 Monieren = Bemerkungen (lateinisch: MONITA) zu einzelnen Posten der Buchführung machen.

277 Justifizieren = rechtfertigen, verantworten. — Justifikation nannte man die feierliche Bezeugung, daß die Buchungen als richtig befunden wurden. Jung-Stilling erläutert die Begriffe in seiner „Anleitung zur Cameral-Rechnungs-Wissenschaft nach einer neuen Methode des doppelten Buchhaltens, zum Gebrauche der akademischen Vorlesungen", die 1796 in Leipzig erschien. Siehe auch Lexikon Wirtschaft 16.

278 Vier Fakultäten = Theologie, Philosophie, Jura und Medizin.

279 Herzenskündiger = Erforscher, Kenner von wahrhaftigen und tatsächlichen Absichten; bibeldeutsche Form von SCRUTATOR CORDIUM; siehe Römerbrief 8, 27.

280 Satane im Lichtgewand = siehe 2. Korintherbrief 11, 14.

281 Lokale = Örtlichkeit, Ortsbeschaffenheit, Raumgegebenheiten.

282 Einsichten = hier: Geschick, Befähigung zur Tat; siehe Prediger 8, 14.

283 Law = *John Law* (1671-1729), schottischer Geldtheoretiker und Finanzmann. Er gewann 1716 die französische Regierung für seinen Plan einer Bank mit der Befugnis, Papiergeld auszugeben, um das in seiner Menge beschränkte (und darum den Handel einengende) Metallgeld zu ersetzen. Auch ließ er Aktien für eine französisch-ostindische Kompanie (Mississippikompagnie) zeichnen. Beide Unternehmen brachen zusammen. Siehe Braeuer, Handbuch 71.

284 Jude Süß = *Joseph Oppenheimer-Süß* (1692-1738; siehe ADB 37, 180) war Finanzrat des Herzogs *Karl Alexander* (reg. 1737-1793) von Württemberg, für dessen verschwenderische Politik er das Geld durch Ämterverkauf sowie Steuerdruck beschaffte und sich dadurch den Haß der Bevölkerung zuzog.

285 Cabalist = Geheimlehrer; Haupt einer im Verborgenen wirkenden, in böser Absicht tätigen Verbindung. — An dieser Stelle Anspie-

lung auf *Adam Weishaupt* (1748-1830; siehe ADB 15, 254) und den von ihm gegründeten Illuminaten-Orden. Dieser wurde von Kurfürst *Karl Theodor* (siehe Anm. 3) 1785 aufgelöst. Den Zuhörern war das erst zwei Jahre zurückliegende Ereignis bekannt.

[286] Von der Picke auf = sich hochdienend von unten (als Piqueur = Lanzenträger) nach oben.

[287] Landgraf *Philipp I.*, der Großmütige (1504-1567; siehe ADB 25, 765), ist Gründer der Universität Marburg, die sich auch heute noch nach ihm „Philipps-Universität" nennt.

[288] Flor = siehe Anm. 27.

[289] Landesmutter = Landgraf *Wilhelm IX.* vermählte sich 1764 mit Prinzessin *Wilhelmine Karoline* (1747-1820), der zweitgeborenen Tochter seines Onkels, des Königs *Friedrich V.* von Dänemark.

[290] Erbprinz = *Wilhelm II.*, Kurfürst von Hessen (1777-1847; siehe ADB 43, 75). Er regierte von 1821 bis 1831, als er die Regentschaft seinem Sohne *Friedrich Wilhelm* übertrug. Unruhen wegen der Erhebung seiner Maitresse (einem Berliner Bürgermädchen) zur *Gräfin Reichenbach* zwangen ihn zu diesem Schritt. Nach dem Tode seiner Gemahlin (einer Tochter von *Friedrich Wilhelm II.* von Preußen) heiratete er kurz darauf 1841 seine Maitresse und 1843 die Baronin *von Bergen.* — Jung-Stilling unterrichtete im Jahre 1790 viermal wöchentlich den Erbprinzen in Marburg; siehe Lebensgeschichte 466.

[291] Bäume des Lebens = siehe Offenbarung 2, 7; 22, 2.

[292] Athen = Pflanzstatt griechischer Literatur, Kunst und Wissenschaft mit Ausstrahlung in die ganze Welt.

[293] Feuer und Geist = siehe Anm. 198.

[294] Erwartungen entsprechen = Jung-Stilling blieb bis September 1803 in Marburg. Ab da trat er in die Dienste des ihm befreundeten Markgrafen (ab 1803: Kurfürsten, ab 1806: Großherzogs) *Carl Friedrich* von Baden (1728-1811), der neben anderem auch als Nationalökonom bekannt war; siehe Braeuer, Handbuch 106 f.

(1) Stillings Nachfolger im Lehramt an der Universität Marburg wurde auf seine Empfehlung der gelernte Kaufmann und Naturwissenschaftler *Blasius Merrem* (1761-1824; siehe DBA 828, 224 f.) aus Bremen; siehe dessen Schriften in GV 95, 78 f. — *Merrem* wurde 1812 auch korrespondierendes Mitglied der *Preußischen Akademie der Wissenschaften* und schrieb in deren Physikalischen Abhandlungen eine Arbeit über das Gerippe flachbrüstiger Vögel (!). — In Duisburg (wo er vor seiner Berufung nach Marburg wirkte) ist nach ihm die *Merremstraße* benannt.

(2) Stilling war zunächst Berater des Kurfürsten *Carl Friedrich* mit Wohnsitz in Heidelberg. Ab 1806 wirkte er an der großherzoglichen Residenz zu Karlsruhe; 1808 wurde er zum Geheimen Hofrat in Geistlichen Sachen ernannt; siehe Lebensgeschichte 573 ff. In Karlsruhe starb Jung-Stilling 1817.

Einige wichtige Bemerkungen

über

das Studium

der

Staatswirthschaft,

Nebst dem Beweiß,

daß auch

die Vieharzneikunde

wesentlich dazu gehöre.

Von

D. Johann Heinrich Jung.

Vorgelesen den 10 November 1784.

Bis dahin hat uns die erhabene weise Vorsicht[295] und Vater *Karl Theodors*[296] Völkerliebe geleitet. Zum erstenmal versammeln wir uns am Fuße des heiligen Berges, wo die ehrwürdigen Ruinen des uralten edlen Wohnsitzes der vaterländischen Helden mit ihren Stammbildern prangen und der Nachkommenschaft Standhaftigkeit und echten deutschen Aufschwung einflößen.[297]

Zum erstenmale sind wir da in unserer eigentümlichen Aula, im Saal der staatswirtschaftlichen Musen, an der Seite unserer eisgrauen ALMA MATER, die eine der größten Reihen berühmter Männer und Lehrer in ihrem Schoß getragen und an ihrer Brust genähret hat. Willkommen alte edle deutsche Fürstenburg! — Willkommen erlauchte Universität! — Willkommen sämtliche hochlöbliche Kollegia allhier! Willkommen ansehnliche teure Mutterstadt der Pfälzer! Willkommen meine teuren Herren Brüder und Kollegen hier im Paradiese der Musen! Gott segne unseren Mut und Kraft! Gott segne unsere Arbeiten, damit wir unseren Fleiß mit den Bemühungen unserer verehrungswürdigen älteren Schwester zum Wohl des Vaterlandes und der Völker aufs fruchtbarste vereinigen mögen!

Das ist dein Werk, Fürst der *Allemannen* und der *Bojen*![298] So hast du dieses Jahr aufs neue deinen Namen verherrlicht, dessen 60stes Gedächtnisfest heute deine treuesten Verehrer, die Mitglieder der physikalisch-ökonomischen Gesellschaft, feiern. Dir verdanken wir — nächst Gott — unser Institut,[299] unser Aufkeimen, Wachsen und Erreifen im waldigen *Austrasien*[300] und nun auch unsere Verpflanzung auf den pfälzischen *Parnaß*.[301] Jehova bekröne deinen grauen Scheitel mit Majestät, Herrlichkeit und Frieden und alles Volk soll sagen Amen!

Der Begriff, den man vor dem Entstehen unserer Hohen Schule mit dem Wort *Kameralwissenschaft* verband, schränkte sich bloß auf das Finanz- und Rechnungswesen ein. Die Jünglinge, welche zu uns kamen, um unsere Hörsäle zu besuchen, hatten entweder schon die Rechtsgelehrtheit studiert und wollten also in einem halben oder höchstens ganzen Jahre das Kamerale[302] so im Lauf mitnehmen. Oder sie fingen ihre Studien mit demselben an, eilten weg und taten ihr Bestes, um alles im nächsten halben Jahre wieder zu vergessen. Diese Art zu denken war ihnen zu verzeihen, insofern sie nur das Kameral-Wissenschaft hießen, was ich vorhin darunter verstanden habe.

Viele studierende Jünglinge, die — mit Hunger nach Wahrheit und Trieb zur Wohltätigkeit ausgerüstet — unsere Hohe Schule besuchten, entdeckten bald das schöne und prächtige Lehrgebäude unserer neuen Wissenschaft. Es erfüllte ihre ganze Seele mit Wohlgefallen und insofern sie Herr und Meister über ihren Studienplan waren, änderten sie ihn und vollendeten ihren Lehrgang bei uns. Alle, die dieses getan haben, freuen sich jetzt darüber. Und wir dürfen uns rühmen, daß schon eine ziemliche Anzahl wackerer Männer, die sich bei uns gebildet haben, zum Wohl ihres Vaterlandes wirksam ist.

Jener eingeschränkte Begriff von dem Wort *Kameralwissenschaft* rührte bloß von dem allgemein angenommenen Regierungssystem her. Die Regenten kannten keine andere Pflichten, als das *Mein* und *Dein* zu schützen, und dann ihre Kammer zu bereichern. Die erste Pflicht übten sie nächst dem Schutz des Schwerts durch die Rechtsgelehrsamkeit und ihre Pflege aus, und es gibt auch noch immer keinen andern und bessern Weg dazu. Die zweite, nämlich ihre Kammer zu bereichern, wurde durch die Finanzbedienten oder Kameralisten ausgeführt. Diese kannten nun keinen andern Weg, die Einkünfte des Fürsten zu vermehren, als die alten gewöhnlichen Auflagen[303] strenge einzutreiben, neue zu erfinden, die Domainen- und Kammergüter auf alle Weise zu vermehren, und wenn sie es recht gut machen wollten, neue Mäute[304] anzulegen sowie Fabriken auf herrschaftliche Rechnung zu errichten.

Die allgemeine Erfahrung spricht für sich, in wie fern diese Finanzverwaltung zum Wohl oder Weh der Fürsten und der Völker mitgewirket habe.

Wenn man diese bisherige Bedienung der fürstlichen Einkünfte *Kameralwissenschaft* nennen will, so habe ich nichts dagegen. Wir gebrauchten auch selbst dieses Wort zum ganzen Umfang unserer Wissenschaften. Unser Musensitz wurde *Kameral Hohe Schule* genannt. Man glaubte, das Publikum würde sich nach und nach an den ausgedehnteren Begriff, den wir damit verbanden, gewöhnen. Allein, das geschah nicht. Es wurde also für gut gefunden, diese Benennungen *Kamerale, Kameralwissenschaft, Kameral Hohe Schule* und *Kameralist* fahren zu lassen, und die der Sachen angemessenere Ausdrücke, *Staatswirtschaft, Staatwirtschaftes Hohe Schule* und *Staatswirt* zu erwählen. Seine Kurfürstliche Durchlaucht, unser gnädigster Herr, haben diese Ausdrücke auch gebilligt und sie in Höchstdero Versetzungsreskript der *Staatswirtschafts Hohen Schule* von *Lautern* nach *Heidelberg* gnädigst bestätigt.

Man hat zwar sowohl in den öffentlichen Schriften als im Privatvortrag zum öftern hinlänglich und weitläufig erklärt, was für Begriffe man mit dem Wort *Kameralwissenschaft* und nun mit dem Ausdruck *Staatswirtschaft* verbinde. Allein, bei aller Anstrengung, das Publikum zu belehren, bleibt es noch immer notwendig (sowohl in Absicht auf die Dienerschaft als vornemlich in Ansehung der Studierenden), die Sache so oft zu wiederholen, bis sie sich jedem Gedächtnis gleichsam eingewurzelt hat. Besonders glaubte ich ein Wort recht zu seiner Zeit zu sagen, wenn ich bei unserer ersten öffentlichen Versammlung allhier einem hochansehnlichen Heidelberger gelehrten Publikum und besonders auch unserer erlauchten Universität eine kurze Rechenschaft von unserem System geben würde.

Ich bitte also folgende Grundsätze wohl zu bemerken.

Ein jeder Mensch ist glücklich, wenn er sich in seinem Gewerbe leicht ernähren, dabei reich und wohlhabend werden und dann alles ruhig und im Frieden genießen kann.

Ruhe und Frieden gewährt die gesetzgebende Gewalt durch Schwert und Rechtspflege, und auf dieses schränkte sich bis daher vorzüglich die Regierung ein. Da aber die Gewerbe durchgehends ungemein vieler wahrer und wesentlicher Verbesserungen fähig sind, so ist unwidersprechlich, daß schon an und für sich selbst die Regentenpflicht erfordere, die Gewerbe so blühend zu machen als nur möglich ist. Der Fürst braucht also zwei

Arme. Mit dem einen schützt er und mit dem andern macht er glücklich.

Aber nicht bloß die Regentenpflicht, sondern auch das fürstliche und Staatsinteresse erfordert, daß die Einkünfte des Staats so fruchtbar erhöhet werden als nur möglich ist. Die wahren echten Quellen dieser Einkünfte sind die Gewerbe. Je blühender also diese gemacht werden, desto ergiebiger werden sie.

Wer also die Einkünfte des Fürsten aufs höchste vermehren will, der muß die Gewerbe im Staat erst höchst blühend machen. Dann folgt der fürstliche und Staatsreichtum von selbst.

Noch eins: die Vermehrung der Einkünfte und der Reichtum des Staates verhält sich natürlicher Weise wie die Anzahl *wohlhabender* Untertanen. Daher strebten von jeher die Fürsten Eroberungen zu machen.

Aber unendlich wohltätiger ist die Vermehrung der beschäftigten Bevölkerung, die durch Verbesserung der Landwirtschaft, Fabriken und Handlung veranstaltet wird. Ein weiter Umfang von Ländern vermehrt die Beschwerde der Regierung, aber die Vermehrung glücklicher Einwohner in einem Lande erleichtert sie.[305]

Je mehr diese glücklichen Einwohner und Untertanen vermehret werden, desto reicher und ergiebiger werden wiederum die Quellen der fürstlichen Einkünfte.

Was ist also schöner, was löblicher, was wünschenswerter, als die Wissenschaft: *Die Gewerbe blühend, dadurch die einzelnen Untertanen reich und glücklich, das ganze Land stärker und nützlicher bevölkert und vermöge dieses alles auch den Fürsten reich und mächtig zu machen.* Kennt jemand eine edlere, eine erhabnere und gerade zu wohltätigere Wissenschaft? Gewiß nicht! Und diese Wissenschaft meinen wir: die *Staatswirtschaft.* Sie ist es, womit wir uns bis dahin beschäftigt haben und in Zukunft beschäftigen werden.

Ein jeder wird mit Mund und Herzen eingestehen, daß diese Wissenschaft groß, erhaben und eine der allernötigsten sei. Allein, ebenso wird auch ein jeder fragen: „Seid ihr denn die Männer, die diese Wissenschaft *ausführbar* — ohne leere Projekte

—vortragen?“ Auch darüber will ich noch mit wenigen Worten Rechenschaft geben.

Die sämtlichen Gewerbe im Staat bestehen in drei Klassen: in der *Landwirtschaft, den Fabriken und Handwerkern,* und in *der Handlung.*

Was durch die Landwirtschaft möglich sei, das beweist *Kleinjogg* in der *Schweiz*[306] und noch erhabener, wichtiger und belehrender unser pfälzischer und vielleicht des heil. römischen Reichs Erzbauer, der ehrwürdige *Möllinger zu Monsheim.*[307] Eine wohlgeordnete, ergiebigere, gesegnetere Landwirtschaft läßt sich nicht denken als diejenige, die dieser Mann führt. Mit 500 Gulden und einem kleinen Gut fing er an. Jetzt ist er mit Gott und mit Ehren ein Mann von mehr als 100 000 Gulden, und sein Gut ist 500 Morgen stark. Jeder lehrbegierige Jüngling reise in *Möllingers* Schule. Denn auch seine häusliche Einrichtung und Lebensart ist wohl das höchste Ideal landwirtschaftlicher Glückseligkeit.

Was nun etlichen möglich ist, das ist allen — je nach dem Verhältnis ihrer Leibes- und Seelenkräfte, nach ihrem Vermögen und dem Lokale[308] ihrer Güter — möglich. Genug; wir Pfälzer sind durch mächtige Erfahrungen überzeugt, wie sehr die Landwirtschaft verbessert werden könne und seit zwanzig Jahren verbessert worden sei.

Was durch wohleingerichtete Fabriken und Handlung für ein Wohlstand entstehen könne, das sieht man in unserem mit der *Pfalz* verschwisterten Herzogtum *Berg*[309] und anderen Orten mehr.

Nun haben wir uns das zum unverbrüchlichen Gesetz gemacht, durchaus keine Sätze anzunehmen und zu lehren als solche, die durch viele Erfahrungen erprobt und jedem Lokale angemessen sind. Wir berufen uns in diesem Stück kühn auf Versuche. Ein jeder stelle sie an; je häufiger, je lieber.

Die Schlußfolge von dem allem ist also: daß die Wissenschaften, die wir lehren, oder die Staatswirtschaft, eigentlich auf einer gründlichen Kenntnis jener drei Gewerbe, der *Landwirtschaft, Fabriken* und *Handlung* und dann auf der Kunst beruhe, diese Gewerbe so zu leiten, daß erstlich dadurch der ganze Staat blühend, wohlhabend, und nützlich bevölkert, und dann auch wiederum hierdurch der Fürst reich und mächtig werden möge.

Ich meine, das sei eine andere Finanzverwaltung als die bisherige; eine andere Kameralwissenschaft, als die man bisher gekannt hat! — Möchte sie nur nicht durch so viele leere Projektmacher verunstaltet werden, als bisher so häufig geschehen ist![310] — Wir machen es uns also auch zur höchsten Pflicht, die uns anvertrauten Jünglinge durch ein *gründliches systematisches Studium* vor dieser Klippe zu bewahren. Denn jeder Projektmacher entsteht durch anders keine Ursache als durch seichte Kenntnisse. Ich hoffe nicht, daß ich nötig habe, diesen Satz zu beweisen. Wer den Plan zu einer Sache machen will und kennt sie genau, der wird keinen seichten unausführbaren Entwurf — das ist ein leeres Projekt — entwerfen!

Nun komme ich durch einen kleinen, aber höchst nötigen Umweg endlich auf den Standpunkt, wohin ich meine Zuhörer führen wolte. Ich mußte nämlich die Wissenschaft der Staatswirtschaft zuerst an einem deutlichen Begriff erheben, ehe ich zeigen konnte, was zu einem gründlichen Studium derselben gehöre.

Wenn wir keine Projektmacher, sondern lauter gründliche Staatswirte bilden wollen, so müssen wir es uns zu einem unverbrüchlichen Gesetz machen, keinem unserer zukünftigen Lehrlinge für einen Kandidaten der Staatswirtschaft zu erkennen, der sie nicht vollständig und systematisch studiert hat; das ist: der nicht alles gründlich erlernt hat, was zum ganzen Umfang dieser vortrefflichen Wissenschaft gehört. Nachdem, was ich bisher gesagt habe, denke ich, wird kein Mensch mehr zweifeln, daß dieser heilige und feste Vorsatz zu Behauptung der Ehre unserer Lehrstühle, unserer Hohen Schule und der ganzen Universität, zum wahren Wohl aller Studierenden und zur Glückseligkeit der Staaten abzwecke.

Wir wollen damit die Studierenden aus anderen Fakultäten nicht aus unsern Hörsälen verdrängen! Jeder kann einzeln bei uns hören, was er will. Sondern das ist unser Vorsatz: keinen für einen wahren Staatswirt zu erkennen, der nicht ordentlich *alle* Kollegia, die zu unserem System gehören, rechtmäßig studiert hat.

Nun will ich zeigen, was denn eigentlich zum Studium der Staatswirtschaft unentbehrlich ist.

Zuerst ist es gar nützlich, wenn der neu angekommenen Anfänger binnen kurzer Zeit das ganze System kennen lernt, damit er wisse, was er zu tun habe. Zu dem Ende trage ich in jedem Kurs während der ersten sechs Wochen die *Grundlehre sämtlicher Kameralwissenschaften* nach meinem eigenen Lesebuch dieses Namens vor.[311]

Die drei Gewerbe — Landwirtschaft, Fabriken und Handlung — muß jeder durchaus und gründlich studieren. Alle drei Wissenschaften gründen sich auf unsere *Grundwissenschaften.* Wer diese nicht kennt, der kann ebensowenig die Gewerbe studieren als der Rechtsgelehrte die Jurisprudenz ohne Natur- und Völkerrecht oder der Theologe die Gottesgelehrtheit ohne natürliche Theologie. Die Grundwissenschaften machen unsere höchst unentbehrliche Philosophie aus. Wir verstehen darunter die reine und angewandte Mathematik, Naturgeschichte, Physik und Chemie. Wer nur einigermaßen einen Blick in die Gewerbe getan hat, der sieht ein, daß es schlechterdings unmöglich sei, dieselben zu studieren, wenn er nicht jene Grundwissenschaften versteht.

Oft haben sich junge Herren in meinem Hörsaal eingefunden, um die Gewerbe zu studieren, ehe sie bei Herrn Hofrat *Sukow*[312] jene Grundwissenschaften gehört hatten. Sie entschuldigten sich damit, daß sie ja diese Wissenschaften schon studiert hätten. So scheinbar diese Entschuldigung ist, so schädlich ist sie auch, und so wenig dürfen wir sie gelten lassen.

Wer nur ein wenig Kenntnis von jenen Grundwissenschaften hat, der weiß auch, wie allgemein und weitläufig ihr Feld ist. Der Theologe braucht die Physik und Naturgeschichte, aber zu welchem Zweck? — Zur Erkenntnis Gottes in der Natur! Man lese des seligen Professor *Sanders* Schriften[313] und *Niewentyts* unsterbliches Werk.[314] Der Mediziner studiert sie auch, aber um die Wirkungen der natürlichen Körper auf das Leben und die Gesundheit des Menschen kennen zu lernen. Was hilft dies Studium dem Staatswirt? —

Aus einem ganz andern Standort muß sie der Staatswirt betrachten, wenn er sie dem bürgerlichen Leben anwendbar machen will. Herr Hofrat *Sukow* hat dabei den Zweck, in der angewandten Mathematik, der Mechanik und Baukunst dem angehenden Staatswirt die Gründe zu zeigen, auf welchen sämtliche künstlichen Werkzeuge aller Gewerbe und die nützlichste Art, jedwelche Gebäude zu errichten, bestehe.

In der Naturgeschichte bemüht er sich vorzüglich, diejenigen Körper — ihre Natur, Wirkungsart und Gebrauch — kennen zu lernen, welche durch die Gewerbe zur Glückseligkeit der Menschen das Ihrige beitragen. Eben diesen Zweck benutzt er auch in der Physik und Chemie. Daher er auch seinem Lehrbuch der letzteren Wissenschaft den Namen der *technischen,* das ist : der *Fabrikwissenschaftlichen Chemie,* mit vollem Rechte gegeben hat.

Wie unentbehrlich das Natur- und Völkerrecht dem anfangenden Staatswirte sei, kann ein jeder von selbst erachten. Herr Hofrat *Schmid*[315] lehrt es ebenfalls ausführlich und nicht in Rücksicht auf eine andere Wissenschaft, sondern auch ganz zum staatswirtschaftlichen Zweck.

So ausgerüstet, kann nun der Jüngling meinen Lehrstuhl der Gewerbewissenschaften besuchen. Die *Landwirtschaft* ist dann das erste, was er zu studieren hat. Wir teilen sie in vier Zweige. Der erste macht die *Forstwirtschaft,* der zweite den *Ackerbau und die Viehzucht,* oder die *eigentliche Landwirtschaft,* der dritte die *Vieharznei* und der vierte den *Bergbau* aus.[316] Daß die Forstwirtschaft, der eigentliche Ackerbau und die Bergwerkswissenschaft dem Staatswirt nötig sei, daran wird selten gezweifelt. Die erste beide Kollegien besuchen daher auch alle bei mir; und das Bergwesen wird nicht weniger bei Herrn Hofrat *Sukow* fleißig studiert. Aber die *Vieharznei* wird durchgehends für unnötiger gehalten. Ich habe mir daher vorgenommen, im Verfolg zu beweisen, daß auch diese Wissenschaft wesentlich zur Staatswirtschaft gehöre.

Auf die Landwirtschaft folgt in der Ordnung die *Fabrikwissenschaft* oder *Technologie.* Ich lehre in diesem Kurs die vornehmsten Fabriken, die mit den andern Gewerben in Verbindung stehen, und der Landwirtschaft (und durch sie dem Staat) am mehresten aufhelfen. Dann folgt die *Handlungswissenschaft.*

Denn diese macht eigentlich die vorigen Gewerbe lebhaft und setzt Geld und Güter in Kreislauf. *Das allgemeine Buchhalten* des Landwirts, des Fabrikanten und Kaufmanns, verzüglich aber des berechneten Bedienten — nämlich auf die beste Weise Rechnungen zu führen, zu monieren und zu justifizieren — mit einem Wort: die *Logographie* oder Rechnungswissenschaft, folgt nun in der Reihe den Gewerben nach. Auch von dieser ist die Rede nicht, denn sie wurde von jeher zum eigentlichen Kamerale gerechnet. Endlich mache ich mit der Gewerbpolizei den Beschluß meines Lehrstuhls. Ich suche da die besten Regeln anzugeben, nach welchen jedes Gewerbe in Ordnung und Aufnehmen gebracht werden könne und ziehe zu dem Ende praktische Sätze aus den Gewerben selbst.

Nun ist der junge Staatswirt vorbereitet, aber noch nicht fertig! Denn nun muß er erst alles Gehörte auf den Staat anwenden lernen. Herr Hofrat *Schmid* beschäftigt sich damit, ihm zuförderst die Grundsätze beizubringen, nach welchen die allgemeine Sicherheit, Ruhe und Ordnung der Personen und der Güter im Staat zu handhaben seien, oder mit andern Worten: wie man die Untertanen moralisch und physisch glücklich machen müsse. Diese Wissenschaft nennen wir die eigentliche *Polizei.*[317]

Dann ist es ein Hauptzweck der gesetzgebenden Gewalt, die Mittel an die Hand zu geben, wodurch sie oder der Regent in den Stand gesetzt wird, zu regieren. Das ist: sie muß für sich und ihre Dienerschaft und zur Erhaltung des Ganzen Einkünfte haben. Diese zum Vorteil des Einzelnen und des Ganzen anzuordnen, einzutreiben und aufs wirtschaftlichste zu verwalten, lehrt er in der *Finanzwissenschaft.*[318]

Endlich trägt er die Summe der *Regierungskunst* in der eigentlichen *Staatswirtschaft* vor. Hier bekommt nun der Studierende eine philosophische Übersicht über das Ganze. Hier verbindet er alles Gehörte zusammen und bringt es in den einzigen Grundsatz: „Mache dein Vaterland so glücklich als es dir (entweder als Regent oder als Bedienter) in deiner Wirkungssphäre möglich ist". Denn die eigentliche Staatswirtschaft lehrt gut regieren. Mithin ist sie jedem nötig, dessen Lage ihn fähig macht, an Verwaltung und Ausführung der Gesetze Teil zu nehmen.

Sehen Sie, meine Herren, das ist unser Lehrgebäude! Und so muß es studiert werden, wenn der Erfolg dem Vorsatz entsprechen soll. Ich zweifle nun nicht mehr: einjeder muß einsehen, daß unsere staatswirtschaftliche Wissenschaften nicht nur höchst wichtig seien, sondern auch in eben der Ordnung und auf die Art, wie wir sie vortragen, gelehrt werden müssen.

Nun gehe ich zum zweiten Zweck meiner Abhandlung über. Ich habe bisher die Notwendigkeit aller Disziplinen erwiesen, die wir vortragen, ausgenommen die *Vieharzneikunde.* Ich habe Ursache, mich über diesen Gegenstand etwas weiter auszubreiten, besonders, da ich so vielfältige Beispiele weiß, daß man sie für sehr unwesentlich in unserem Lehrgebäude angesehen hat.

Wenn ich öfters den vernünftigsten Jüngling fragte: „Werden sie auch die Vieharznei hören?", so bekam ich die lächelnde Antwort: „Ich werde wohl nie dem Bauern sein Vieh kurieren!" Und fast nimmer fand ich einen, der den Wert und die Notwendigkeit dieser Wissenschaft eingesehen hätte. Dennoch nahmen sie viele so im Vorbeigang mit; bloß aus dem Grunde, weil sie dachten, sie könne doch nicht schaden.

Manchmal macht der Vater zu Haus seinem Sohne den Studierplan. Das laß ich gelten, wenn er das Fach kennt, welchem er seinen Sohn widmet. Solches kann aber fast nie bei uns der Fall sein. Denn unser Lehrgebäude ist neu. Wer also seinen Sohn der Staatswirtschaft widmen will, der muß so viel Zutrauen zu uns haben, daß er *uns* den Plan entwerfen läßt, nach dem sein Sohn studieren soll. Wenn also der Vater sagt, du kannst die Vieharzneikunde nicht brauchen, so sind hernach dem Sohne die Hände gebunden.

Um nun dem Publikum überhaupt — und dem Studierenden insbesondere — auch in dieser Sache ein Licht anzuzünden, so will ich *erstlich* beweisen, daß die Vieharzneikunde wichtig genug sei, als eine besondere Wissenschaft gelehrt zu werden und

zweitens, daß sie am allerschicklichsten zu den staatswirtschaftlichen Wissenschaften gezählt werde, das ist: zur *Staatswirtschafts Hohen Schule* gehöre.

Von den ältesten Zeiten her bestand die Politik der Kabinette der Großen in der Kunst, Anlaß, Recht oder Schein des Rechts zu Länder-Eroberungen zu erfinden. Und noch bis dahin ist dieser Hang nicht ganz verschwunden! Indessen fing man doch allmählich — besonders seit *Elisabeths, Cromwells* und *Colberts* Zeiten — an,[319] die Augen weiter zu öffnen. Und nun machte man die große Handlung zum Augenmerk. Man sah nämlich, welchen Flor und welchen Wohlstand die Handelsstaaten genossen. Man glaubte, die Kaufmannschaft empor zu bringen sei das NON PLUS ULTRA[320] der Kabinettspolitik. Und wirklich: man glaubt es noch!

Es ist wahr: wenn man die Republiken, Städte und Länder betrachtet, wo die Handlung blüht, da ist des Überflusses und des Wohlstandes kein Ende. Auch die Aufklärung des Geistes hat da einen besseren Fortgang. Denn jeder hat Vermögen genug, seine Kinder etwas lernen zu lassen. Dem ersten Anblick nach sollte man also denken, die Politik der Kabinette habe die wahre Richtung genommen.

Indessen, wenn man die Sache auf den Grund durchschauet, so ist der Grund dieser Glückseligkeit schwankend, und dies aus zwei Hauptursachen.

Erstlich beruht der ganze Flor der Handlung auf dem Einkauf und Absatz in fremden Ländern, die nicht in unserer Gewalt stehen. Ein handelnder Staat ist von vielen andern unausbleiblich abhängig. Es wird außerordentlich vieles FAS und NEFAS[321] und falsche Politik erfordert, entweder um andere Nationen zu täuschen — zu überlisten — oder sie in die Notwendigkeit zu setzen, zu ihrem Nachteil uns Vorteile zuzuwenden. Diese falsche Politik kann in einem handelnden Staat nie vermieden werden. Es ist also entschieden, daß in der Handlung allein unmöglich der Grund der wahren Glückseligkeit liegen könne. Denn der kann nie auf Ungerechtigkeiten angelegt werden!

Die Geschichte aller Völker und Staaten belehrt uns ferner aufs deutlichste, daß bloße Handels-Staaten nie auf sichern Füßen standen, und daß sie alle der Reihe nach ihre kürzere oder längere Perioden hatten, und endlich ganz zu Grunde gingen.

Zweitens zieht die große Handlung viel früher den alles verheerenden Luxus nach sich als andere Gewerbe. Das geschwinde Wachstum des allgemeinen Wohlstandes, die vielen Reisen in fremde Länder und noch andere Ursachen mehr machen diese Folge bei allen Anstalten und Dämmen dagegen unvermeidlich.

Und endlich wirkt die große Handlung nur rückwärts auf Fabriken und Landwirtschaft, mithin unnatürlich und nie im rechten Verhältnis. Sie soll also nicht der Hauptgegenstand der Kabinette sein.

Nun will ich aber einmal die wahre Politik — und zwar nur mit kurzen Worten — anzeigen. Ich will nur die Summe von den Grundsätzen darstellen, die wir auf unsern Lehrstühlen vortragen.

Der Regent betrachte sein Land, wie der Bauer sein Landgut betrachten soll. Ohne an weitere Eroberungen zu denken, sorge er nur dafür, daß die Landwirtschaft zum höchsten Wohlstand gebracht und sein Land voller glücklicher Bauern werde. Hier suche er den ersten Grund der Bevölkerung. Er denke an keine Ausbreitung der Handlung, bis jeder Fleck urbar und angebaut ist. Es versteht sich von selbst, daß er deswegen Fabriken und Handlung nicht hindern müsse. Er muß ihnen auch vorstehen. Die Landwirtschaft soll aber *eigentlich* sein Kabinett beschäftigen.

Was wird dann der Erfolg sein? Dieser: daß er so viele angesehene wohlhabende Untertanen hat, als durch die Landwirtschaft möglich ist: Untertanen, die ihm am nützlichsten sind; von denen er die mehresten, beständigsten und dauerhaftesten Einkünfte erhebt und die ihm — wenn er nur sanft und vernünftig regiert —am wenigsten entlaufen. Wenn der Fabrikant und der Kaufmann zu Kriegszeiten, in Mißjahren und bei Landplagen sein Geld nimmt und durchgeht, so harrt der Bauer aus. In der nächsten Ernte ist *ihm* wieder geholfen. Kurz: die Bauern sind die wahren, eigentlichen, beständigen Untertanen des Staates, und eine blühende Landwirtschaft macht ihn je nach dem Verhältnis ihres Flors immer von andern unabhängiger.

Es ist unbegreiflich, daß diese Grundwahrheit die Regenten noch so wenig einsehen! Die Landwirtschaft ist die eigentümliche und unversiegbare Quelle der Staatsglückseligkeit. Sie ist der Mittelpunkt; und nie muß man die beiden andern Gewerbe (Fabriken und Handlung) anders ansehen, nie anders regieren und anwenden als insofern sie *Mittel* sind, die Landwirtschaft empor zu bringen.

Daher sind nur *die* Fabriken ein Gegenstand der Kabinettspolitik, die rohe inländische Waren verarbeiten oder die Einfuhr fremder Waren ersetzen. Solche müssen mit Eifer, aber auch mit Verstand errichtet und unterstützt werden. Diese helfen dem Bauern zum Wohlstand und den Fabriken und Handwerkern auch. Denn diese sind dann nicht vom Ausländer abhängig, weil sie ihre Quellen im Lande selber haben. Endlich ist dann auch *diese* Handlung in und außer Land höchst wohltätig. Denn sie setzt in der Nähe und Ferne inländische Natur- und Kunstprodukte ab. Deswegen muß man aber auch die große Handlung nicht hindern. Im Gegenteil: man befördere sie; ich rede hier nur vom Hauptaugenmerk der Kabinette.

Ich hätte über diese Materie noch unendlich viel zu sagen; aber das ist jetzt mein Zweck nicht. Ich wollte nur beweisen, daß auf einer blühenden Landwirtschaft der ganze Grund der wesentlichen Staatsglückseligkeit beruhe.

Wenn dem aber also ist, wenn das Glück so vieler Tausender und des Fürsten selbst auf dieser Säule ruht und wir finden dann, daß die blühende Landwirtschaft ganz allein auf einen guten Viehstand gegründet sei, was müssen wir dann vom Wert der Viehzucht denken? Und wirklich: so verhält sich die Sache! Eine blühende Landwirtschaft ist bloß und allein durch die Menge und Güte der Produktion blühend. Die Menge und Güte der Produktion entsteht — nebst dem gehörigen Fleiß und naturgemäßen Verfahrungsart — aus der Menge und Güte des Dunges. Wenn man sagt, die Produktion verhält sich wie die Menge des Dunges, so irrt man nicht. Nun verhält sich aber der Dung wie die Größe und der Flor des Viehstandes. Folglich beruht die Blüte der Landwirtschaft vorzüglich auf denselben; mithin auch das vornehmste Beförderungsmittel der Glückseligkeit des Fürsten und des Staats.

Nun nehme man noch die übrigen, ebenfalls sehr wichtigen Benutzungen dazu. Man bedenke, daß die Milch und ihre Produkte wenigstens die Hälfte der Nahrung des gesamten Bauernstandes ausmachen; daß die Wohlfeile der Milch und der Butter auch auf das Glück des gemeinen Stadtbürgers einen großen Einfluß hat; daß die höchst wichtige Fleischkonsumtion bloß aus dem Viehstand herkomme — des ausgebreiteten Lederhandels und der Gerbereien zu geschweigen. Dann muß einem die Viehzucht als der allerwichtigste Gegenstand in der Gewerbleitung vorkommen — und er ists auch ohne alle Widerrede wirklich!

Jetzt bedenke man, wie wenig Einsicht der Landmann in die Natur und Eigenschaften seines Viehs hat. Er ernährt es nicht nach Grundsäzen, sondern bloß empirisch, so wie er es von seinen Eltern und Voreltern gelernt hat. Er weiß so wenig, was seine Tiere vervollkommnet, daß er sich oft geradezu der Nahrungsmethode bedient, die es schwächt. Anstatt kein Tier zur Zucht zu lassen, bis es ausgewachsen ist, nimmt er die jungen Ochsen dazu. Von den höchst heilsamen Regeln der Stallfütterung weiß er, wo sie nicht eingeführt ist, kein Wort; von der Verbesserung der Schafzucht eben so wenig.

Wo liegen aber die besten Grundsätze der Futterordnung verborgen? Wo soll man sie suchen? Nirgends anders, als in der *Vieharzneikunde.* Ihr erster Teil beschäftigt sich bloß mit der Erkenntnis der innern Teile jeder landwirtschaftlichen Tierart, ihrer Wirkungen, ihres Lebens und ihrer Gesundheit. Aus diesen Kenntnissen werden dann die Regeln hergeleitet, nach welchen man die Tiere durch eine naturgemäße Futterordnung warten und pflegen soll. Es sind also Männer nötig, die — mit dieser Wissenschaft ausgerüstet — die Polizei der Viehzucht leiten und dem Landmann Regeln an die Hand geben können, nach welchen er sein Vieh behandeln soll. Und diese Männer müssen also notwendig die Vieharznei studiert haben.

Aber noch viel wunderlicher sieht es um die Behandlung der Tiere aus, wenn sie krank sind. Dann ist es entweder behext, oder der Krankheit wird eine so wunderliche und widersinnige Natur angedichtet, daß es einem wehe wird, wenn man nur die Raisonnements[322] der Leute anhört. Bei den gewöhnlichsten Fällen sterben die mehresten Tiere an den Arzneien, die man eingibt. Man examiniere einmal die privilegierten Tierärzte, geschworene Schmiedemeister, Viehhirten, Wasenmeister u.d.gl., so wird man sich über die Dummheit und den Aberglauben nicht genug verwundern können! Gegen ihr Galimathias[323] ist *Paracelsi Archidoxis*[324] himmlische Weisheit!

Ein Bauer im Oberamt *Lautern* hatte eine Kuh, welche vom Klee aufgebläht war. Ich kam von ungefähr dazu; ein Trupp Weiber und Nachbarn stand um sie her. Da war nun des Ratens kein Ende. Die meisten Stimmen gingen dahin, man sollte den alten Viehhirten holen. Während der Zeit holte der Bauer selbst sein *Wetzfaß,* (das ist das hölzerne Gefäß, in welchem der Wetzstein in einer sauern Brühe aufbehalten wird, womit man die Grassensen wetzt) voll von einer klaren Mistpfütze[325] und schüttete sie dem kranken Tier ein. Indessen kam der alte blinde Kuhhirt. Er ließ sich zu dem Tier führen, nahm dann seinen Hut ab und fing an zu lispeln, indem er beständig mit seiner rechten Hand über den Rücken des Tiers hinstrich. Sowie er sein Zeremoniell vollendet hatte, so bekam auch das Tier ordentlich Öffnung und wurde besser; nun hätte man das Gejauchze und den Triumph der Bauern hören sollen! Indessen schwieg der Besitzer der Kuh ganz still und lächelte. Das gefiel mir. Ich nahm ihn allein und lobte ihn, daß er nicht an solche Narrheiten glaube, denn die Mistpfütze sei wirklich ein gutes Mittel. „Ja“, antwortete er mir, „die Mistpfütze tuts nicht allein. Sie muß auch durchaus in einem gebrauchten Wetzfaß eingegeben werden!“ — Oh, dachte ich, und ging fort!

Ich müßte ein ganzes Buch voll schreiben, wenn ich alle Torheiten und sogar Greuel erzählen wollte, die in solchen Fällen getrieben werden. Und wenn der weise Arzt oder das alte Mütterchen gar deklariert, das Tier sei behext, so ist vollends alles aus. Da ist der Teufeleien kein Ende. Da kocht man Herzen von einer schwarzen Kuh in Milch von einer Kuh von eben der Farbe. Schwarze Katzenohren, Rattenschwänze u.d.gl. sind da höchst wichtige Ingredienzen. Und nun wehe der Nachbarin, die sich während der Zeit blicken läßt! Ich habe erlebt, daß eine sehr ehrliche Familie durch eine solche Zaubersuppe um Ehre, Leben und Wohlstand gekommen ist.

Wo soll man aber vernünftige gelehrte Viehärzte hernehmen? — Wie soll man den Landmann über diesen Punkt aufklären? Wir haben überall studierte Ärzte für die Menschen. Und doch läuft noch immer der gemeine Mann zu den Scharfrichtern und Afterärzten, wenn ihm ein Finger wehe tut. GUTTA CAVAT LAPIDEM NON VI SED SAEPE CADENDO;[326] die Natur macht keinen Sprung. Wir sollens auch nicht tun. Es kommt nur darauf an, daß wir die rechte, wenngleich langsam wirkende Mittel wählen. Der Aberglaube, der unter dem gemeinen Volk in Ansehung seines Viehs herrscht und von den erbärmlichen Viehärzten aufs hartnäckigste unterhalten wird, ist also abermal eine wichtige Ursache, die das Studium der Vieharzneikunde unentbehrlich macht.

Ich kann nicht umhin, noch eine Betrachtung hinzuzufügen, die nicht weniger von äußerster Wichtigkeit ist. Nicht bloß die Notwendigkeit eines blühenden Viehstandes in Rücksicht auf die Landwirtschaft; nicht nur der schädliche Aberglaube, der durch die Afterärzte unterhalten wird, sondern auch noch die Größe des Kapitals, welches im gesamten Viehstand eines Landes liegt, macht die Vieharzneikunde höchst notwendig. Je mehr Vieh stirbt, je mehr vermindert sich dies Kapital. Und je mehr der Viehstand vervollkommnet wird, desto mehr vermehrt es sich. Man denke nur dieser Bemerkung etwas nach, so wird man finden, wie unaussprechlich viel daran gelegen sei, daß die Regierung ihr Augenmerk vorzüglich auf diesen Gegenstand richte und die beste Vieharzneianstalten verfüge.

Um einen ausführbaren Entwurf dazu zu geben, muß ich nun zum *zweiten Gegenstand* meiner Abhandlung übergehen und nun noch zeigen, wem eigentlich die Administration der Vieharznei anzuvertrauen sei oder zu welcher Fakultät sie gehöre?

Dem ersten Anblick und der Natur der Sache nach scheint die medizinische Fakultät am geschicktesten dazu zu sein. Man sollte denken, der Physicus[327] und die Landärzte könnten am allerfüglichsten dem Viehstand vorstehen und das Medizinalkollegium[328] die Aufsicht über das Ganze haben. Sieht man aber auf den Grund, so wird man finden, daß die Einrichtung wenigstens in einem Jahrhundert noch nicht angeht — und dann bleiben doch noch immer große Schwierigkeiten im Weg, die sich schwerlich jemals heben lassen werden.

Hier zeigt sich ein klares Beispiel, wie leicht ein wohldenkender Mann zum schädlichen Projektmacher werden kann. Denn gesetzt, er täte den Vorschlag, daß die medizinische Fakultät dieses wichtige Fach versehen sollte. Wer würde etwas dagegen einwenden? Niemand als der gründliche Staatswirt und allenfalls der rechtschaffene Arzt, der seine Pflichten, seine Wissenschaft und die Menschen kennt.

Es ist wahr: die Tierarznei hat viel ähnliches mit der menschlichen. Die nicht wiederkäuenden Tiere unterscheiden sich in ihrer inneren Einrichtung sehr wenig von dem Menschen. Auch selbst die Krankheiten haben viel gleichartiges. Und doch ist die Behandlungsart sehr verschieden! Der Mensch steht unter der Leitung seiner Vernunft und Gefühle. Daher sind seine Krankheiten vielfältig und verwickelt. Das Tier aber wird bloß durch die Natur oder seinen Instinkt geleitet. Seine Krankheiten sind einfacher. Dagegen aber kann der Mensch reden; seine Krankheitszeichenkunde ist viel leichter. Denn bei dem Tier muß man sehr oft bloß raten, wo es fehlt.

Ferner: das Leben des Menschen ist unschätzbar. Der Arzt ist gewohnt, keine Kosten zu scheuen und die teuerste Arzeneien zu verschreiben, wenn er anders glaubt, damit helfen zu können. Hingegen muß der Tierarzt kalkulieren. Er muß überschlagen, ob nicht vielleicht der Wert der Arzneien den Wert des Tiers übersteige. Und um dieses zu können, muß er ein sehr geschickter Tierkenner und Landwirt sein. Die Fieberrinde[329] und andere teure Medikamente muß und kann er selten brauchen. Dagegen muß er sich bestreben, in einheimischen Kräutern und Pflanzen die Hilfe zu suchen und daher diese sehr gut kennen.

Er gibt ohne Anstand seine einfache Tränke, Latwergen[330] u. d. gl. ohne weitern Zusatz ein, wenn der Menschenarzt um des Wohlgeschmacks willen und aus Furcht des Erbrechens allerhand zusetzen und dadurch oft seine Arznei schwächen muß.

Diese und noch andere Betrachtungen mehr verursachen einen großen Unterschied im Krankendienst; und der Menschenarzt würde aus Routine unzählichmal fehlen. Dazu kommt noch, daß ein geschickter Arzt ohnehin alle Hände voll zu tun hat und sich schwerlich mit dem Vieh abgeben kann.

Doch das alles wäre vielleicht noch zu überwinden. Allein, es gesellen sich noch andere Schwierigkeiten dazu, die schwerlich aus dem Weg zu räumen sind.

Die erste ist das allgemeine Vorurteil, das man gegen die Vieharznei hat. Man sieht sie als etwas Entehrendes und fast Unehrliches an. Dieses rührt bloß daher, daß man von jeher den Scharfrichtern und Henkersknechten den Wasen[331] verpfach tete[332] und nur ihnen das Abziehen der gefallenen Tiere zuerkannt hat. Ich will hier nicht von dem Recht oder Unrecht reden, womit man diese Klasse Menschen so tief herab gewürdigt hat; das mag die Polizei entscheiden. Aber das ist ein schädlicher Mißbrauch, daß ein armes edles Tier nach seinem Tod gleich dem größten Übeltäter geschändet wird.

Freilich liegt dem Tier nichts daran, aber wohl seinem Eigentümer. Was hat denn dieser gesündigt, daß er noch zu seinem Verlust auch um die Haut des Tiers gestraft wird? Diesen kleinen Ersatz seines Schadens nimmt noch vollends der Wasenmeister weg. Ist das nicht unrecht und eine Erfindung unwissender Finanzbedienten, die — ohne sich um Recht oder Unrecht zu bekümmern — der herrschaftlichen Kasse dadurch eine Intrade[333] zuwenden wollten? Der holländische Bauer zieht ohne Anstand sein gefallenes Tier ab und benutzt die Haut. Selbst wenn es an der Viehseuche gestorben ist, so ißt er das Fleisch noch dazu.

Die Schande, die man mit dem Umgang mit kranken und toten Tieren verbindet, hat einen großen Einfluß auf die Vieharznei. Der Ehrliebende gibt sich nicht gern damit ab. Und wenn er auch für sich wohl einsieht, daß es elendes Vorurteil ist, so muß sich doch wenigstens der Menschenarzt sehr in acht nehmen, daß er nicht zu viel mit der Vieharznei umgehe, damit er nicht seine Praxis und sein Brot verliere. Diese Bemerkung ist oft gemachte lebendige Erfahrung!

Der gemeine Mann — und dieser macht den größten Teil des Publikums aus — läuft für seine Kranken ohne Anstand zum Scharfrichter und Afterarzt. Indessen, so bald der Doktor ein Vieharzt wird, so murrt er darüber und geht gar nicht mehr zu ihm. Dieses Hindernis ist größer als man denkt. Es macht die

Menschenärzte — wenigstens noch zur Zeit — zur Vieharznei völlig unfähig.

Endlich kommt noch der allerwichtigste Umstand hinzu, der der Sache völlig den Ausschlag gibt. Dieser ist die Verbindung der Vieharznei mit der Landwirtschaft und durch diese mit der Staatswirtschaft. Soll der Vieharzt ein guter Landwirt oder doch wenigstens ein Mann sein, der die Eigenschaften, den Wert und den Nutzen der landwirtschaftlichen Tiere aus dem Grunde kennt, so muß derjenige, der die Oberaufsicht über den gesamten Viehstand hat, auch die Vieharznei verstehen. Wie wäre es sonst möglich, daß er jene Aufsicht verwalten könnte? Dem Medizinalkollegio kann man doch wahrlich nicht abfordern, daß es die landwirtschaftliche Polizei verwalten soll. Und doch ist mit dieser die Vieharznei unzertrennlich verbunden, sie gehört wesentlich dazu. Da nun dieses unwidersprechlich und es eben so gewiß ist, daß dem staatswirtschaftlichen Bedienten jene Verwaltung der landwirtschaftlichen Polizei zukommt, so ist erwiesen, daß er auch die Aufsicht auf die Vieharznei haben und sie also studieren müsse.

Nachdem dieses ausgemacht ist, so muß ich nun noch mit wenigen Worten untersuchen, wie die *praktische Vieharznei* am besten einzurichten sei?

Wir müssen die Sache nehmen, wie sie ist. Anjetz geben sich Schmiede, Viehhirten, Scharfrichter und auch wohl Bauern mit diesem Geschäfte ab. Diese Leute haben bei aller ihrer Dummheit und Aberglauben doch noch immer mehr Erfahrung als andere in dieser Sache. Dieser Mittel bediene sich einstweilen der staatswirtschaftliche Bediente, bis eine bessere Einrichtung getroffen wird. Er lasse solche Männer zu sich kommen, examiniere und leite sie. Er wohne den Öffnungen gefallener Tiere bei und zeige ihnen die eigentliche Beschaffenheit der innern Teile des Tiers, ihre Wirkungen und den Sitz der Krankheit. Er gebe ihnen Rat und leite sie bei Heilung der Krankheiten. Er zeige ihnen das Elend in ihrem Aberglauben und kläre ihre Vernunft über solche Sachen auf. Er strafe auch zuweilen väterlich, wenn seine Vorschriften nicht befolgt werden.

Auf diese Weise wird ein solcher Beamter wohltätig in seinem Wirkungskreis. Und wie reizend muß nun dem nach Wohltun hungernden Jüngling das Studium der Vieharznei werden? — Wer das alles, was ich gesagt habe, ganz durchschaut, der muß notwendig überzeugt sein, daß die Vieharzneikunde einen wesentlichen Teil der staatswirtschaftlichen Wissenschaften ausmache und unstreitig dazu gehöre.

Während dieser freilich noch unvollkommenen Verwaltung der Viehstandspolizei kann man nun nach und nach auf Verbesserungen denken. Diese sind so schwer nicht. Hat man vortreffliche Anstalten, gemeine Weiber zu guten Hebammen zu bilden, warum nicht auch solche, um gemeine und dazu schickliche Männer zu Viehärzten zu machen?

Zu Lehrern dieses Instituts wären ein geschickter, der Anatomie kundiger Menschenarzt, der sich besonders auf die Vieharzneikunde gelegt hätte und ein guter praktischer gelehrter Landwirt hinlänglich. Man unterrichtete dann diese Viehärzte auch in den besten Regeln der Stallfütterung, sowie der Futterordnung überhaupt und machte sie zu Vorstehern des Viehstandes, die sich auch damit abgeben, daß sie ihren Nachbarn zeigen, wie sie ihre Tiere zur größten Vollkommenheit führen müssen. Diese heilen dann auch die kranken Tiere. Sie öffnen die Gefallenen und belehren sich und andere immer mehr in ihrem so wichtigen Berufe.

Dann führt der Beamte nur die Oberaufsicht. Er examiniert und bestellt den angehenden Vieharzt, gibt ihm Verhaltungsbefehle bei grassierenden Krankheiten sowie in andern unzähligen Fällen mehr und wirkt also auch in diesem Stück zur einzelnen und allgemeinen Glückseligkeit, deren Beförderung er sich zu seinem einzigen und wahren Ziel machen muß.

Anmerkungen

(1) Die Verlegung der Kameral Hohen Schule von Kaiserslautern nach Heidelberg geschah durch kurfürstlichen Erlaß vom 9. August

1784 zum Wintersemester 1784/85. Jung-Stilling zog mit seiner Familie nach Heidelberg und wohnte hier bis zu seiner Übersiedlung nach Marburg zum Sommersemester 1787.

(2) Die Staatswirtschafts Hohe Schule erhielt unweit vom Karlstor (siehe Anm. 41,4a) ein eigenes Gebäude zugewiesen. Dieses blieb grob 180 Jahre lang die Heimstätte der Heidelberger Ökonomen. Freilich wurde die Schule nicht selbständige Fakultät. Man gliederte sie der Philosophischen Fakultät an, unter derem Dach sie aber eine bedingte Unabhängigkeit bewahrte. Weiterhin blieb *Friedrich Casimir Medicus* (siehe Anm. 42,8 und 154) unter dem Titel „Prorektor" ihr Vorstand. Indessen entspann sich zwischen ihm und den Universitätsbehörden ein zermürbendes Gerangel um Einzelfragen der Selbstverwaltung der Staatswirtschafts Hohen Schule. Jung-Stilling mochte diese Politik des Entgegenarbeitens an der Zusammenführung mit der Universität nicht mittragen. Es ist sehr wahrscheinlich, daß es auch wegen dieses Gebahrens von *Medicus* zwischen beiden Männern zur Entfremdung kam.

(3) Jung-Stilling befürwortete die Eingliederung in die Universität Heidelberg. Er „befand sich in sofern wohl dabey, daß sein Wirkungskreiß ausgedehnter, auch sein Einkommen wenigstens um etwas stärker wurde" (Lebensgeschichte 427). Die folgende (feierliche) Antritts-Vorlesung fand am Sonntag, den 10. November 1784 im Hörsaal der Staatswirtschafts Hohen Schule statt. Durch sie stellte sich Stilling erstmals als akademischer Lehrer in Heidelberg vor. Es ist anzunehmen, daß zumindest Kollegen und Studenten der Philosophischen Fakultät eingeladen und auch erschienen waren.

(4) Die Rede erschien zwar im Druck, aber nicht wie die vorhergehenden als eigene Broschüre. Sie findet sich aufgenommen auf Seite 3 bis 38 des ersten Bandes der „Vorlesungen der kurpfälzischen physikalisch-ökonomischen Gesellschaft. Von dem Winter 1784 bis 1785. Mannheim, in der neuen Hof- und akademischen Buchhandlung. 1785.".

(5) Im ersten Teil der Vorlesung begründet Jung-Stilling den auffallenden Namenswechsel von „Kameral" zu „Staatswirtschafts" Hohe Schule. Dann geht er auf die Tierarzneikunde ein. Dieser Teil des Vortrags ist ohne Zweifel eine der besten Reden von Jung-Stilling überhaupt. Im Satzbau, in der nach Stärke der Beweisgründe aufsteigenden Reihe überzeugender Folgerungen, in der Mischung von schlußrichtiger Darlegung und gut ausgewählten Beispielen, in der sachlichen Verknüpfung volkswirtschaftlicher Belange mit der anscheinend abseitigen Frage der Viehheilung sowie in Wortgebrauch und Redefigur darf man Stillings Ausführungen sicher die Note „sehr gut" zuerkennen.

(6) Das Ergebnis seiner Überlegungen mündet in die Forderung nach eigenen tierärztlichen Hochschulen. Solche bestanden bereits seit 1778 in Hannover und seit 1780 in Dresden. In Pfalzbayern kam es erst 1790 in München zu einer eigenen Gründung. Unstreitig hat daran auch Jung-Stilling als geistiger Wegbereiter Anteil; wie er denn als akademi-

scher Lehrer dieses Fachgebiet von 1778 bis 1786 vertrat und als erfolgreicher Lehrbuchautor mit ausgestaltete. Sein zweibändiges Lehrbuch der Vieharzneikunde erlebte (von *Johann David Busch* umgearbeitet) 1795 eine Zweitauflage.

[295] Vorsicht = Vorsehung: die Fürsorge Gottes für seine Geschöpfe; siehe Lebensgeschichte XVIII ff.

[296] Vater Karl Theodor = Stillings Landesherr; siehe Anm. 3.

[297] Das Gebäude der Staatswirtschafts Hohen Schule befand sich auf dem verhältnismäßig schmalen, leicht geneigten Streifen zwischen dem Schloßberg und dem Neckar. — Bis 1720 war Heidelberg Residenz der pfälzischen Kurfürsten. Das Schloß wurde 1689 durch die Franzosen zerstört; siehe Anm. 119.

[298] Fürst der Alemannen und der Bojen = Kurfürst *Karl Theodor* von Pfalzbayern, der 1724 geboren, also 1784 den sechzigsten Geburtstag feierte; siehe Anm. 3 sowie 55,1 und 75. — Bojen = keltisches Volk, von dem die heutigen Bayern abstammen (sollen). Ob die Zuschreibung der Pfälzer zum Muttervolk der Alemannen durch Jung-Stilling richtig ist, sei dahingestellt. Die Stammeskunde rechnet sie den (weltoffenen, formbegabten) Franken zu.

[299] Unser Institut = die 1770 landesherrlich bestätigte *Physikalisch-Oeconomische und Bienengesellschaft* in Kaiserslautern, aus der 1774 die Kameral Hohe Schule hervorging; siehe Anm. 1 und 42.

[300] Austrasien = die linksrheinische Pfalz; siehe zur tieferen Bedeutung dieser Bezeichnung Anm. 42,8c.

[301] Pfälzischer Parnaß = die Universität Heidelberg; siehe Anm. 122.

[302] Kamerale = Verwaltungswissenschaft; im engeren Sinne die Lehre von der Besorgung der *landesfürstlichen,* zu Jung-Stillings Zeit aber schon (weiter gefaßt) der *volkswirtschaftlichen* Einnahmen und Ausgaben.

[303] Auflagen = Abgaben; siehe Anm. 16.

[304] Mäute = Zölle: Abgaben auf eingehende, ausgehende und durchziehende Waren; siehe Lexikon Wirtschaft 178.

[305] Jung-Stilling wendet sich mehrfach gegen Eroberungskriege, die zu seiner Zeit (nicht zuletzt unter dem Eindruck der Raubkriege des *Friedrich II.* von Preußen) als volkswirtschaftlich nützlich hingestellt wurden; siehe Lexikon Wirtschaft 12 f., 85 f.

[306] Kleinjogg = *Jakob Guyer* (1716-1785), genannt *Chlijogg* (= der kleine Jakob). Er führte in seinem Hofe zu Wermatswil (Kanton Zürich) eine Musterwirtschaft ein. *Goethe, Lavater* (siehe Anm. 173), Herzog *Ludwig Eugen* von Württemberg (siehe Anm. 264) und andere berühmte Persönlichkeiten besuchten ihn.

[307] Monsheim liegt nordwestlich der Stadt Worms. Die von *David Möllinger* (1709-1786) bewirtschaftete Fläche betrug 125 Hektar (es galt in der Pfalz: 1 Morgen = 100 Quadrat-Ruthen = 25 Ar). Dies entspricht

fast dem Sechsfachen der durchschnittlichen Anbaufläche landwirtschaftlicher Vollbetriebe in der BRD heute. — Zu beachten ist dabei der Unterschied zwischen *Versuchs*wirtschaft und *Muster*wirtschaft. Erstere wurden vom Staat (Domänenverwaltung) bzw. halbstaatlichen Stellen (wie das Gut Siegelbach der *Kurpfälzischen physikalisch-ökonomischen Gesellschaft;* siehe Lebensgeschichte 373 ff.) eingerichtet. Sie sollten Studierende und Bauern über wirtschaftliche und rentable Betriebsführung belehren (daher auch *Lehr*güter). Musterwirtschaften wie die von *Guyer* und *Möllinger* zeichneten sich durch besonders vortreffliche Einrichtungen und herausragende Betriebsführung aus. Sie konnten anderen Betrieben als Muster zur Nachahmung dienen. — Jung-Stilling war *Versuchs*betrieben gegenüber mißtrauisch eingestellt; er hält den Anreiz durch *Muster*betriebe für wirksamer; siehe Lexikon Wirtschaft 91 f., 190. — Jung-Stillings (damals noch leichtsinniger, fahriger) Sohn *Friedrich* (1795-1853) begann im Gute Möllinger zu Worms-Pfeddersheim 1816 eine Lehre, die er freilich bald wieder abbrach. — *David Möllinger,* ein Mennonite, galt als „Vater des Pfälzer Ackerbaus"; siehe *Christian Hege et al.:* Mennonitisches Lexikon, Bd. 3. Karlsruhe 1958, S. 152 f. (mit Portrait von *David Möllinger).*

308 Lokale = örtliche Lage; der Beschaffenheit eines Orts gemäße Gegebenheiten.

309 Verschwistertes Herzogtum Berg = die Herzogtümer Jülich und Berg gehörten zusammen mit der Kurpfalz, Bayern und einigen kleineren Besitzungen zum Herrschaftsgebiet des Kurfürsten *Karl Theodor*; siehe Anm. 3,1 und 41.

310 Projektmacher = Projektanten: bei Jung-Stilling schiere Theoretiker ohne Kenntnis der tatsächlichen Möglichkeiten in der Landesökonomie; siehe Anm. 183 sowie Lexikon Wirtschaft 121.

311 Lesebuch dieses Namens = das dem Statthalter der Pfalz, Minister *Franz Albert Leopold von Oberndorff* (siehe Anm. 193) gewidmete erste ökonomische Lehrbuch von Jung-Stilling aus dem Jahre 1779; genauer Titel siehe Anm. 42,7 und Lexikon Wirtschaft 184.

312 Hofrat Sukow = Jung-Stillings Kollege auf dem Lehrstuhl für Naturlehre *Georg Adolph Succow;* siehe Anm. 42,1 sowie Jubelschrift 554. — *Succow* ist Verfasser mehrerer Lehrbücher; siehe GV 142, 196. Jung-Stilling nimmt später Bezug auf seine erstmals 1783 bei Weidmann in Leipzig erschienenen „Anfangsgründe der ökonomischen und technischen Chymie."

313 Seliger Professor Sander = *Heinrich Sander* (1754-1782; siehe DBA 1079, 21) gab in jungen Jahren die Schrift: „Von der Güte, und Weisheit Gottes in der Natur" heraus. Sie erschien erstmals 1778 in Karlsruhe und erreichte mehrere Auflagen; siehe auch GV 123, 23.

314 Niewentyts unsterbliches Werk = gemeint ist: Bernhard Nieuwetyt Rechter Gebrauch der Welt-Betrachtung zur Erkenntniß der Macht, Weisheit und Güte Gottes, auch Ueberzeugung der Atheisten und Un-

gläubigen; (aus dem Holländischen) übersetzt von *Johann Andreas Segner.* Jena (Cuno) 1747. Siehe auch GV 103, 218. — *Bernard Nieuwentydt* (1654-1718; die Schreibweise des Namens findet sich unterschiedlich) war ein auch noch zur Zeit von Jung-Stilling sehr bekannter Mathematiker, Arzt und Philosoph.

[315] Hofrat Schmid = Jung-Stillings Kollege auf dem Lehrstuhl für Staats-, Polizei- und Finanzwissenschaft *Ludwig Benjamin Martin Schmid;* siehe Anm. 42,2.

[316] Die Gewerbewissenschaften teilte Jung-Stilling unterschiedlich ein; siehe Lexikon Wirtschaft 57 f. Hier legt er eine Dreiteilung zugrunde in Landwirtschaft (vierfach unterteilt in Forstwirtschaft, Ackerbau und Viehzucht, Tierheilkunde sowie Bergbau), Fabrikwissenschaft (= Technologie) und Handlungswissenschaft. Als allen drei Bereichen gleichermaßen zugehörig betrachtet er zwei weitere Disziplinen, nämlich die Rechnungswissenschaft (= Logographie) und die Gewerbepolizei; siehe zu dieser Lexikon Wirtschaft 56.

[317] Die hier vorgetragene Definition des Begriffes Polizei legt Wert auf zwei Merkmale, nämlich die *moralische* (= sittliche, den Sinn des Menschseins erfüllende, „geistige") und die *physische* (= irdische, die materiellen Bedürfnisse befriedigende, „körperliche") Glückseligkeit (= Wohlfahrt). In anderen Begriffsbestimmungen von Jung-Stilling fehlt die bestimmte Bezugnahme auch auf die moralische Glückseligkeit; siehe Lexikon Wirtschaft 112.

[318] Auch zur Finanzwissenschaft ist nach Jung-Stilling das Rechnungswesen (die Logographie) als Teilgebiet zu zählen; siehe Lexikon Wirtschaft 34. — Jung-Stilling schrieb ein Lehrbuch der Finanzwissenschaft, das 1978 als Reprint erschien; genauer Titel in Lexikon Wirtschaft 183.

[319] Siehe zu *Elisabeth I.* Anm. 217, zu *Oliver Cromwell* Anm. 129,6a und zu *Jean-Baptiste Colbert* Anm. 241.

[320] NON PLUS ULTRA = nicht darüber hinaus (Hiob 38, 11); das Unübertreffliche.

[321] FAS und NEFAS = Recht und Unrecht.

[322] Raisonnements = hier: Geschwätz; im ursprünglichen Sinne: die Urteile; die Schlüsse (Schluß verstanden als Ableitung eines Urteils aus einem oder mehreren als wahr angenommenen Urteilen).

[323] Galimathias = wirres Zeug, Unsinn. Das Wort entstammt der französischen Umgangssprache (dort le galimatias geschrieben) und wird von Jung-Stilling auch an anderer Stelle benutzt; siehe Lebensgeschichte 295; Lexikon Wirtschaft 3.

[324] Paracelsi Archidoxis = geheimnisvoll-dunkles Werk (er soll es im Zustand der Entrückung diktiert haben; ins Deutsche regelmäßig mit „Grundweisheit" übersetzt) des *Philippus Aureolus Theophrastus (Paracelsus) Bombastus von Hohenheim* (1493-1541), meist nur kurz *Paracel-*

sus (= das Erhabene Übertreffender) und volkstümlich auch „*Phrastes*" genannt. *Paracelsus* war Arzt, Naturphilosoph, Chemiker und Erneuerer der Medizin (unter anderem durch die Rückbesinnung auf genaue Beobachtung sowie auf „natürliche" Heilmittel). Seine Schriften werden auf 364 geschätzt.

Daß sich Jung-Stilling an dieser Stelle nicht gerade günstig über *Paracelsus* äußert, ist einigermaßen verwunderlich. Denn er kam sehr früh mit dessen Schriften in Berührung (siehe Lebensgeschichte 99) und zeigt sich in seinem Werk „Blicke in die Geheimnisse der Natur-Weisheit" aus dem Jahre 1787 in manchem von *Paracelsus* eingenommen. Immerhin erhellt diese Stelle, daß nicht nur er sich mit der *Archidoxis* befaßt hatte, sondern auch den Hörern dieses Werk ein Begriff war.

325 Pfütze = hier in der Bedeutung: Lache, Gewässer, Brühe. Klare Mistpfütze = aus dem (aufgeschichteten) Stallabfall rinnendes Abwasser; also weder reiner Tierurin (Gülle, Jauche) noch Senkgrubenwasser.

326 GUTTA CAVAT ETC. = steter Tropfen höhlt den Stein nicht durch Kraft, sondern durch häufiges Niederfallen. Das Bild scheint von dem römischen Dichter *Ovid* zu stammen; als Zitat findet sich die Aussage in einem seiner Briefe (aus seinem Verbannungsort Pontus IV, 10, 5).

327 Physikus = ein von der Obrigkeit für ein gewisses Gebiet als Aufsichtsperson über das Gesundheitswesen bestellter Arzt; siehe Lexikon Wirtschaft 99.

328 Medizinalkollegium = Oberbehörde über das Gesundheitswesen eines Staates; siehe Lebensgeschichte 313.

329 Fieberrinde = Chinarinde (China: in der Inkasprache = Rinde) = Jesuitenrinde (weil von den Angehörigen des Ordens im 17. Jahrhundert von Südamerika aus als Arzneimittel über die ganze Welt verbreitet) = die aromatische, bittere, getrocknete Rinde verschiedener Arten von Gehölzen am Osthang der Anden von Kolumbien bis Bolivien. Als Heilmittel zur Zeit von Jung-Stilling vor allem zur Fieberdämpfung gebraucht und noch sehr teuer im Preis.

330 Latwergen = Arzneien, die man im Munde zergehen läßt (aus dem lateinischen Wort ELECTUARIUM bzw. dem griechischen Begriff EKLEIKTON); durch Einkochen gedickter Saft.

331 Wasen = gemeindliche Erdfläche zum Abziehen (= in Teile zerlegen) gefallenen (= verendeten, nicht durch den Menschen getöteten) Viehs, an den Wasenmeister (= Abdecker, Schinder) verpachtet; Schindanger.

332 Pfachten = pachten; siehe Vorbemerkung zur ersten Rede, Pkt 2, a.

333 Intrade = hier: Abgabe, Auflage; siehe Anm. 16. — Jung-Stilling benutzt diesen damals beim Volk beliebten Ausdruck in seinen Lehrbüchern nicht.

Ueber Geniesucht, Freigeisterei und ihre Wirkungen auf die bürgerliche und Statsgesellschaft.

Rheinische

Beiträge

zur

Gelehrsamkeit.

Jahrgang 1781.

Siebentes Heft.

Den 1. Heumonat, 1781.

Preis der rheinischen Beiträge.
Der Jahrgang in Mannheim kostet 4 Fl.: auswärts post- und frachtfrei 4 Fl. 30 kr. oder 2 Rthlr. 12 Groschen den Louis d'Or zu 5 Rthlr.
Einzelne Stücke 36 kr. oder 8 Gr. Sächs.

Mannheim
im Verlage der kurfürstl. Hof- und akademischen Buchhandlung.

Leser! Ehe du weiterliest oder bei dem Anblick des trockenen Titels schon wegeilst, entweder das Ding gar nicht oder doch nur flüchtig durchschaust: mit *dir* habe ich zuerst ein Wörtchen zu reden!

Die Wichtigkeit der Sache, die ich vor mir habe, erfordert es, daß du dich mit mir hinsetzest, deine Seele ganz aufheiterst, alle Vorurteile, die du etwa gegen Gott, gegen die Religion oder gegen den Staat hie und da aufgefangen haben magst, nur für die Zeit, da du dieses liesest, ganz ablegst, und nun eine Periode[334] meiner Bemerkungen nach der andern ruhig und mit Wahrheit liebendem Geiste lesen mögest. Ob es der Mühe lohne, das magst du hernach beurteilen.

Du wirst vielleicht nichts Neues, nichts noch nicht Gesagtes entdecken. Dagegen aber hoffe ich, daß du zerstreute Wahrheiten hier beisammen versammelt finden wirst. Und nun ist die Frage: ob eine ganze Gesellschaft einzelner Wahrheiten, nun in eine Kraft vereint, nicht mehr auf deinen Verstand und Herz vermöge, als hie und da zerstreute einzelne Glieder derselben? Wir wollen nun zur Sache schreiten und Hand an Hand weiter gehen.

Es ist einem jeden bekannt, daß seit dreißig bis vierzig Jahren große Veränderungen in Deutschland vorgegangen. Die Sonne ist uns aufgegangen, da wir vorher bei entlehntem Lichte wandeln mußten. Aufklärung und Untersuchungsgeist hat sich so gar in das Heiligtum der Religion gewagt. Durch alle Wissenschaften hindurch hat sich ein löblicher Zweifel — der Vater der Wahrheit — ausgebreitet. Man *glaubt* nicht mehr aufs Wort. Nein! Man will, man muß *selbst* sehen, will selbst prüfen. Es arbeitet eine allgewaltige Kraft unter uns zu einer großen Geburt, so daß einem rechtschaffenen Manne die Haut schauert in Erwartung der Dinge, die da kommen sollen.

Zu welcher erstaunlichen Höhe arbeitet sich nicht der *Mathematiker* und der *Physiker* hinauf! Jener verliert sich in den sublimsten Äquationen der Algeber[335] oder steigt mit *Birds* Mauerquadranten[336] gar in das Firmament und mißt Planeten und Fixsterne. Dieser anatomiert den Körper, der zunächst an jene grenzt — die Luft — und macht uns durch seine Entdeckungen erstaunen.

Die *Philosophie* überhaupt brütet auf einem chaotischen Ei. Wunderbare Lichtstrahlen blitzen zuweilen hervor, so daß der Zuschauer erschrickt und nicht weiß, was daraus werden wird. Ein solcher Lichtstrahl ist *Dalbergs* Universum.[337] Dann und wann zeigt sich ein Schimmer eines verborgenen unermeßlichen Lichtglanzes: die Vorboten eines sehr sonderbaren neuen Tages. Was nun dieser Tag Gutes und Neues mitbringen werde, was Deutschland dann sein, dann werden wird, das wollen wir nicht weissagen, sondern still und ruhig erwarten.

Bis hierher haben wir an der hochschwangern Weisheit der Deutschen lauter Gutes, Hoffnungsvolles entdecket. Laßt uns auch noch das allgewaltige Sausen und Brausen des *Erziehungsgeistes,* der so manches Projekt — geratenes und mißglücktes Erziehungsinstitut, so manches gründliche und seichte Schriften ausgeboren hat — zu ihren guten Symptomen zählen.

Denn ist es doch im Grunde nicht herrlich anzusehen, wie so mancher edle Deutsche alle Kräfte seines Geistes anwendet, um ein Mittel ausfindig zu machen, wie unsere Jugend besser und aufgeklärter erzogen und früher mit der Weisheit bekannt gemacht werden möge? — Laßt sein Projekt immer das leerste, das schiefste sein. Verdient der Mann dem ungeachtet nicht noch unsere Liebe? Zu welchem Zwecke bemühte er sich? — Junge Menschen glücklich zu machen, HONY SOIT, QUI MAL Y PENSE![338] Daß es in seinem Kopfe nicht licht genug aussah, daß sein Wille über seinen Verstand ging: das war ein Unglück, wofür er nichts konnte. Es gibt noch immer wackere Männer genug, um seine unreifen Projekte untätig zu machen! Und sehr oft geraten sie nicht einmal in einer fruchtbaren Erde, um keimen zu können.

Auf dieser Seite die Sache angesehen, scheint mir die Zukunft herrlich und segensvoll. Das Gedränge, die innerliche Bewegung, die Gärung geht einen edlen Gang. Aber laßt uns einmal auf die andere Seite sehen und nun das Weib in Kindesnöten beobachten. Wahrlich! Da muß einem Angst und bange werden!

Leser! Ich will dir sagen, was ich sehe und höre. Du mußt es auch sehen und hören, wenn du nur Augen und Ohren hast: und die *hast du* für die Wahrheit, wenn du sie nur gebrauchen willst. Ich rede als Mensch, als Bruder mit dir. Verzeih mir, wenn ich es bieder, gut und nach deutscher Art tue.

Der deutsche Jüngling kommt aus seiner Mutter Schoße unter den Hofmeister, der gewöhnlich Kandidant der Gottesgelehrtheit oder gar BEL ESPRIT[339] ist. Im letzten Falle wird er noch eher vollendet als im ersten. Ich will also bei dem ersten bleiben.

Da lernt er nun Tag aus, Tag ein, seinen Katechismus, seine Grammatik und was weiter dazu gehört. Das Systematische seiner Religion, sie sei nun, welche sie wolle, und der schauervolle Zwang, der damit verknüpft ist, säet den Samen eines tiefen Haßes gegen Bibel, Religion, Gottesdienst und alles, was damit verbunden ist, tief in sein Herz hinein.[340] Der Jüngling fühlt die Abneigung. Sein Lehrer merkt sie und predigt ihm ein, das sei eine Folge der natürlichen Verdorbenheit: die menschliche Natur habe von Adam her einen Abscheu gegen alles, was göttlich ist.

Das mag alles wahr sein, mein guter Mentor! Aber wenn ich ein Mägdchen heiraten soll, das nun einmal noch keine Reize für mich hat, ist es denn klug und wohl gehandelt, wenn man mir es noch dazu im allerverdrießlichsten Schmucke zuführt?

Auch die Jünglinge, die keine Hauslehrer haben, werden eben so in den gemeinen Schulen gebildet — und es läuft auf eins hinaus! Nun kommen sie aufs Gymnasium. Da ist antike Sprache, und nebenher trockenes Systemgerippe der Theologie. Noch immer gehorcht der Jüngling. Despotismus und physische Strafe hält ihn im Joche.

Man sieht es den guten Knaben an, wenn sie so frisch vom Gymnasium auf die Hohe Schule kommen. Ehrfurchtsvoll bücken sie sich. Steif stehen sie da mit angenagelten Füßen und niedergesenktem Blicke und erwarten die Befehle des Professors, den sie als ihren ehemaligen wohlehrwürdigen Rektor betrachten. Ihr Geld, ihre Kleider, ihre Bücher, alles wird genau in ein Inventarium getragen, die Kollegien fleißig besucht. Man studiert mit gewohntem Lasttier ähnlichem Schulfleiße.[341] Das alles ist noch Folge des noch nicht längst schwer empfundenen Bakels.[342]

Alles dieses aber ändert sich bald und allgewaltig. An den öffentlichen Tischen, Kaffeehäusern etc. hören sie von Studentenfreiheiten. Es werden Zechen angestellt;[343] man macht Bruderschaften. Der gute Jüngling fühlt, daß sich ein schlafendes Tier in ihm regt; er weiß nicht, wie es ihm wird. Noch nie wußte er, was Freiheit ist. Aber die unterdrückten Nerven der menschlichen Natur, das noch immer unter der Asche verborgen gelegene Feuer jugendlicher Tätigkeit fangen an zu wirken. Nach und nach lösen sich die Bande der häuslichen Erziehung und der Schulen auf. Der Jüngling fängt erst jetzt an zu leben und —leider! — Knabenstreiche zu machen.

Die Erinnerungen eines braven Mannes, das Andenken an die ehemaligen Lehren und Gebote der Religion machen einen Eindruck auf sein Herz. Nach ausgeschlafenem Rausche bedauert er seine Ausschweifungen und nimmt sich zehnmal vor, nie wieder so zu fehlen — und zehnmal fehlt er doch wieder! Er verzweifelt endlich an seiner Kraft und weiß nicht, was er machen soll. Ach wäre doch keine Religion! Das ist der Wunsch seiner Seele.

Guter Junge! Es ist kein Wunder, daß du das wünschest! Du kennst die Religion nicht anders als ein Ding, das aus lauter trockenen Schulthesen zusammengestoppelt ist. Kenntest du sie aber nach ihrer wahren Schönheit, du würdest dann anders wünschen!

Nun was geschieht: auf Hohen Schulen sind immer einige schöne Geister,[344] wahre oder falsche Genies[345] und Freidenker. Diese Herren sind wohl heut zu Tage feiner als in vorigen Zeiten. Ein schöner Anstrich von Moralität, eine feine Lebensart, schöne Lektüre, ein gewisser Anstand im Betragen zeichnet sie aus. Dazu kommt noch der *Genieschuß,*[346] den sie entweder in einer affektierten Kleidung oder Mundart oder Lebensart nach dem Muster der in ihren Augen großen Männer an sich genommen haben.

Dies macht sie dem Neulinge in der Welt — dem neugeborenen Akademiker — merkwürdig. Er gesellt sich zu ihnen, findet Geschmack an ihnen. Mit starken Atemzügen trinkt er ihre

Reden in sich. Der große Mann frappiert ihn. So etwas hat er in seinem Leben nicht gehört und gesehen! Das schreibt er seinen Eltern, daß er einen so herrlichen Freund angetroffen habe. Seine Eltern sind froh und befehlen ihm, sich bei dem großen Manne zu halten.

Dem großen Manne tut das Ding erschrecklich wohl: daß er anfängt, angebetet zu werden; daß er nun jemand hat, der ihm einmal mit Enthusiasmus zuhört. Er gibt dem Jünglinge seine Lieblingsautoren zu lesen. Der bekommt Geschmack an Dichtern, Dramaturgen und Schöngeistern u.s.w. Er liest und liest BONA MIXTA MALIS.[347]

Und nun die Folge davon? — Alles das hat Reize für ihn, weil es seiner Einbildung die angenehmsten Bilder verschafft. In diesem Feenlande will er nun Hütten bauen und ewig darin wohnen. Alles Ernsthafte stinkt ihn jetzt an. Jede Wahrheit ohne dies Galakleid[348] ist ihm zuwider; er mag sie nicht sehen. Nützliche Wissenschaften, die er studieren soll, fangen an, ihm ekelhaft zu werden. Er hört seine Lehrer und wenn er aus dem Kollegium kommt, so nimmt er seinen Dichter in die Hand und verscheucht wieder an Anblick des dürren traurigen Tales, in welchem er eine Stunde geschlummert hatte.

Noch wacht zuweilen das Gewissen auf. Die ehemaligen Grundsätze der Religion fallen ihm ein. Er erinnert sich seiner Pflichten; ihm wird es doch warm ums Herz. „Wenn du so fortfährst", sagt er dann zu sich selbst, „so gehts doch am Ende nicht gut." — Wo soll er nun in der Angst hin? Ei wohin anders, als zu seinem großen Manne, der da ganz im NEGLIGÉ[349] sitzt, sinnt und große Dinge spintisiert!

Nun klagt er seine Not. Und jetzt lächelt der schöne Geist, drückt ihm die Hand, heißt ihn „guter Junge!", fängt an, Brüderschaft mit ihm zu machen und bedient sich nun des vertraulichen *Du.* Kalt fährts dem Jünglinge durch alle Glieder, von so einem Manne *du* geheißen zu werden! Tief in seiner Seele huldigt er ihm ewige Treue.

Und nun weiter! Jetzt empfängt er die hohen Geheimnisse des Deismus und der natürlichen Religion.[350] Die Schimäre[351] der natürlichen Verdorbenheit wird ihm entwickelt, *Christus* zum

„*kann sein*" herabgewürdigt; Gott, als lauter Liebe, das heißt: als ein lachender Zuschauer aller Greuel, die nur aus der menschlichen Natur fließen können, auf das blendenste geschildert; *Toleranz* anempfohlen. Dadurch versteht man aber nicht sanfte Dultung irriger Mitbrüder. Ei, beileibe! *Toleranz* ist bei dem großen Manne völlige Freiheit und Duldung aller auch der ausschweifendsten Freigeisterei und zugleich *die größte Intoleranz gegen alle, die der Bibelreligion treu sein wollen.*

Freiheit, Menschenfreiheit, eigener Drang zur Menschengröße, Kosmopolitie, geistiger Fürstenstand des Genies, u.s.w.: das alles wird dem armen Jünglinge eingegeistert. Er schauert empor, fühlt sich: ein unbekanntes süßes Gefühl strebt in ihm empor. Und was ist das? Nichts anders als die Empfindung der Freiheit nach den aufgelösten Banden der Religion und Tugend! Nun ist alles hin. Jetzt *weiß* er es gewiß, daß es mit der äußern und innern Religion Lari fari ist! Hatte er es doch lange vermutet? Es ist nichts anders — ja wirklich es ist so! —

Nun ärgert er sich über nichts mehr, als daß seine Eltern und Lehrer ihn mit dergleichen verdrießlichen Phantomen so lang gemartet haben. Jeder Lehrer der Religion — sogar ihre Kleidung — ist ihm ein Greuel. Warum? Weil das Menschengefühl in ihm erwacht ist, das ihm zuruft, es sei unrecht, daß solche Herren andere Menschen in so ärgerlichen Banden gefangen führten.

Und seine Wissenschaften, seine Bestimmung? Ach! Dafür weiß der große Mann eben so gut Rat: *Ein Quintel*[352] *Genie ist besser, als all das Geschmier pedantischer Köpfe.*

Glaubst du wohl, Heinz oder Kunz, daß der Fürst nichts versteht? Ach, die Fürsten sind dir durch die Bank unwissende Leute, und ihre Minister wissen eben so wohl nichts! Habe du nur Menschenverstand. Mit den Wissenschaften ist alles nichts — bloß Pedanterie und Scharlatanerie.[353] Das müßte doch der T... sein, wenn ein Genie das alles nicht besser wissen sollte als ein Mann mit all der so hoch geachteten tiefen Weisheit.

Nun ist auch *dieser* Stein des Anstoßes aus dem Wege geräumt. Jetzt studiert man nicht mehr, sondern man liest belletristische Schriften; probiert ein Gedichtchen oder Schauspielchen oder Romänchen. Will das alles nicht glücken, nun: so kann man doch noch rezensieren. Und das ist doch etwas herrliches, andern ehrlichen Männern den Kopf waschen zu dürfen![354]

Leser! Solcher Menschen ist unser geliebtes Deutschland voll — voller als jemals! Denkst du vielleicht, das Ding sei nicht gefährlich, so höre mich weiter.

Daß dies Unglück in unserer gelehrten Republik allgemein herrschend geworden sei, daran ist doch wohl nicht zu zweifeln. Ja, dieser Modegeist ist so gar ins Frauenzimmer gefahren. Ob dies schädlich sei, bedarf keines Beweises. So sehr auf einer Seite die Gelehrsamkeit steigt, so sehr fällt sie auf der andern. Freilich tut man in den physischen und andern Wissenschaften vieles. Und doch werden gewisse Kenntnisse nach und nach seltener.

Wahrlich! Die wahre Gelehrsamkeit ist weniger allgemein als ehemals. Doch das mag noch hingehen. Aber daß unsere ganze Nation weich wird, ganz ihre Mannskraft verliert, daß die Idee von der *Güte der Natur* den heimlichsten und greulichsten Lastern überall mehr als jemals Tür und Tor öffnet:[355] davon sind viele nüchterne Männer nebst mir sichere Augenzeugen.

Hier ist die Quelle des schädlichen Luxus! Die Arbeitslust sinkt, der Luxus steigt. Alle Bemühungen, Staaten glücklich zu machen, werden vereitelt, weil der zukünftige Staatsbediente die große Wissenschaft, wohl zu regieren und wohl zu richten, nicht studiert, sondern an dessen Statt seinen *Shakespeare* liest. Kommt er hernach in eine Bedienung, so erscheint er ohne Religion, ohne Wissenschaft. Sein Geniedrang treibt ihn zu phantastischen Unternehmungen an — oder er tut gar nichts, als daß er ein holdes Mägdchen nimmt und damit tändelt, oder Blumen pflückt und Schmetterlinge hascht.

Ist sein Geist höher gespannt, so hat sich der Gedanke bei ihm festgesetzt, der heutiges Tages so allgemein ist — allgemeiner, als man denkt! — nämlich: die Obrigkeit sei ein Skandal der Menschheit —!

Du staunst, Leser? Wahrlich, ich schwöre dir: das ganze Heer der Schön- und Freigeister griesgramt in seiner Seele über Regenten und Obrigkeiten. Warum? Weil dadurch ihrer unbändigen Freiheitsliebe noch heilsame Banden angelegt sind, die sie eben so wie die Banden der Religion noch zersprengen möchten.[356]

Ob auch diese Gärung etwas Angenehmes zur Geburt bringen werde, das mag jeder Vernünftige entscheiden. Aber, ohne ein Prophet *Jeremias* zu sein, möchte ich doch wohl mit ihm sagen: *Ist denn kein Balsam in Gilead oder ist kein Arzt nicht da?*[357]

Der rechtschaffene, Gott und seiner Obrigkeit getreue Mann tue übrigens in seinem Wirkungskreise alles, was er kann, und er wird seine Belohnung finden. Das, was mich am meisten beruhigt, ist: daß der Gott der Menschen ihr Vater ist und daß er mit ihnen — aller drohenden Gewitter ungeachtet — einen herrlichen Zweck erreichen werde!

Anmerkungen

(1) Hier wird zwar der *Leser,* also nicht der *Hörer* angesprochen. Es dürfte sich aber bei diesem Beitrag von Jung-Stilling um eine ergänzend ausgearbeitete Rede handeln. Wahrscheinlich liegt den Ausführungen seine 1780 gehaltene Dekanatsrede in Kaiserslautern zugrunde.

(2) Der im Heumonat (= Juli) 1781 erschienene Aufsatz enthält keine Verfasserangabe. Jedoch ist ohne jeden Zweifel Jung-Stilling der Autor. Dies erkennt man sogleich an Sprache und Stil des Beitrags sowie an manchen Ähnlichkeiten zu anderen Schriften von Stilling.

(3) Inhaltlich haben die Beobachtungen von Jung-Stilling erstaunlich viele Entsprechungen zum akademischen Leben auch zu unseren Tagen. Statt der „Genies" denke man sich die Frauen und Männer mit „gesellschaftlich-politischem Durchblick" und ihren „Treffs". In ihnen wird die schulgerechte Ökonomik als un=sinnig abgetan und krause Ideologien (= Geflechte von Halbwahrheiten) als der Weisheit letzter Schluß verkündet.

(4) Die Abschnittsgliederung des Textes ist im hier wiedergegebenen Nachdruck gegenüber dem Original umgestaltet. An mehreren Stellen wurden allzu lange und daher ermüdend wirkende Abschnitte und Sätze des Urdrucks aufgebrochen. Der Text als solcher blieb selbstverständlich unverändert.

[334] Periode = hier: Abschnitt; Teil der Beweisführung. — Periode (Gliedersatz) bezeichnet in der Sprachlehre einen mehrfach zusammengesetzten Satz, bei dem sich die einzelnen Sätze (gleich den Gliedern eines Organismus) gegenseitig bedingen.

[335] Sublimste Äquationen der Algeber = erhabenste Gleichungen der Buchstabenrechnung. Zu Stillings Zeiten herrschte das (sprachlich rich-

tigere) Wort „Algeber“ (vom Arabischen AL-GEBR) vor; „Algebra“ galt als die latinisierte Form.

[336] *Birds* Mauerquadrant = Quadrant (Viertelkreis) war ein früher zur Beobachtung der Höhe von Gestirnen benutztes Instrument. Den Quadranten brachte man auch an einer in der Richtung des Meridians stehenden Mauer an, daher: *Mauer*quadrant. — *John Bird* (1709-1776) war Instrumentenmeister der königlichen Sternwarte in Greenwich. Von ihm ist unter anderem die Schrift verfaßt: The Method of Constructing Mural Quadrants. London (John Nourse) 1768. — Von klein auf kam Jung-Stilling durch seinen Patenonkel mit astronomischen Gerätschaften in Berührung; siehe Lebensgeschichte 19 ff. Lange Jahre arbeitete er an einem (in Aufriß und Grundgedanken dem Quadranten ähnlichen) Vermessungs-Instrument; siehe Anm. 154, 2, bb.

[337] Dahlbergs Universum = die erstmals 1777 in Erfurt und dann bis 1819 trotz der widrigen Zeitumstände in sechs Auflagen erschienene Schrift „Betrachtungen über das Universum“ des gelehrten katholischen Bischofs *Karl Theodor Freiherr von Dalberg* (1744-1817). Ihm widmete Jung-Stilling seine 1787 (ohne Namensnennung) erschienenen „Blicke in die Geheimnisse der Natur-Weisheit“.

[338] HONOY ... PENSE = es schäme sich, wer Arges dabei denkt! Dies ist die Aufschrift des von König *Eduard III.* von England 1344 gestifteten Hosenband-Ordens. Er soll mit jenen Worten das einer Tänzerin entfallene Strumpfband (garter) aufgehoben, sich selbst umgebunden und damit den Orden gestiftet haben.

[339] Bel Esprit = Schöngeist; siehe ausführlicher Anm. 344.

[340] Die Gedankenfolge von Jung-Stilling an dieser Stelle kehrt wieder im zweiten Band der „Szenen aus dem Geisterreich“ und zwar im Kapitel „Die Selbstmörder“, wo ihm sein Engel *Siona* über den Lebenslauf des „neumodischen Stoikers“ *Gejon* (= kaum griechisch = Erdveilchen, sondern wohl eher aus dem Hebräischen = Haupt einer spätjüdischen Gelehrtenschule) berichtet.

Siona ist mit Sicherheit von *Sion (Zion:* der Sitz Gottes unter den Israeliten; von da: die himmlische Gottes-Stadt) hergeleitet. Denn Jung-Stilling spricht den Engel hier und im Prolog seines 1818 erschienenen „Chrysäon oder das goldene Zeitalter“ als „Himmlische“ an. — In der altnordischen Fabellehre heißt *Siona* die Göttin der Huld und der ersten süßen Empfindungen.

[341] Mit gewohntem ... Schulfleiße = eingetrichtert, abgerichtet; wennzwar beharrlich und ausdauernd. — Die Redewendung „fleißig wie ein Maultier“ ist aus der Umgangssprache verschwunden. Sie kennzeichnet die Anstrengung zur Erreichung eines Zieles nicht aus Begeisterung, Ehrgeiz oder Arbeits-Lust, sondern aus Gewohnheit, Einfügung und Folgsamkeit — ähnlich dem langsamen, aber beständigen Trott des Maultiers.

[342] Bakel = Stock (vom lateinischen Wort BACULUS), besonders Schulstock, mit dem Schüler bis in die Neuzeit auch zu Fleiß angetrieben wurden.

[343] Zechen = hier: Trink-Gelage, Besäufnisse. Unmäßiger „Genuß" alkoholischer Getränke in Gesellschaft anderer, wobei jeder dem anderen „zu-trinkt": eine insonders teutonische Unart!

[344] Schöne Geister = Ästheten (vom Griechischen AISTHESIS = Empfindung, Gefühl) Menschen mit ausgeprägtem Empfinden und Gefühl sowie hoher Empfänglichkeit für das Schöne.

(1y) Bei Jung-Stilling ist der Begriff durchweg in mißbilligendem Sinne gemeint. Denn der „typische" Schöngeist wird von der bloßen *Form* eines Gegenstandes zu Lust und Gefallen angeregt. Er beachtet aber Würde und Bedeutsamkeit des *Inhalts* in der Regel überhaupt nicht.

(2) Jung-Stilling kennzeichnet in den „Szenen aus dem Geisterreich" in Szene 8 des ersten Bandes den typischen Schöngeist in der Person des verstorbenen deutschen Gelehrten *Ekron* (nicht aus dem Griechischen, sondern wohl mit Bezug auf 2. Könige 1, 2: ein auf den orakelspendenden Abgott BAAL-SEBUB zu *Ekron* bezogener „Philister" = Habrecht: eng in ein Sachgebiet verrannter Mensch).

[345] Genie bezeichnete zur Zeit der Rede (1780) einen Menschen, der mit „eingeborenem Geiste" zur Welt kommt. Er galt als berechtigt, ja schien sogar verpflichtet, diesem zu folgen, auch wenn er sich gegen die festgesetzte Satzung verhielt. Bald galt dann bloß dieses (nämlich der Widerspruch zur herkömmlichen Ordnung) schon als Kennzeichen dafür, daß man ein Genie ist. Je auffälliger sich deshalb jemand in Kleidung und Gebahren verhielt, desto größer waren seine Aussichten, als Genie erkannt und verehrt zu werden.

(1) Dies wiederum reizte Hudel und Hädel, sich vom Durchschnitt der Mitmenschen zum Genie aufzuschwingen. Bald war so ein ganzes Heer Junger und Alter im „Sturm und Drang" von gesellschaftlicher Gebundenheit zu voller Freiheit des einzelnen, von der Beengung durch starre Regeln zur frischen Ergreifung des Unmittelbaren, von umständlicher Verschnörkelung des menschlichen Daseins zur Einfalt der Natur, von der Beugung unter gelehrte Sachkenner zur schöpferischen Eigenständigkeit!

(2) Jung-Stilling belächelt hier und an anderen Stellen den Genie-Kult; siehe Lexikon Wirtschaft 50. Später weist er nach, wie diese Welle des Geniewahns in den Revolutionsgeist und dieser wiederum in das gesellschaftliche und wirtschaftliche Elend führt.

(3) Die Entsprechungen zum „Aufbruch" in unseren Tagen sind augenscheinlich. Nur verwirklichen die Nach-Folger heute ihre Freiheit wohl mehr im Autorasen. Die Zahl der Toten und Verletzten ist dabei in einem Jahr schon das fast Zehnfache der Verluste im „Kartoffelkrieg"; siehe Anm. 60.

[346] Schuß = hier: Prise, Körnchen.

[347] BONA MIXTA MALIS = Gutes mit Schlechtem vermischt.

[348] Galakleid = Festbekleidung, Prachtkluft; hier allgemein: kostspieliges äußeres Gepränge.

[349] Negligé = Morgenrock; Hausbekleidung (vom Lateinischen NEGLIGERE = vernachlässigen, beiseite legen: nämlich die übliche Kleiderordnung). — Man beachte auch hier die Entsprechung in unseren Tagen!

[350] Natürliche Religion = Vernunftreligion: durch schlußrichtiges Denken gewonnene Einsichten in das Wesen Gottes und den Sinn der Welt. Jung-Stilling zeigt in seinen Schriften ständig die Gefährlichkeit einer völlig von der Offenbarung losgelösten Vernunft-Religion auf, ohne jedoch die Vernunft ganz aus dem Glauben zu verbannen.

[351] Schimäre = Hirngespinst, Wahnbild, ungereimte Erdichtung.

[352] Ein Quintel = ein bißchen, ein sehr kleiner Teil; heute noch in diesem Sinne: ein Quentchen (vom Lateinischen QUINTIMUS = ein Fünftel). Ursprünglich ein Gewicht; in der Kurpfalz zur Zeit von Jung-Stilling galt: 10 Quintel = 1 Lot = 16,667 Gramm.

[353] Pedanterie = Schulfuchserei, Kleinkrämergeist. Im Zeitalter des „Genies" (siehe Anm. 345) der schlagwortartige Vorwurf gegen das wissenschaftliche Denken und Arbeiten überhaupt. Davon dann auch: Einschnürung des „Genies" als angeborenem Geist (der alles schon weiß und kann). Heute in gleicher Bedeutung meist „weltfremde Theorie", „Fachidiotie" und „Computerschwachsinn" geheißen. — Charlatanerie = Prahlerei, Schwätzerei; den Blick verengende Deutung. Den richtigen „Durchblick" hat nur der „Außen-Seiter", der sich mit (ökonomischer, medizinischer) Theorie gar nicht den Blick verdirbt, sondern alles von „höherer Warte" aus (= aus der Sicht einer Ideologie als wirrem Geflecht von Halbwahrheiten) betrachtet.

[354] Jung-Stilling empört sich in seinen Schriften mehrmals über das heimtückische Rezensions-(Un)Wesen in der gelehrten Welt seiner Zeit.

[355] Gemeint ist hier wohl die Unzucht und ihre Folgen; siehe Lexikon Wirtschaft 1, 14.

[356] Diese Gedanken vertieft Jung-Stilling in seiner Schrift „Ueber den Revolutions-Geist unserer Zeit" aus dem Jahre 1793; siehe auch Lexikon Wirtschaft 38 f.

[357] Siehe Jeremia 8, 22; vergl. auch 46, 11. Gemeint ist das Harz des Mastixgehölzes, dem Heilkraft bei der Wundbehandlung zugeschrieben wurde. Es galt als eine der wichtigsten Ausfuhrwaren der Juden. — Gilead = Ostjordanland.

Anhang

Im Anmerkungsteil mit Kurztitel zitierte Werke

ADB

Allgemeine Deutsche Biographie. Auf Veranlassung (und mit Unterstützung) Seiner Majestät des Königs von Bayern (Maximilian II.) herausgegeben durch die historische Commission bei der Königl. Akademie der Wissenschaften, 56 Bände. Leipzig (München und Leipzig) (Duncker & Humblot) 1875 bis 1912. Neudruck Berlin (Duncker & Humblot) 1969.

Braeuer, Handbuch

Walter Braeuer: Handbuch zur Geschichte der Volkswirtschaftslehre. Ein bibliographisches Nachschlagewerk. Frankfurt am Main (Vittorio Klostermann) 1952.

Einseitige Auswahl, aber zuverlässig in den Literaturangaben. Geht an Jung-Stilling und vielen Zeitgenossen vorbei.

DBA

Deutsches Biographisches Archiv. Eine Kumulation aus 254 der wichtigsten biographischen Nachschlagewerke für den deutschen Bereich bis zum Ausgang des neunzehnten Jahrhunderts. Herausgegeben von Bernhard Fabian. Bearbeitet unter der Leitung von Willi Gorzny. München, New York, London, Paris (K. G. Sauer Verlag KG) 1982.

Es handelt sich um ein Microfiche-Werk; zur Benutzung bedarf es eines Lesegerätes. Dazu erschienen auf Papier 1986 vier Registerbände. Durch Nachschlagen in diesen läßt sich die Nummer der jeweiligen Microfiche sowie die Nummer des Feldes auf dem jeweiligen Datenträger finden. — Der große Vorteil des DBA liegt vor allem darin, daß in der Regel mehrere (oft in einzelnen Angaben unterschiedliche) Biographien über eine Persönlichkeit nacheinander aufgeführt sind.

Fuchs, Palatinatus

Peter Fuchs: Palatinatus Illustratus. Die historische Forschung an der Kurpfälzischen Akademie der Wissenschaften. Mannheim (Bibliographisches Institut, Allgemeiner Verlag) 1963. Forschungen zur Geschichte Mannheims und der Pfalz. Neue Folge. Herausgegeben von der Gesellschaft der Freunde Mannheims und der ehemaligen Kurpfalz, Mannheimer Altertumsverein von 1859, Band I.

Sehr fleißige Arbeit mit einer Überfülle an geschichtlichem Material und sorgfältigen Registern. Im „Anhang II" ein Verzeichnis der Mitglieder der *Kurpfälzischen Akademie der Wissenschaften.* Jung-Stilling erscheint (unbeabsichtigt) im Kapitel: „Niedergang und Freiheit, Deutschland und das Ende" (!).

GV

Gesamtverzeichnis des deutschsprachigen Schrifttums (GV). Bearbeitet unter Leitung von Hilmar Schmuck und Willi Gorzny. Bibliographische und redaktionelle Beratung: Hans Popst und Rainer Schöller. München, New York, London, Paris (K. G. Saur).

Das Werk besteht aus zwei Serien. Die erste umfaßt in 160 Bänden den Zeitraum von 1700 bis 1910 und erschien zwischen 1979 und 1987. Fast alle Hinweise in den Anmerkungen zu den Reden beziehen sich auf diese Reihe. Die zweite Serie enthält in 150 Bänden die deutschsprachigen Bücher von 1911 bis 1965 und erschien zwischen 1976 und 1981. — In beide Serien sind kleinere Schriften (Broschüren: Veröffentlichungen unter 50 Seiten) in der Regel nicht aufgenommen.

Jubelschrift

Acta Sacrorum Secularium / Quum / Anno MDCCLXXXVI A Die VI. Ad IX. Novembris / Festum Seculare Quartum / Pio Solemnique Ritu / Celebravit / Academia Heidelbergensis. Heidelbergae / Ex Officina Joannis Wiesen, Universitatis Typographi / 1787.

Das Werk gliedert sich in zwei Teile. Im ersten Teil sind die lateinischen Reden, im zweiten Teil die deutschsprachigen wiedergegeben. Die Festrede von Jung-Stilling (hier: „Rede / über / den Geist der Staatswirthschaft / in dem Hörsaale / der / Staatswirthschafts hohen Schule / den 7ten November Nachmittags gehalten / usw.") ab S. 445. Ab S. 551 findet sich das : „Corpus Academicum, / wie dasselbe zur Zeit des Jubiläi bestanden hat." Die dort gemachten Angaben hinsichtlich der Vornamen und Titel sind mit Vorsicht zu benutzen und gegebenenfalls anhand von ADB oder DBA zu berichtigen.

Lebensgeschichte

Johann Heinrich Jung-Stilling. Lebensgeschichte. Vollständige Ausgabe, mit Anmerkungen herausgegeben von Gustav Adolf Benrath. Darmstadt (Wissenschaftliche Buchgesellschaft) 1976.

Eine zweite Auflage erschien bereits 1984 als unveränderter Neudruck. — Unter allen Editionen der Lebensgeschichte von Jung-Stilling die bei weitem beste. Der Herausgeber arbeitet in den Anmerkungsteil die gesamte Jung-Stilling-Forschung ein. Mit ausführlichen Registern und verläßlichen Literatur-Verweisen. Auch drucktechnisch allen anderen Ausgaben vorzuziehen.

Lexikon Wirtschaft

Jung-Stilling-Lexikon Wirtschaft. Herausgegeben und eingeleitet von Gerhard Merk. Berlin (Duncker & Humblot) 1987.

Etwa 800 Zitate aus den Schriften von Jung-Stilling sind alphabetisch 200 Stichwörtern zugeordnet. Die Zitate sind in der jeweiligen Rechtschreibung und Zeichensetzung den Originalen entnommen. Auf S. 181 bis 188 ein kommentiertes Quellen-Verzeichnis. Das Lexikon wurde überdies von Stillings-Freunden aus der Siegerländer Heimat von Jung-Stilling finanziert.

Lipowsky, Karl Theodor

Karl Theodor, / Churfürst von Pfalz-Bayern, Herzog zu Jülich und / Berg etc. etc. / wie Er war, und wie es wahr ist, / oder dessen / Leben und Thaten. / Aus / öffentlichen Verhandlungen und historischen Quellen / getreu dargestellt / von / Felix Joseph Lipowsky, / Königlichem bayrischem wirklichem Central-Rathe, und Archivar der Stände / des Köingreichs Bayern. / Sulzbach, / in der J. E. von Seidel'schen Buchhandlung, / 1828.

In der Darstellung der Ereignisse ausführlich und mit Verweis auf die Quellen, wenngleich ungeschickt gegliedert. Bei der Deutung von Zusammenhängen nutzbringend, aber nicht allein und ausschließlich zu verwenden. Alle Namen sind mit gehöriger Obacht zu behandeln und in jedem Falle mit ADB bzw. DBA oder NDB zu vergleichen. — Über die *Physikalisch-Oeconomische Gesellschaft* siehe § 41 und § 49 (zweite Gesellschaft in Mannheim?).

NDB

Neue Deutsche Biographie. Herausgegeben von der Historischen Kommission bei der Bayerischen Akademie der Wissenschaften. Berlin (Duncker & Humblot), bisher 14 Bände (A-Loc). Vorgesehen sind etwa 25 Bände.

Umarbeitung, Neufassung und Erweiterung der ADB. Viele der sehr weitschweifigen Biographien der ADB (etwa über *Karl Theodor)* sind gestrafft und auf den reinen Informationsgehalt zusammengezogen. Der neueste Stand der geschichtlichen Forschung ist eingearbeitet.

Stieda, Nationalökonomie

Wilhelm Stieda: Die Nationalökonomie als Universitätswissenschaft. Leipzig (B. G. Teubner) 1906. Abhandlungen der Königlich Sächsischen Gesellschaft der Wissenschaften. Philosophisch-historische Klasse, Band 25, No. 2. Neudruck Vaduz (Topos Verlag) 1978.

Das auch heute noch unübertroffene Standardwerk zur Wissenschaftsgeschichte der deutschen Ökonomik. — In Bezug auf Jung-Stilling einige Ungenauigkeiten; so etwa, wenn *Stieda* als seinen Handwerksberuf *Weber* (S. 112, statt richtig: Schneider) angibt und ihn als Arzt zu *Schonental* (S. 111, statt richtig: Elberfeld) ansiedelt. Unhaltbar ist auch das Urteil, daß Jung-Stilling, *zum Handwerker bestimmt und ausgebildet* keinen *höheren wissenschaftlichen Geist* zeigte (S. 221).

Personenregister

Sachregister